소비자학개론

저자 유현정·김민정·전상민·송유진·장연주

충북대학교 출판부

목 차

제 1 장 소비자행동과 트렌드

- 과거 기술과 생산자 중심의 패러다임이 이제는 소비자의 선택에 의해 많은 부분이 결정되는 소비자 중심의 패러다임으로 변화되어 가고 있다.특히 오늘날 우리가 살아가는 현대사회는 정보통신기술의 발달과 세계화 등으로 인해 소비환경이 매우 복잡하고, 다양해짐에 따라 소비자는 더욱 똑똑해져 가며, 계속적인 진화를 거듭하고 있다. 이러한 환경 속에서 소비자행동을 이해하고 분석하고 예측하는 것이 중요해지고 있다.

  소비자 행동은 다양한 선택과 행동의 과정이고 다양한 요인들이 그 과정에 영향을 미친다. 따라서 소비자행동을 이해하기 위해서는 소비자에 대한 올바른 이해와 소비자의 의사결정과정 및 그 영향요인들에 대한 이해가 선행되어야 한다.

  제1부에서는 소비자행동을 이해하기 위해 소비자선택이론과 소비자의사결정과정에 대해 살펴보고, 시장에 대한 기본적인 이해를 도모하고자 한다. 나아가 미래 소비자 예측을 위한 트렌드를 읽는 방식을 습득함으로써 현상을 해석하고 트렌드를 예측할 수 있는 역량을 함양한다.

제1절 소비자선택이론과 소비자의사결정과정

- 오늘날 기술의 비약적 발전과 생산력의 증대로 결핍의 시대를 벗어나 물질의 풍요를 누리게 되면서 기술과 생산자 중심의 패러다임이 소비자의 선택에 의해 생산의 많은 부분이 결정되는 소비자 중심의 패러다임으로 변화되고 있다. 이러한 시장 패러다임의 변화는 소비자의 위상을 높여주었고, 소비자의 선택은 생산에 실질적인 영향을 미침으로써 소비자주권이 실현될 수 있는 기초를 마련하였다. 또한 정보통신 기술의 발달로 소비자는 풍부한 소비자정보를 접하고, 이를 활용할 수 있게 되었다. 다양한 매체를 통해 자신의 생각과 의견, 소비경험 등을 자유롭게 개진할 수 있고, 소비자들은 이러한 자료들을 유용한 소비자정보로 활용해 의사결정에 도움을 얻는다. 소비자의 고유 권한이라 할 수 있는 선택의 권리가 제대로 실현될 수 있는 환경이 된 것이다. 그러나 이는 소비자가 현명한 판단과 의사결정을 한다는 것을 전제로 할 때 가능한 것이다.
- 본 장에서는 소비자선택이론과 소비자의사결정과정을 살펴봄으로써 현대사회에서 건전하고 스마트한 소비자가 되기 위한 기초체력을 키워보도록 한다.

1. 소비자와 소비자학의 이해

1) 소비자 연구의 역사

소비자 및 소비에 대한 연구는 초기 경제학에서 많이 이루어졌다. 신고전경제학파를 중심으로 효용이론, 무차별곡선이론, 특성이론 등을 통해 합리적인 소비자선택의 방법과 원리가 설명되었다. 그러나 경제학적 이론들이 갖는 한계를 극복하기 위해 다양한 학문분야에서 새로운 이론들을 적용하며 연구를 확대시켰다. 1960년대 중반 이후부터는 경제학, 심리학, 사회학 등의 다학문적 요소들을 결합한 행동과학적 모델이 소비자 연구의 핵심으로 자리잡게 되었다.

이와 같이 소비자에 대한 연구는 다양한 학문분야에서 이루어지고 있지만, 소비자와 소비자를 둘러싼 사회 환경을 가장 포괄적으로 연구하는 분야는 소비자학이라 할 수 있다. 즉, 소비자학은 "소비자를 연구대상으로 하는 학문"이라고 정의할 수 있다. 소비자를 연구하기 위해서는 소비자뿐만 아니라, 소비자를 둘러싸고 있는 사회 환경도 연구대상으로 해야 하며 소비자와 환경과의 상호 관계 역시 연구대상으로 삼아야 하므로, 소비자학은 소비자와 이를 둘러싼 환경과의 관계를 종합적으로 연구하는 통합적 학문이면서 동시에 응용학문이라 할 수 있다(허경옥, 2011).

소비자학은 가정학(Home Economics)의 다양한 연구분야 중 가정내 물적 자원관리의 영역에서 출발하여, 합리적인 소비자선택, 소비자교육과 보호, 소비자정보관리 등의 내용들로 발전되어 가면서, 1980년대 말부터 본격적인 독립된 학문분야로 자리잡아 나가기 시작했다. 한국 소비자학의 역사는 1983년에 처음으로 숙명여대 소비자경제학과가 신설되고 몇 년 뒤인 1987에 서울대에서 가정관리학과가 소비자 및 아동학과로 명칭 개편되면서 소비자학이 대학에서 독립적인 학문 분야로 자리 잡게 되었다. 이후 건국대, 이화여대, 성신여대, 충북대, 충남대, 인천대, 인하대 등 많은 대학에서 소비자학과를 독립된 학과로 설치하였으며, 현재는 전국 30여개의 소비자학 관련학과에 소비자학 전공이 설치되어 있다.

2) 소비자의 개념과 역할

모든 인간은 생명을 유지하고 일상생활을 영위하기 위해서 다양한 활동을 한다. 이 과정에서 여러 가지 물건들을 사용하기도 하고, 서비스를 받기도 한다. 과거 시장경제가 만들어지기 전에는 직접 필요한 물건들을 만들어 사용했으나 산업혁명을 거치며 현재는 대부분 시장에서 돈을 지불하고 구입해 사용한다. 즉, 현대인의 일상생활은 소비생활의 연속이며, 인간의 소비과정은 생명이 형성되는 순간부터 사망 후까지 계속된다. 소비자의 개념을 살펴보면, 단순하게는 '재화와 용역을 소비하는 자'라고도 할 수 있겠으나 보다 구체적으로는 사업자가 공급하는 상품과 서비스를 생활을 위해 구입·사용하는 자로서 사업자에 대립하는 개념이며, 거래 과정의 말단에서 최종소비자로서 각자의 생활을 영위하기 위해 구매하는 생활자이다.

최근에는 소비자를 최종소비자의 관점에만 머무르지 않고 좀 더 포괄적인 시각에서 바라보기도 한다(이기춘, 2001). 이러한 소비자는 소비에만 제한된 역할이 아닌 획득자, 배분자, 구매자, 사용자, 처분자로서 다양한 역할을 수행하며, 이를 구체적으로 살펴보면 다음과 같다(이기춘, 1999).

① 획득자 : 어떤 소득의 원천으로부터 어떠한 방법으로 소득을 획득하는가의 문제를 내포하는 것으로 소득의 획득은 선택문제와 관련이 있으며, 소비자의 기본 권리나

책임이 작용하게 된다.

② 배분자 : 어떠한 목표를 가지고 어떻게 자원을 배분할 것인가의 문제를 내포하는 것으로 소득 중에서 어느 정도를 저축하고 지출할 것인가, 그리고 지출비목별 배분을 어떻게 할 것인가 등에 대한 내용이 포함된다.

③ 구매자 : 어떤 구매 방식으로 어떤 재화와 서비스를 구매할 것이며 어떻게 필요한 정보를 수집해서 구매의사결정을 내릴 것인가 등이 포함된다. 최근에는 정보통신기술의 발달로 새로운 구매방식이 출현하고 있어 이에 적응할 수 있는 새로운 역할이 중요해진다.

④ 사용자 : 자원의 유효성, 접근가능성, 대체 가능성을 인식하고 효율적인 사용하는 것을 말하며, 현대 소비사회에서 상품의 유용성뿐만 아니라 상품이나 서비스와 가치와 의미를 잘 활용할 수 있어야 한다.

⑤ 처분자 : 상품이나 자원의 효용가치를 최대화시켜 사용함으로써 현대사회에서 환경을 의식하며 지속가능한 소비를 지향하는데 기여하게 된다.

2. 소비자선택이론

소비자의 욕망은 끊임이 없다. 하나의 욕구가 충족되면 또 다른 새로운 욕구가 생겨난다. 그러나 이러한 욕구를 충족시켜줄 수 있는 자원은 한정되어 있기 때문에 어쩔 수 없이 소비자는 매일의 일상 속에서 끊임없는 선택의 문제에 직면하게 된다. 소비자선택에 대한 연구는 초기 경제학에서 시작되었으나 이후 행동과학적 관점에서 소비자행동을 설명하는 여러 모델들이 제시되었고, 대표적으로는 니코시아 모델, 하워드-셰드 모델, 엥겔-블랙웰-미니아드 모델 등을 들 수 있다.

1) 경제학적 이론

(1) 한계효용이론

한계효용이론은 재화나 용역의 소비에서 얻는 주관적인 만족감을 숫자화하여 표시할 수 있다는 가정하에 전개되는 이론으로 기수적 효용이론이라고도 한다.

어떤 소비자가 일정기간 동안 일정량의 재화를 소비할 때 얻을 수 있는 주관적인 만족의 총량을 총효용이라 한다. 일반적으로 총효용은 그 재화의 소비량이 증가함에 따라 증가하지만, 그 재화의 소비가 어느 정도 한계에 이르면 총효용은 극대화가 되고 그 이상 더 소비하면 총효용은 증가하지 않고 오히려 감소하는 경향이 있다. 이때 '그 재화의 최종 1단위의 추가적인 소비에 의한 총효용의 증가분'을 한계효용이라고 부른다. 일반적으로 어떤 재화의 소비량을 1단위씩 증가시켜 갈 때 각 단위의 재화가 소비자에게 주는 한계효용은 점차 감소하는데 이를 한계효용체감의 법칙이라 한다.

일반적으로 소비자는 제한된 소득으로 각 재화를 구입함에 있어 얻을 수 있는 만족(효용)을 극대화하고자 한다. 이때 만족(효용)을 극대화하고자 하기 위해 세 가지 조건을 필요로 한다. 첫째, 소비자의 소득은 일정불변이라고 가정한다. 둘째, 각 재화의 가격도 일정불변이라고 가정한다. 셋째, 소비자의 각 재화에 대한 한계효용표는 이미 알려져 있다고 가정한다. 이러한 가정하에서 소비자가 주어진 소득으로 2개의 재화를 구입할 경우 각 재화에 지불된 화폐 1단위의 한계효용이 균등하게 되어 그 재화를 덜 사고 타 재화를 더 삼으로써 총효용을 증가시킬 여지가 없을 때, 소비자의 총효용은 극대화가 된다. 이것을 한계효용균등의 법칙(law of equimarginal utility)이라고 부른다.

X재소비 (물의 컵수)	총효용	한계효용
0	0	0
1	12	12
2	25	13
3	35	10
4	40	5
5	40	0
6	30	-10

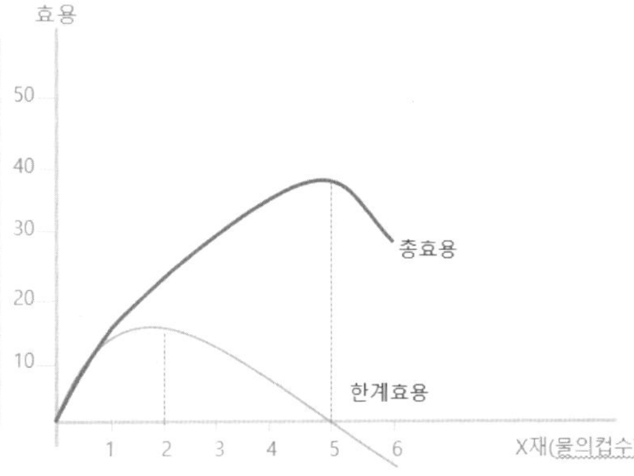

그림 1-1. 한계효용이론

(2) 무차별곡선이론

소비자선택에 관한 한계효용이론은 현실적으로 소비자의 효용 수준 측정이 불가능하기 때문에 효용을 측정할 수 있다는 것을 가정하는 중대한 오류를 범하고 있다. 무차별곡선분석은 기수적 효용개념 대신 재화들 간의 효용의 서열관계를 나타내는 서수적 효용의 개념에 기초를 두고 있다. 즉, 무차별곡선은 소비자에게 똑같은 수준의 효용을 제공하는 재화와 용역의 상이한 배합을 연결하여 나타낸 것이다. 이러한 무차별곡선의 기본가정은 다음과 같다.

① 소비자는 재화가 2개 이상 제시되었을 때, 그에 대한 선호관계를 밝힐 수 있다. 즉, 재화 A보다는 재화 B 혹은 재화 B보다는 재화 A를 더 선호한다든지 재화 A와 재화 B가 균등하다든지의 선호관계를 밝힐 수 있다.

② 소비자의 선호관계는 이행성을 가지고 있어 재화 A를 재화 B보다, 재화 B를 재화 C보다 선호한다면 소비자는 재화 A를 재화 C보다 선호한다는 것이다.

③ 소비자는 적은 것보다 많을수록 더 만족한다. 무차별곡선의 특징은 음의 기울기를 갖고, 원점에서 멀수록 더 높은 효용수준을 나타내며, 서로 교차하지 않고, 원점에 대해 볼록하다.

무차별곡선을 이용한 소비자선택은 주어진 예산제약하에서 자신의 효용을 최대로 충족시켜 주는 선택을 전제로 한다. 소비자의 예산제약은 시장에서 재화와 용역을 구입할 수 있는 소비자의 객관적 구매능력을 말하는 것으로 이때 주어진 소득하에서 어떤 재화를 더 구매하면 다른 재화의 구매를 포기해야 하는 기회비용의 개념이 도입된다. 재화와 용역에 대한 소비자의 주관적 선호는 무차별곡선으로 표현되는데, 이때 소비자의 예산제약선과 무차별곡선이 만나는 접점이 소비자효용을 극대화하기 위한 최적 선택점이 된다.

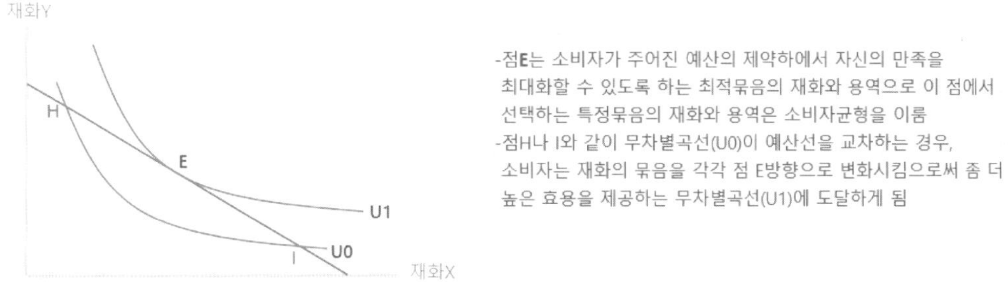

그림 1-2. 무차별곡선이론

(3) 특성이론

전통적인 소비자선택이론에서는 시장에서 구입한 재화가 직접적으로 효용을 창출한다고 가정하고 있기 때문에 시장가격과 예산이 소비자가 무엇을 구매할 수 있는가를 결정하는 요소가 된다. 그러나 랭커스터(Lancaster)는 소비자는 재화의 특성으로부터 효용을 얻는다고 하였고, 여기에서 특성이란 효용을 창출한다고 가정되는 재화의 속성을 말한다. 특성이론의 기본가정은 다음과 같다.

① 재화는 그 자체만으로 소비자에게 효용을 주지 않고, 재화의 특성이 효용을 주는 것이다.

② 소비자는 제품의 특성을 객관적으로 측정할 수 있고 이 같은 특성이 무엇인지 파악할 수 있다.

③ 소비자가 인지하는 특성은 소비자마다 동일하고 소비자는 특성의 가격을 알고 있다.

이러한 견해는 소비자가 왜 어떤 상표는 구매를 하고 어떤 상표는 구매를 하지 않는지, 왜 새로운 상품을 선택하는지에 대한 근거를 설명할 수 있다. 그러나 특성이론은 각 재화가 가지고 있는 다양한 특성들을 규정하는 것이 어렵고, 재화가 다양해지고 복잡해지는 현대사회에서 재화의 특성을 파악하고 측정한다는 것이 어렵다는 한계점을 지닌다(김영신 외, 2000).

2) 행동주의적 이론

소비자행동 모델은 소비자의 의사결정이나 선택과정을 행동주의적 접근방법으로 설명한다. 다음 소개되는 모델들은 소비자행동 연구 분야에서 자주 제시되는 것으로서 각 모델들에 대해 자세히 살펴보면 다음과 같다.

(1) 니코시아 모델

니코시아(Nocosia) 모델은 기업과 잠재고객 간의 상호작용에 초점을 두고 있는 것으로서 다음 네 가지 단계로 설명할 수 있다.

① 기업의 메시지에 의거한 소비자태도 : 소비자태도에 영향을 미치는 기업의 마케팅 커뮤니케이션 노력 및 환경의 측면으로는 제품, 경쟁, 대중매체의 특성, 표적시장의 선택 등이 포함된다. 기업의 메시지를 받아들이는 데 영향을 끼치는 소비자의 특성으로는 개성, 경험 등을 포함한다.

② 제품탐색과 평가 : 소비자가 제품을 탐색하며, 대체품과 비교평가하는 단계로 소비

자태도가 호의적일 때 소비자는 그 기업의 상표를 구매하려는 동기를 갖게 된다는 것이다.

③ 구매행위 : 기업의 상표에 대한 소비자의 동기가 그 상표를 구매하는 행위로 바뀐다는 것이다.

④ 피드백 : 기업에 대한 피드백으로는 판매실적에 관한 정보이고, 소비자에 대한 피드백으로는 구매경험이 저장되고 미래 소비에 영향을 미치게 된다.

(2) 하워드-셰드 모델

하워드-셰드(Howard-Sheth) 모델은 소비자 의사결정에 대한 전반적인 이론을 개발하려는 노력으로 투입요소, 산출요소, 내생요소, 외생요소로 구성되어 있다.

① 투입요소 : 소비자환경 내에 있는 세 가지 유형의 자극으로 제품의 품질, 가격 등 물질적 특성(실체적 자극), 마케터가 제공하는 제품정보인 언어적·시각적 제품특성(상징적 자극), 소비자의 사회적 환경으로 가족, 준거집단, 사회계층, 문화 등(사회적 자극)이 있다.

② 산출요소 : 구매를 단순한 산출로 인식하지 않고 주의, 이해, 태도, 의도, 구매행동을 포함하고, 투입요소와 소비자의 내적변수와의 상호작용의 결과로 나타나는 반응을 의미한다.

③ 내생요소 : 소비자가 의사결정을 할 때 작용하는 것으로 추정되는 심리적 변수로 지각구성의 개념에는 정보탐색, 동기, 주의, 지각적 편견이 포함되고, 학습구성의 개념에는 태도, 선별기준, 상표이해, 만족 등이 포함된다.

④ 외생요소 : 구매의 중요성, 소비자의 개성, 시간압박, 재정상태, 조직, 사회계층 및 문화 등이 포함된다.

(3) 엥겔-블랙웰-미니아드 모델

엥겔-블랙웰-미니아드(Engel-Blackwell-Miniard) 모델은 4개의 구성요소로 이루어져 의사결정과정에 초점을 두고 있다. 이 구성요소는 정보투입, 정보처리, 의사결정과정, 의사결정과정에 영향을 미치는 변수로 구성된다.

① 정보투입 : 정보투입은 광고, 판매원의 권유, 디스플레이, 판매촉진 등의 마케팅 활동을 통해 정보가 유입되어 모델의 정보처리 부분에 해당한다.

② 정보처리과정 : 정보처리는 정보에 대한 노출-주의-이해/지각-수용-보유로 구성되어 있다. 어떤 메시지가 이용되기 위해서는 우선 그 메시지를 접촉한 후, 정보처리 능력이 배분되고, 메시지를 해석하고, 설득하며, 이를 장기기억으로 전송하는 기억보존작용이 일어나야 한다. 메시지는 특성 중심으로 분석하는 감각기억과 의미 중심으로 분석하는 단기기억을 통과해야만 한다.

③ 의사결정과정 : 의사결정과정은 문제인식→정보탐색→대안평가→구매→구매 후 결과의 과정을 거친다. 이 5단계는 모든 상황에서 항상 거치는 과정이 아니라 문제해결의 유형이나 상품에 대한 관여도에 따라 과정을 달리할 수 있다.

④ 의사결정과정에 영향을 미치는 변수 : 의사결정에 영향을 미치는 환경적 영향요인으로는 문화, 사회계층, 준거집단, 가족 등이 있고 개인적 영향요인으로는 소비자자원, 동기와 관여도, 지식, 태도, 개성, 가치, 라이프스타일 등이 있다.

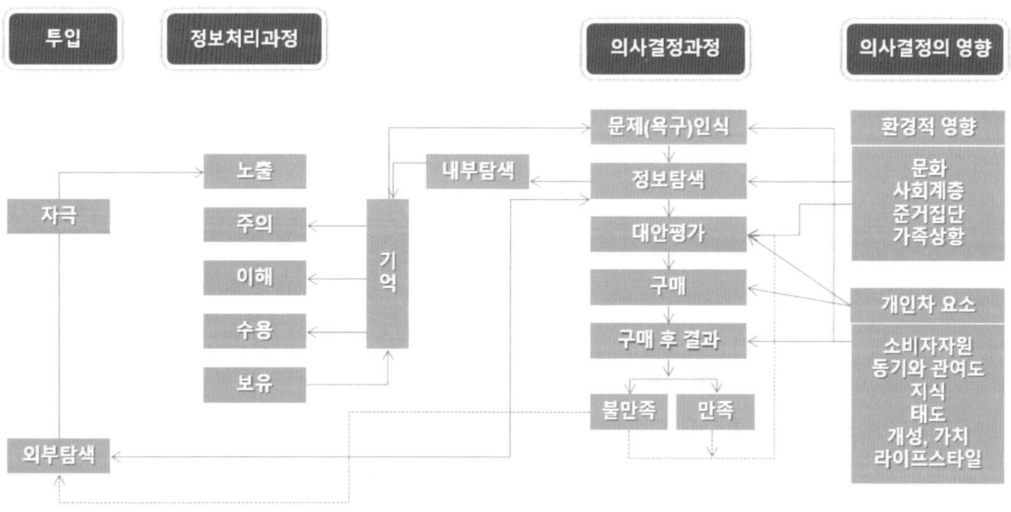

그림 1-3. 엥겔의 소비자행동모델

3. 소비자 의사결정과정

1) 소비자 의사결정과정의 단계

(1) 문제인식

소비자 의사결정의 첫 단계는 문제인식에서 시작된다. 즉, 소비자가 실제 상태와 바람직한 상태 간에 차이(gap)를 지각하게 되면 욕구가 인식되고 의사결정과정이 시작된다. 문제인식이 의사결정과정을 거쳐 구매로 이어지기 위해서는 실제 상태와 바람직한 상태 간의 차이의 크기와 그 문제가 매우 중요한 것이어야 하며, 문제를 해결하기 위한 수단이 경제적으로나 시간적으로 가능해야 한다.

문제인식의 과정은 문제발생이 예상되었는지 여부와 해결의 긴급성에 따라 네 가지 유형이 있다(Hawkins, Coney, & Best, 1980).

① 일상적인 문제 : 실제 상태와 바람직한 상태 간의 차이가 발생할 것이 예상되고, 문제가 발생하면 즉각적으로 해결이 필요한 문제이다. 즉, 욕구충족을 위해 즉시 재구매의 필요성을 인식하게 된다.

② 계획적인 문제 : 문제발생이 예상되지만 해결을 즉각적으로 할 필요가 없는 문제이다. 예를 들어, TV를 바꾸려는 소비자는 기회가 있을 때마다 전자제품 판매점을 방문하고, TV 세일광고에 주의를 더 기울이는 등 정보를 수집할 것이다.

③ 긴급한 문제 : 문제발생을 예상치 못하였으나 즉각적인 해결이 필요한 문제이다. 예를 들어, 운전자가 운행 중에 갑자기 타이어가 터졌을 때 가장 가까운 타이어 상점에서 적절한 품질과 가격의 타이어를 구매할 수밖에 없다.

④ 점진적인 문제 : 문제발생이 예상되지도 않고 즉각적으로 해결할 필요가 없는 문제이다. 예를 들면 어떤 제품이 처음에는 극히 일부의 소비자들에 의해 수용되다가 상당한 기간에 걸쳐 보다 많은 소비자들에게 유행이 되면서 자신도 유행하는 제품을 갖고 싶은 욕구가 점차 생기는 경우이다.

(2) 정보탐색

소비자가 어떤 문제를 인식하였을 때 그 행동을 방해하는 제약요인이 없다면 그 다음 단계는 정보를 탐색하는 일이다. 정보탐색이란, 소비자가 상점과 제품 및 구매에 대해 더 많은 것을 알기 위해 행동하는 의도적인 노력이다. 이러한 정보탐색은 기억 속에 저장된 스스로의 지식을 통해서 정보를 끌어내는 내적탐색(internal search)과 시장이나 광고 등과 같이 외부환경으로부터 정보를 수집하는 외적탐색(external search)으로 구분된다.

① 내적탐색 : 소비자의 기억 속에는 구매 의사결정을 할 때 자신의 직접적인 경험이나 의도적 혹은 비의도적으로 타인 또는 매체 등에 의해 수집된 정보가 저장되어 있는 경우가 많다. 소비자가 의사결정을 할 때 이러한 기억 속에 있는 관련정보를 자연스럽게 회상하게 되는데 이때 의사결정을 할 만큼 충분한 정보가 저장되어 있고 회상할 수 있으며 또한 상당히 만족스러운 대안이 있으면 곧바로 그 대안을 구매하게 된다.

② 외적탐색 : 보통 어떤 제품을 처음으로 구매하거나 또는 구매간격이 너무 길어서 그동안 알던 것을 잊어버렸다거나, 신제품이 시장에 나왔을 경우에는 내적탐색만으로는 불충분하다. 즉, 외적탐색은 소비자가 현재 가지고 있는 지식만으로는 충분하지 못하다고 느껴서 추가로 정보를 얻는 과정으로 네 가지로 분류할 수 있다. 첫째, 대안상표(alternative brands)에 관한 정보, 둘째, 대안상표들을 비교할 수 있는 평가기준에 관한 정보, 셋째, 평가기준의 중요도에 관한 정보, 넷째, 신념을 형성하기 위한 정보이다.

(3) 대안평가

소비자는 최종선택을 하기 위하여 상표선택에 대한 정보를 처리한다. 대안평가란 소비자가 수집한 정보를 바탕으로 선택 대안들을 평가하는데 이때 소비자는 평가기준과 평가방식을 결정하여 상표들을 비교하고 평가한다. 이러한 대안평가는 정보탐색과 동시에 이루어지는 경우가 대부분이다. 대안평가과정은 신념→태도→의도과정을 거쳐서 선택 및 구매에 이르게 된다.

소비자가 대안평가과정을 통해 여러 가지 상품과 상표를 비교하기 위해 평가기준을 사용한다. 평가기준의 결정요인은 보통 상황적 요인, 구매동기, 상대적 중요성, 평가기준의 수 등이 있다(Engel 외, 1990).

① 상황적 요인 : 소비자들은 어떠한 재화를 선택할 때, 소비자가 처한 상황에 따라 그 선택이 달라진다. 예를 들어 예산 상황에 따라 실용성과 가격을 고려할 수 있고, 누군가에게 선물을 하기 위한 상황에서는 상표명을 중요하게 생각할 것이다.

② 구매동기 : 소비자의 제품 구매동기는 실용적 동기와 쾌락적 동기로 구분할 수 있다. 실용적 동기는 제품을 소비함으로써 실용적인 효용을 얻고자 하는 것이고, 쾌락

적 동기는 제품소비에 의하여 즐거움을 얻고자 하는 것이다.

③ 상대적 중요성 : 소비자는 여러 가지 평가기준에 의해 상표를 평가하는데 소비자에게 가장 중요한 속성이 평가기준에 제일 크게 작용한다. 이러한 기준은 소비자가 구매할 때 추구하는 제품이나 상표의 특성으로 객관적일 수도 있고 주관적일 수도 있다.

④ 평가기준의 수 : 제품의 관여의 정도는 평가기준의 수에 영향을 준다. 고관여 제품의 경우는 상대적으로 많은 평가기준에 의하여 선택대안을 평가하고, 저관여 제품의 경우는 평가기준의 수가 적다.

(4) 구매

소비자는 상표를 평가한 후 최상의 만족을 성취하는 제품을 구매하는데, 의사결정과정에서 소비자는 구매를 지연하거나 구매하지 않기로 결정할 수도 있다. 일반적으로 소비자는 제품을 선택하게 되면 구매단계에 이른다. 구매과정에서 소비자는 무엇인가를 즉시 사야 한다는 급작스러운 동기를 가지고 충동구매를 할 수도 있고, 지나치게 소비에 집착하여 통제할 수 없는 강한 구매 욕구에 끌려 강박적 구매 혹은 중독적 구매를 하기도 한다. 구매를 하기 위해서는 어느 상점에서 구매할 것인가가 중요하다. 요즘에는 소매점들이 대형화되고 그 종류도 다양화됨에 따라 소비자들의 선택의 폭이 넓어지고 있다. 소매점을 통해 구매가 이루어지는 경우 소비자의 소매점 접촉 행동을 용이하게 하기 위해 편리한 입지확보와 각종 문화행사 개최, 소비자를 위한 휴식공간 마련, 음악·향기·잘 진열된 제품 등 쇼핑 분위기 조성, 특별 세일기간의 광고 등으로 고객을 끌어들이고 있다.

(5) 구매 후 행동

소비자의 구매 의사결정과정은 구매결정을 하는 것으로 끝나는 것이 아니다. 자신이 구매한 제품을 소비하는 과정에서 그 제품의 성능을 평가하고 만족과 불만족을 경험하게 된다. 이러한 과정은 소비자의 기억에 저장되어 있는 기억의 폭을 넓혀 주고, 소비자 스스로가 선택한 상표와 상점이 올바른 것이었는지 다시 점검하고, 마지막으로 그 제품에 대한 미래의 재구매 여부를 결정하게 된다.

구매 후 행동에서 소비자 만족이란 소비자가 구매상황에서 부여한 그의 희생이 충분히 보상되어 있는 상태를 말한다(Howard & Sheth, 1969). 소비자 만족은 제품의 질적 수준보다 소비자의 기대가 충족되었는지와 기대 충족을 위한 기업의 노력 등이 영향을 미친다(박명희, 1996). 소비자의 만족과 불만족 과정을 설명하는 대표적인 이론이 기대불일치 이론이다. 기대불일치란, 소비자들이 구매 전의 기대와 지각된 성과가 일치 또는 불일치 하느냐에 따라 만족과 불만족이 초래된다는 것이다. 즉, 기대와 성과가 같은 수준에서 지각한다면 단순한 일치로 보며, 기대보다 성과가 높은 수준으로 지각한다면 긍정적 불일치로 소비자는 만족을 느낀다. 반면 기대보다 성과가 낮은 수준으로 지각한다면 부정적 불일치로 소비자는 불만족을 느끼게 된다.

이 밖에도 소비자는 제품구매 이후 만족과 불만족을 느끼기 전에 자신의 선택에서 느끼는 불안감을 가질 수 있는데, 이러한 심리적 불편함을 구매 후 부조화라고 한다. 구매 후 부조화가 감소하면 만족하게 되고, 구매 후 부조화가 증가하면 불만족하게 된다.

소비자는 일반적으로 만족하게 되면 해당 제품을 재구매할 가능성이 커지고, 제품에 대한 애호도가 생기게 된다. 반면, 불만족하게 되면 불만호소행동이 나타난다. 데이와 랜든(Day & Landon, 1977)은 불만호소행동의 유형을 무행동, 사적행동, 공적행동으로 나타난다고 하였다. 무행동은 공개적인 대응행동을 하지 않는 것이고, 사적행동은 친구나 친한 지인에게 불만을 호소하는 것을 말한다. 공적행동은 기업이나 제조업자에게 보상을 요구하거나 홈페이지 등에 불만을 표현하거나 법적행동을 모두 포함한다.

구매 후 행동에는 구매 후 처분행동을 포함한다. 좋은 제품을 구매했을지라도 일정 기간이 지나면 유행이 지나고, 사용 횟수 또한 줄어들게 되면 제품을 처리하려고 할 것이다. 이때 자원낭비를 줄이고, 환경을 생각하여 바람직한 처분행동을 하기 위해 노력해야 한다.

2) 소비자 의사결정과정에 영향을 미치는 요인

(1) 개인적 요인

소비자 의사결정에 영향을 미치는 개인적 요인으로는 지식, 개성, 라이프스타일, 제품에 대한 관여도 등이 있다.

① 지식 : 지식은 기억 내에 저장되어 있는 정보이다. 소비자가 무엇을 구매하고, 어디에서 구매하고, 언제 구매하느냐는 것은 소비자들이 소유한 지식에 달려 있다고 할 수 있다. 소비자지식은 제품지식, 구매지식, 사용지식으로 구분하여 볼 수 있다. 제품지식은 제품의 용어, 속성 및 특성 등을 포함한다. 구매지식은 소비자가 제품을

얻기 위해 가지고 있는 여러 가지 정보를 포함하며, 구매장소, 구매시기 등을 정하는 것이 구매지식에 따라 달라질 것이다. 사용지식은 제품이 어떻게 사용되고, 제품을 사용하는데 실제로 무엇이 필요한지에 대해 기억 속에 있는 정보이다.

② 개성 : 자신의 환경에 대해 상대적으로 일관성 있고, 지속적인 반응을 초래하게 하는 심리적인 특성이다. 즉, 개성은 인간이 자신의 환경과 상호작용할 때 특이한 방식으로 행동하는 성향을 말하며, 개성의 형태는 공통의 개성특성을 공유하는 사람들로 구성된 집단을 의미한다.

③ 라이프스타일 : 사람들이 살아가는 방식은 다양하다. 이처럼 사람들이 살아가는 방식을 라이프스타일이라고 하며, 한 개인의 생활, 전체 또는 일부 사회계층의 특징적이고 차별적인 삶의 형태를 말한다. 라이프스타일은 개인이 속한 사회, 가족, 문화, 준거집단의 영향을 받아 형성되며 소비자의 개성과 가치를 반영하기 때문에 소비자 행동에서 중요한 영향을 가지는 요인이다.

④ 관여도 : 우리는 제품을 구매할 때 관심 정도에 따라 신중하게 선택할 때도, 대충 선택할 때도 있을 것이다. 즉, 관여도는 소비자가 특정 제품구매에 대해 갖는 개인적인 중요성 혹은 관심 정도를 의미하며, 고관여와 저관여로 구분된다. 관여도가 높고 처음 구매하는 경우 소비자는 복잡한 의사결정과정을 거치고, 과거 만족스러웠던 구매경험에 의해 습관적으로 같은 상표를 반복적으로 구매하는 상표애호적 의사결정과정을 거칠 것이다. 관여도가 높지 않아도 신제품이 등장했을 때는 관심과 호기심으로 인해 제한적 의사결정과정을, 관여도가 낮고 습관적으로 구매하는 경우 관성적 의사결정을 할 것이다.

(2) 사회환경적 요인

소비자 의사결정에 영향을 주는 사회환경적 요인으로는 문화, 사회계층, 가족, 준거집단 등이 있다.

① 문화 : 여러 세대를 거치는 동안 남겨 놓은 사회적 유산을 문화라 하며, 한 집단이 공유하는 공통된 가치관, 생활방식, 소비 습관 등 그 사회가 환경에 적응하며 살아가는 방식이다(박명희 외, 2013). 소비자들은 자신이 속해 있는 민족, 인종, 종교에 따라 각각 다른 소비행동을 보인다. 이러한 소비행동의 차이는 문화를 이해함으로써 가능하다.

② 사회계층 : 사회계층은 한 사회 내에서 거의 동일한 지위에 있는 사람들로 구성된 집단을 말한다(이학식 외, 2016). 이러한 사회계층은 사회적 지위를 나타내고, 동일한 사회계층 내에서는 태도, 관심, 활동, 행동 패턴이 유사한 특성을 보인다. 또한 사회계층은 계층적 구조를 가지고 있으며, 다차원적으로 직업, 소득, 교육수준 등 복합적 요소에 의해 결정되는 특성을 가지고 있다.

③ 가족 : 가족은 구매자가 행동을 형성하는데 가장 영향력 있는 집단이다. 소비자행동에서 가족의 중요성은 첫째, 가족 자체가 하나의 구매의사결정 단위로서 소비자 행동의 주체가 되며, 영향력 또한 크다. 둘째, 가족생활주기에 따라 가족 구성원의 소비행동이 바뀐다. 셋째, 여성의 사회진출 증가로 가정 내에서 소비의 기준이 달라진다. 넷째, 최근에는 전통적인 가족과는 다른 새로운 가족형태가 나타남에 따라 시장이 확대되고 있다.

④ 준거집단 : 개인의 신념, 태도, 행동을 형성하는데 있어 그 사람이 참고로 하는 모든 집단을 말한다. 소비자에게는 가족이 가장 중요한 준거집단이지만, 많은 다른 준거집단들도 있을 수 있다. 준거집단들은 정보제공, 특별한 구매행동에 대한 보상관리, 자아 이미지의 강화 등에 의해 의사결정과정에 영향을 미친다. 준거집단은 목적에 따라 회원집단과 비회원집단으로 구분된다. 회원집단은 접촉빈도에 따라 1차집단과 2차 집단으로 나뉘고, 공식적 역할과 조직구조에 따라 공식집단과 비공식집단으로 나뉜다. 비회원집단은 개인이 소속하기를 원하는 열망집단과 집단의 가치관이나 행동을 거절하는 회피집단으로 구분된다.

참여형 소비자 '프로슈머' 읽을거리

프로슈머란, 생산과 소비를 동시에 하는 사람으로 참여형 소비자라고 한다. 프로슈머에 대한 용어는 1980년 미국의 미래학자 앨빈토플러가 처음 소개하였다. 즉, 생산자와 소비자의 합성어로 시장에 나온 제품을 수동적으로 소비하는 것이 아니라 자신의 취향에 맞게 스스로 제품을 창조해내는 능동적 소비를 말한다.

최근 기업에서는 제품을 개발할 때, 직·간접적으로 참여형 소비자를 끌어들이고 있는데, 최근에는 그 대상이 MZ세대로 기업들이 공략해야 할 주요 고객층으로 떠오르고 있다. MZ세대가 중심에 있는 프로슈머가 산업 전반에 영향력을 미치면서 각 업계에서는 이들을 겨냥한 마케팅을 선보이고 있다. 최근에는 롯데푸드에서 소비자의 재미있는 상상력을 실현하는 '돼지바 셰프돼장' 이벤트를 진행하며 뜨거운 호응을 이끌었다. 동원에서도 동원제품들을 주재료로 활용해 본인만의 레시피를 선보이는 이벤트를 열어 밀키트 개발에 반영할 계획을 하고 있다.

프로슈머들은 그들의 커뮤니티를 통해 영향력을 발휘하기 때문에 많은 기업에서는 이들과 협업하며 신제품 출시와 서비스를 선보이고 있다. 최근에는 프로슈머에서 한 단계 나아가 모디슈머가 나타나고 있다. 모디슈머는 수정하다는 뜻의 modify와 소비자 consumer의 합성어로 단순히 제조사가 제공하는 제품을 소비하는 것이 아닌, 자신의 취향에 맞게 새롭게 만들어 상요하는 소비자를 말한다. 모디슈머의 활약은 식품업에서 많이 나타나고 있는데, 주로 인터넷에서 자신만의 레시피를 공유하며, 기업에서는 이를 활용한 신제품이 출시되기도 한다.

이제 소비자는 소비만 하는 역할을 벗어나 기업의 제품개발에 참여함으로써 그 영향력이 커지고 있다는 것을 알 수 있다.

자료원
라이프, 2021.08.31.
업다운뉴스, 2022.01.28.
중소기업신문, 2021.09.30.

토론학습

1. 다양한 신소비자 유형과 특성을 생각해 봅시다.
2. 하나의 제품을 적용하여 자신의 의사결정과정에 대해 생각해 봅시다.
3. 미래 소비사회의 모습에 대해 각자의 의견을 이야기해봅시다.

참고문헌

김영신, 강미주, 이희숙, 허경옥, 정순희 (2000). 소비자의사결정. 교문사.

김재일 (2006). 유비쿼터스인터넷마케팅(전정판). 박영사.

박명희 (1996). 소비자의사결정론. 학현사.

박명희, 박명숙, 제미경, 박미혜, 정주원, 최경숙 (2013). 가치소비시대의 소비자 의사결정. 교문사

오재인, 권순범, 김경민 (2003). 인터넷과 마케팅. 박영사.

이기춘 (1999). 소비자교육의 이론과 실제. 교문사.

이기춘 외 (2001). 소비자학의 이해. 학현사.

이학식, 안광호, 하영원 (2016). 소비자행동: 마케팅 전략적 접근(제6판). 집현재.

허경옥 (2011). 소비자학의 기초. 교문사.

Day, R.L. and Landon, E.L. (1977). *Consumer and Industrial Buying Behavior*. North-Holland, New York.

Engel, J. F., Blackwell R. D., & Miniard P.W. (1990). *Consumer Behavior(6th ed)*. The Dryden Press.

Hawkins, D. I., Coney, K. A., & Best R. J. (1980). *Consumer Behavior*. Business Publication, Inc.

Howard, J. A., & Sheth J. N. (1969). T*he Theory of Buying Behavior*. John Willy.

제2절 시장환경과 유통

- 우리가 시장에서 상품을 선택하는 것들이 모여 시장수요가 되고, 이러한 소비자 수요는 생산자의 공급과 시장가격에 영향을 주면서 경제순환과정에 참여하게 된다. 우리의 시장경제활동의 장소가 되는 곳이 바로 시장이며, 시장환경이 된다. 이러한 시장환경에서 판매자는 소비자의 행동을 파악하여 다양한 판매전략을 수행하며, 판매증진을 위해 노력하고 있다. 또한 생산된 제품이나 서비스가 생산자로부터 소비자에게 전달되는 과정이 필요한데, 이를 유통이라고 한다. 시장환경 하에서 효율적인 소비자와 판매자 간의 거래가 원활하게 이루어지기 위해서는 거래 주체 간에 기본적인 이해가 필요하다.
- 본 장에서는 시장에 대한 기본적인 이해를 도모하기 위해 시장의 개념과 역할, 시장의 구조에 대해 살펴보고자 한다. 또한 소비자가 시장환경을 이해하기 위해 필요한 기업의 마케팅 활동에 대해 소개하고, 마케팅 전략에 대해 알아보고, 소비를 위한 구매활동이 이루어지는 유통기관과 유통환경 변화에 대해서도 함께 살펴보고자 한다. 나아가 세계화·정보화 등으로 인해 변화된 소비시장 환경에 대해서도 생각해 보고자 한다.

1. 시장의 이해

1) 시장의 개념과 역할

(1) 시장의 개념

시장(market)이란 상품을 사고팔기 위하여 서로 접촉하는 생산자(판매자)와 소비자(구매자)의 모임을 의미한다. 즉, 어떤 상품의 수요와 공급에 의해 그 상품의 가격이 형성되고, 상품의 매매가 규칙적으로 이루어지는 구체적 또는 추상적인 장소를 말한다. 농산물시장, 수산물시장, 증권거래소 등과 같이 수요자와 공급자들이 특정한 장소에 모여 상품을 거래하는 경우도 있고, 외환시장, 금융시장, 노동시장과 같이 전화나 전신에 의하여 먼 거리에 있는 수요자와 공급자가 서로 각 시장의 상품에 대한 정보를 교환하고 매매가 이루어지는 경우도 있다.

시장에서는 상호 이해관계가 대립되는 두 힘이 작용한다. 첫째는 팔려는 사람과 사려는 사람 간에 일어나는 상충관계로 팔려는 사람은 보다 높은 가격에, 그리고 사려는 사람은 보다 저렴한 가격에 사고자 하는 이해관계이다. 둘째는 제품을 팔고자 하는 상인들 상호 간에, 그리고 제품을 사고자 하는 소비자들 상호 간에 서로 경쟁관계가 형성된다. 이러한 두 힘은 최선의 조건을 획득하고자 하는 과정에서 충돌과 경쟁이 계속되며 각자의 실질적인 이익을 충족시키기 위해 노력한다.

또한 시장에서는 조화나 협력보다는 경쟁이나 이해의 상충이 반복적으로 발생한다. 그러나 이러한 경쟁관계가 거래당사자들에게 이익을 가져다주어, 국민경제 전체의 입장에서 볼 때 발전적 조화를 형성하게 되고 국민경제 질서의 동기가 되는 것이다. 이것이 바로 애덤 스미스(Adam Smith)의 '보이지 않는 손(invisible hand)'의 작용을 의미한다(유지성 외, 1997).

(2) 시장의 역할

시장은 경쟁을 통해서 적정 가격에 수요와 공급량이 결정되는 곳이다. 시장에서 자연스럽게 형성되는 가격은 세 가지 기본적인 경제문제, 즉 무엇을, 어떻게, 누구를 위하여 생산할 것인가 하는 가장 기본적인 의사결정을 하는 데 중요한 역할을 한다. '무엇을 얼마나 생산할 것인가' 하는 문제는 한 사회의 자원배분을 결정하게 되고, '어떻게 생산할 것인가' 하는 문제는 기술발전과 관계가 있으며, '누구를 위하여 생산할 것인가' 하는 문제는 궁극적으로 소득분배 문제와 연관되어 있다. 이러한 시장의 역할을 살펴보면 다음과 같다(강이주 외, 1999; 김기옥 외, 2001).

① 자원배분의 역할 : 시장은 수요와 공급을 조절하여 자원을 적절하게 배분하는 기능을 갖는다. 즉, 시장은 수요와 공급의 조절작용에 의해 생산과정에 자원을 적절히 배분하는 기능을 담당한다. 시장의 자원배분 기능은 모든 경제활동의 근간을 이루며, 정부가 막대한 비용을 들여 경제계획을 세우지 않더라도 경제운용이 자동적으로 이루어질 수 있도록 한다.

② 기술발전의 동인 : 자유시장경제를 발전시키는 근본적인 메커니즘은 경쟁이다. 시장에는 다수의 생산자와 소비자가 존재하고 있으며 이들 간에 서로 경쟁관계를 조성한다. 특히, 생산자들은 소비자의 기호에 부응하는 양질의 제품을 싼값에 공급하여야만 시장의 경쟁에서 살아남을 수 있다. 따라서 생산자들은 생산방식에 대한 연구를 거듭하게 되고, 이 결과 타 생산자와 구별되는 독특한 혁신적인 신제품이 개발된다.

③ 소득분배의 역할 : 상품의 가격은 간접적인 방법으로 소득분배에 영향을 미친다. 예를 들면, 인플레이션에 의한 전반적인 물가상승, 또는 모든 제품에 부과되는 간접세 상승 등은 저소득 계층의 실질소득이 상대적으로 더 감소하는 효과를 준다. 그리고 생산자들은 잘 팔리는 제품을 생산하려고 하는데, 이는 당연히 고소득층이 더 많이 살 것이다. 그 결과 시중에는 고소득층의 선호가 반영된 제품이 출현하게 된다. 따라서 중저가의 질박한 제품보다는 디자인이 중시된 고가의 화려한 제품들이 진열장을 가득 메우고 있어 저소득층은 부득이 이러한 고가의 제품을 살 수밖에 없게 되고, 그것은 이들을 더 가난하게 만드는 요인이 될 수 있다.

④ 경쟁의 촉진을 통한 복지증진 : 각 경제주체는 각자의 이익을 위해 자율적으로 시장활동에 임하면서 다양한 경쟁을 한다. 제품의 질을 향상시키기 위한 경쟁, 생산비용을 낮추기 위한 경쟁, 새로운 시장을 개척하기 위한 경쟁 등 경쟁이 취할 수 있는 형태는 거의 셀 수 없을 정도로 많다. 이러한 경쟁은 시장활동에 임하는 각 경제주체들로 하여금 최선의 노력을 다하도록 하며, 결과적으로 전체 경제가 좋은 성과를 거둘 수 있게 한다.

2) 시장의 구조

(1) 시장구조의 결정요인

시장구조는 개별 기업들이 시장에 얼마만큼의 지배력을 행사할 수 있느냐에 따라 좌우된다. 기업의 시장지배력은 그 기업의 시장영향력, 정부정책, 기업전략 등에 달려 있다. 최근 기업의 대형화 추세는 기업의 시장영향력을 크게 만들고 있으며, 각종 정부규제 등의 정부정책들도 시장구조에 영향을 준다. 또한 기업의 합병·인수, 전략적 제휴, 제품차별화, 다양화 전략 등의 기업전략은 기업의 독점도를 높이게 된다.

시장구조의 형태는 완전경쟁시장과 불완전경쟁시장으로 나눌 수 있으며, 불완전경쟁시장은 다시 독점시장, 과점시장, 독점적 경쟁시장으로 나눌 수 있다. 이러한 시장구조들의 형태를 구분하는 기준으로서는 다음 다섯 가지 요인들이 있다.

① 공급자와 수요자의 수 : 시장구조의 형태를 결정하는 가장 중요한 요인은 시장에 상품과 서비스를 공급하는 공급자와 그것을 구매하는 수요자의 수이다. 시장에 많은 공급자와 수요자가 존재하면, 경쟁적으로 상품 및 서비스를 생산·판매하고, 이를

경쟁적으로 구매하려고 하기 때문에 시장가격은 수많은 공급과 수요에 의해 자연스럽게 결정된다.

② 상품의 동질성 또는 유사성 : 한 산업 내의 기업들이 동질성 있는 상품을 생산하고 있다면 시장경쟁은 치열할 것이기 때문에 완전경쟁시장이 된다. 쌀, 달걀, 육류, 채소 생산 등은 완전 동질적인 상품에 속한다. 그러나 수요자와 생산자가 다수이고, 상품이 물리적으로 동질적이라 하더라도 어떤 기업이 만들었느냐에 따라 차이가 있는 차별화 현상이 나타나면 독점적 경쟁(monopolistic competition)시장이 된다.

③ 시장가격의 지배능력 : 완전경쟁시장에서는 한 산업 내에 많은 기업들이 존재하기 때문에 개별 기업이 시장가격에 영향을 미칠 가능성은 거의 없다. 반면에 독점기업의 경우는 개별 기업이 시장가격과 거래량에 크게 영향력을 행사할 수 있다. 독점적 경쟁기업과 과점기업은 완전경쟁시장의 기업보다는 시장가격에 더 큰 영향력을 행사할 수 있지만 독점기업보다는 크지 않은 편이다.

④ 자유로운 진입과 이탈 : 어떤 특정 산업에서 새로운 기업들이 진입하거나 기존의 기업들이 이탈해 나가는 것이 자유로운지의 정도는 시장구조를 구분하는 주요 결정요인이 된다. 완전경쟁시장이나 독점적 경쟁시장에서는 신규기업의 진입장벽 또는 퇴거장벽이 없는 것이 보통이다. 과점시장의 경우는 너무 많은 투입비용, 기존 기업의 견제 때문에 신규진입이 상당히 자유롭지 못하다. 독점시장에서는 진입장벽이 너무 커서 신규진입이 거의 봉쇄되어 있는 경우가 보통이다.

⑤ 비가격경쟁의 존재 : 비가격경쟁이란 가격과 품질이 평준화된 상품에 있어 가격 이외의 수단으로 경쟁하는 것을 말한다. 완전경쟁시장에서는 비가격경쟁이 거의 존재하지 않지만, 독점적 경쟁기업이나 과점기업의 경우 가격경쟁은 서로에게 매우 위험스러운 일이기 때문에 비가격경쟁에 상당한 비중을 두고 있다.

⑥ 시장에 대한 정보소유 여부 : 시장에서 거래와 관련된 경제적, 기술적 정보를 소유하고 있는지의 여부는 시장구조를 결정하는 요인이 된다. 즉, 완전경쟁시장에서는 소비자와 판매자는 상품의 가격, 상품의 질, 상품의 속성에 대한 완전한 정보를 가지고 있다. 그러나 독점시장에서는 시장에 대한 정보를 독점하고 있기 때문에 정보의 비대칭에 의해 불공정한 경쟁이 유발될 수 있다(허경옥, 2010).

(2) 시장구조의 형태

시장은 경쟁정도에 따라 완전경쟁시장, 불완전 경쟁시장, 독점시장으로 나뉘며, 불완전 경쟁시장은 다시 독점적 경쟁시장과 과점시장으로 구분된다.

표 1-1. 시장구조의 형태

<table>
<tr><th colspan="2">시장구조의 형태</th><th>내용</th></tr>
<tr><td colspan="2">완전경쟁시장</td><td>· 자본주의 경제체제의 기본 이념이 되는 시장으로 가장 이상적인 시장구조
· 완전경쟁시장 성립을 위한 조건
- 다수의 생산자와 수요자가 존재해야 함
- 거래되는 상품은 동질적이어서 완전 대체가 가능해야 함
- 산업에 대한 진입과 이탈의 자유가 보장되어야 함
- 모든 생산자원이 제한 없이 자유롭게 이용될 수 있어야 함
- 정부는 기업에 대해 조세나 보조금 부과, 수요 및 공급량 통제 등과 같은 어떠한 간섭도 하지 말아야 함
- 개별 공급자나 개별 수요자는 시장에 대한 완전한 정보를 가지고 있거나 정보를 아무런 비용 없이 얻을 수 있어야 함</td></tr>
<tr><td rowspan="2">불완전 경쟁시장</td><td>독점적 경쟁시장</td><td>· 완전경쟁시장과 독점시장의 성격을 동시에 지닌 불완전 경쟁시장
· 다수의 기업이 서로 이질적인 제품을 생산한다는 점을 제외하고 완전경쟁시장과 유사함
· 서점, 이·미용실, 음식점, 약국 등이 해당</td></tr>
<tr><td>과점시장</td><td>· 시장 내에 비교적 소수의 기업들이 존재하고, 각 기업은 서로 대체할 수 있는 유사한 상품을 생산하여 같은 시장에서 상호 경쟁하는 시장 형태
· 상품이 차별화되든 비차별화되든 과점기업 간의 상호 의존관계가 매우 강함
· 가격의 경직성과 치열한 비가격경쟁이 나타남
· 담합, 기업연합, 기업공동, 합병, 묵계에 의한 가격선도 등과 같은 비경쟁행위를 하려는 경향이 있음
· 새로운 기업의 진입 장벽이 높음</td></tr>
<tr><td colspan="2">독점시장</td><td>· 어떤 상품에 대한 공급이 한 기업에 의해서만 이루어지는 시장형태
· 독점기업의 수요곡선은 시장의 수요곡선과 일치
· 시장지배력을 가지는 가격결정자임
· 기업 간 상호 의존성이나 경쟁관계를 경험하지 않음
· 잠재기업이 진입할 수 없는 장벽이 존재함</td></tr>
</table>

2. 마케팅의 이해

1) 마케팅과 소비자

(1) 마케팅의 기본개념

산업혁명 이후 자본주의의 발전으로 생산력이 확대되면서 각종 생활용품도 놀랄 만큼 다양하게 많이 생산되고 있다. 생산자와 판매자는 소비자의 필요보다 과잉생산된 물건들을 더 많이 판매하기 위해 각종 노력을 아끼지 않고 있다.

마케팅(marketing)은 기업이 고객에게 제품을 판매하여 고객의 욕구를 충족시킴으로써 기업의 목적을 달성하고자 하는 행위를 말한다. 마케팅을 이해하기 위해서는 소비자인 인간의 욕구, 유형·무형의 제품, 서로의 효용을 증대하는 과정인 교환과 구매력을 갖춘 고객들의 집합으로 이루어진 시장에 대한 이해가 필요하다.

기업의 목적은 그 기업의 제품이나 서비스를 시장에서 판매하여 고객이 구매해 줌으로써 달성된다. 그러나 기업이 제품을 판매하고자 하는 시장 대부분의 경우 경쟁자가 있기 마련이며, 고객은 자신들의 욕구를 보다 잘 충족시켜 주는 기업의 제품을 구매하게 된다. 그러므로 기업이 시장에서 경쟁기업에 대처하기 위해서는 고객의 욕구를 파악하여 경쟁기업보다 더 잘 충족시킬 수 있도록 하여야 할 것이다. 이를 위해서 기업은 고객이 원하는 제품을 개발하고 적합한 가격을 설정해야 하며 적절한 유통경로를 통해 시장에 제공하여야 한다. 이와 같은 일련의 활동이 바로 마케팅이라고 할 수 있다.

(2) 마케팅의 목적

마케팅의 목적은 기업의 관점과 소비자의 관점에 따라 나누어 살펴볼 수 있다. 먼저 기업 관점에서의 마케팅의 궁극적인 목표는 이익 창출을 통한 기업의 생존과 성장이다. 즉, 충족되지 않은 소비자의 1차적 욕구를 찾아내고 이를 효과적으로 충족할 수 있는 제품이나 서비스를 만든 후, 소비자의 충족되지 않은 2차적 욕구를 발견하고 이를 충족시켜 줄 수 있는 마케팅 믹스를 제공함으로써 고객수요를 창출하는 것이다.

소비자 관점에서의 마케팅의 궁극적인 목표는 제한된 소득으로 보다 양질의 충분한 양의 제품과 서비스를 소비할 수 있도록 해주는 것이다. 선택의 폭을 넓혀 보다 정확하게 욕구를 충족할 수 있고, 새롭고 다양한 경험을 해보기를 원하는 다양성 추구 욕구를 충족시키는 것이다.

(3) 마케팅의 기능

마케팅의 기능은 재화가 생산자나 공급자로부터 소비자 또는 수요자에게로 이전 되어 가는 과정에서 수행되는 행동들로 다음과 같은 기능을 가지고 있다.

① 교환기능 : 마케팅 기능 중에서 가장 핵심적인 기능으로 상품과 대가를 상호 교환한다는 의미로 소유권의 이전기능이라고도 한다.

② 물적 유통기능 : 상품이 운송되고 보관되는 과정으로 상품의 생산과 소비 간의 격리를 조절하는 기능을 한다.

③ 조성기능 : 마케팅 기능을 도와주는 역할을 말하는 것으로 교환기능이나 물적 유통기능이 합리적으로 수행될 수 있도록 보조하는 기능이다.

2) 마케팅 전략

마케팅 전략이란 마케팅 활동을 위해 시장의 관련 자료를 수집·분석하고, 제품, 가격, 유통 및 촉진 등에 관한 계획을 수립하고 실행하며 그 성과를 평가·피드백하는 것이다. 즉, 마케팅 목표를 달성하기 위해 다양한 마케팅 활동을 통합하는 가장 적합한 방법을 찾아 실천하는 일이다. 마케팅 전략을 수립하기 위한 과정은 다음과 같다.

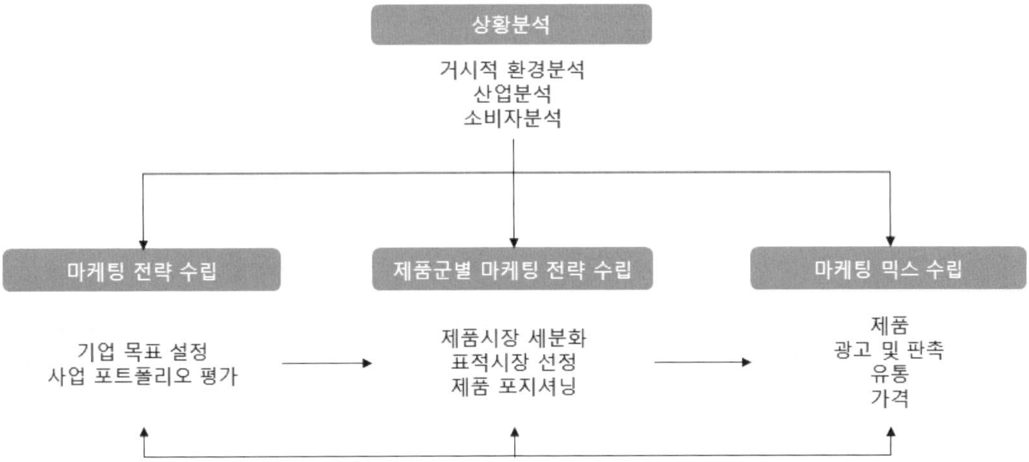

그림 1-4. 마케팅 전략 수립 과정[1)]

1) 안광호(2018). 마케팅원론. 학현사.
이은희 외(2020). 디지털 시대의 소비자와 시장. 시그마프레스.

(1) STP 전략(segmentation-targeting-positioning)

STP 전략은 잠재고객의 다양한 욕구를 발견하기 위해 시장세분화(market segmentation)를 통해 시장을 조사·분석하고, 가장 경쟁력이 있다고 판단되는 목표집단을 표적시장(targeting)으로 선정한다. 이후 각 세분시장에 대응하는 포지셔닝(positioning) 하는 단계로 이루어진다.

① 시장세분화(market segmentation) : 특정 시장을 공략하기 위한 선행작업으로 소비자의 성별, 연령, 소득수준, 지역, 소비성향, 가치관 등 다양한 기준에 의해 시장을 세분화한다.

② 표적시장(targeting) : 세분화된 시장 중 공략할 표적을 설정하는 것으로 마케팅 비용이나 수익 증대의 폭, 시장의 성장가능성 등을 고려하는 단계이다.

③ 포지셔닝(positioning) : 세분화된 목표 시장 내의 잠재고객의 마음에 기업의 제품과 이미지를 통해 차별화된 위치를 선점하는 전략 단계로 광고 등을 통해 소비자와 커뮤니케이션 한다.

(2) 마케팅 믹스(marketing mix)

제품군별 마케팅 전략을 수립하면, 제품 디자인, 제품구색, 가격, 유통경로, 촉진방법 등 통제 가능한 마케팅 수단인 마케팅 믹스에 대한 의사결정을 내림으로써 마케팅 목표를 달성하고자 한다. 보통 마케팅 믹스는 4P로 구성되는데, Product(제품), Price(가격), Place(장소), Promotion(판매촉진)으로 구성된다.

① Product(제품) : 소비자에게 실제 판매하는 상품을 말하며, 상품 외에도 서비스, 제품 디자인, 품질, 포장 등 모든 요소를 포함한다.

② Price(가격) : 제품이나 서비스의 적정 가격을 설정하는 것으로 실제 판매가격, 할인가격, 판매조건 등을 결정한다.

③ Place(장소) : 제품을 판매하거나 유통시키는 장소로 소비자의 접촉이 이루어지는 부분의 전체적인 유통경로를 포함한다.

④ Promotion(판매촉진) : 광고, PR 등 마케팅을 통해 소비자와 소통하는 것으로 다양한 기법을 통해 제품에 대한 이미지를 소비자에게 각인시키기 위해 노력해야 한다.

3. 유통의 이해

1) 유통경로의 이해

(1) 유통의 개념과 발생과정

유통은 일반적으로 어떤 제품이나 서비스를 생산자로부터 소비자에게 옮겨가는 전체의 과정을 말한다. 즉, 유통은 상품 및 서비스의 이전을 통해 장소, 시간 및 소유의 효용을 창조하는 활동으로 생산과 소비를 이어주는 중간기능이고, 생산품의 사회적 이동에 관계되는 모든 경제활동이라고 할 수 있다.

유통은 자급자족 시기에서 물물교환 시기로 이전하면서 발생하였으며, 경제, 사회, 문화와 함께 발전하였다. 특히 산업혁명에 의해 대두된 초기 산업사회에서 대량생산이 가능해짐에 따라 생산과 소비가 분리되는 초보적인 유통기능이 발생하였다. 초기 산업사회에서는 단순히 생산된 제품의 집하와 분배에만 치중되었으며, 후기 산업사회로 넘어가면서 생산, 유통, 소비가 명확하게 분리되기 시작하였다. 이러한 기능 분리는 제조업체는 생산기능을, 유통업체는 다양한 유통기능을 전문적으로 수행하는 경영의 분업화로 이루어졌다.

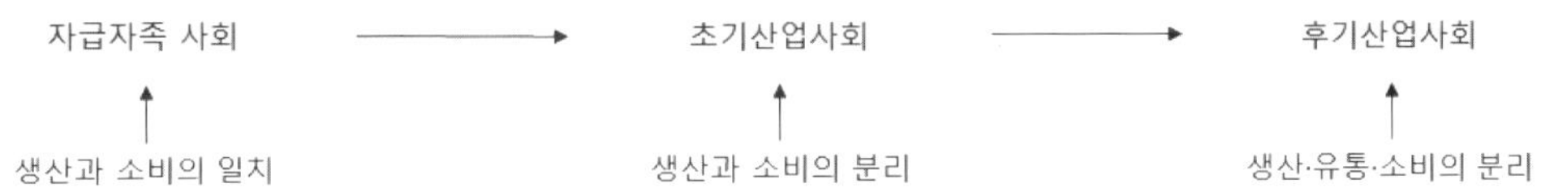

그림 1-5. 유통의 발생과정[2)]

(2) 유통경로의 개념과 기능

전통적 관점에서 유통경로는 '제조업자 → 도매상 → 소매상 → 소비자'로 이어지는 수직적 연계를 설계하고 관리하는 과정이라고 한다. 현대적인 관점에서 유통경로는 제품의 생산과 함께 소비자의 욕구를 만족시키고 기업의 목표를 달성하기 위해 제품이 소비자에게 적절한 시간에(시간효용), 접근 가능한 위치에(장소효용), 적절한 수량으로 제공(소유효용)됨으로써 효용을 창출하는 기능으로 보고 있다. 유통경로는 제조업체의 판매를 용이하게 해주고, 소비자의 효용을 증대시키기 위해 시간, 장소, 소유 효용을 창출하기 위해 다음과 같은 기능을 수행한다.

2) 안광호 외(2020). 유통원론(제4판). 학현사.

첫째, 유통기관은 소비자와 생산자간의 거래과정을 보다 단순화시키고, 보다 많은 거래를 효율적으로 만들어 준다. 둘째, 유통경로는 제품의 구색 갖춤 기능을 수행한다. 소비자들은 가능한 많은 대체안 중에서 특정제품을 선택하고 싶어한다. 따라서 유통기관들은 소비자들이 한 번의 거래로 욕구를 충족시킬 수 있도록 다양한 제품을 준비하여 복잡한 거래를 단순화 시켜준다. 셋째, 유통경로는 소비자와 판매자를 효율적으로 연결해 주는 기능을 수행한다. 넷째, 유통경로는 고객서비스 제공 기능을 수행한다. 유통기관은 판매자를 대신하여 소비자에게 애프터서비스 제공, 제품의 배달 및 설치, 사용방법 교육 등의 서비스를 제공한다.

2) 소매업

(1) 소매업의 개념과 기능

유통업의 영업형태를 구분하면 업종과 업태를 나눌 수 있다. 업종은 상품의 종류에 따른 분류방법으로 의류점, 가구점, 정육점 등이 여기에 해당한다. 업태는 소비자의 구매행동과 관련된 판매시스템과 밀접한 관계가 있는 분류방법으로 백화점, 편의점, 슈퍼마켓 등이 여기에 해당한다. 즉, 소매업은 소매점의 영업전략에 따른 분류방법으로 소비자, 소매전략 지향적 시각을 가지고 있다고 할 수 있다. 소매업이 사회경제적으로 중요한 의미를 가지는 이유는 생산자와 소비자 사이에 최종적인 연결고리 역할을 담당함으로써 상품이 원활하게 소비자에게 유통되도록 하는 기능을 수행하기 때문이다. 소매업을 경영하는 중간상을 소매상이라고 하는데, 소매상이 소비자를 위해 수행하는 기능은 다음과 같다.

① 소매상은 소비자가 원하는 상품구색을 제공한다.

② 소매상은 소비자에게 필요한 정보를 제공한다.

③ 소매상은 소비자의 금융부담을 덜어주는 금융기능을 수행한다.

④ 소매상은 제품의 배달 및 설치, 사용방법 교육, 애프터서비스 등을 제공한다.

(2) 소매업의 유형

소매업은 점포의 유무, 취급하는 주요 제품, 소매믹스전략 등에 의해 분류된다. 최근에는 소비자 욕구가 다양해짐에 따라 새로운 소매업태들이 등장하고 있다. 주요 소매업태의 유형을 정리하여 살펴보면 다음과 같다.

표 1-2. 소매업의 유형[3)]

구분		특징
점포 판매	구멍가게, 재래시장	- 소비자와 가장 근접하여 대면판매 - 단독점포로 한정된 제품 판매
	편의점	- 입지편의성, 시간 편의성, 상품 구색의 편의성 제공
	슈퍼마켓	- 식료품 및 일용잡화 위주 판매 - 저비용, 저마진, 한정된 제품구색
	할인점(대형마트)	- 중저가 브랜드 중 유통 회전이 빠른 상품 취급 - 셀프서비스 하에 매일 저가로 판매하는 대규모 소매점
	회원제 창고 도매상	- 회원가입 고객만을 대상으로 판매(예시: 코스트코) - 상품구색 한정(고회전 품목 중심)
	하이퍼마켓	- 대형슈퍼마켓+할인점 접목(예시: 까르푸) - 저마진, 저가격 판매
	슈퍼센터	- 저가격 할인 및 셀프서비스(예시: 월마트)
	백화점	- 고가격, 넓은 제품구색, 최상의 서비스 제공
	전문점	- 특정제품계열 내에서 다양한 상품구색
	팩토리 아웃렛	- 주로 재고상품을 저가로 판매
	카테고리 킬러 (전문할인점)	- 한 가지 상품군에 대해서만 전문적 취급(예시: 토이저러스) - 체인화, 저마진, 비용절감
무점포 판매	자동판매기	- 24시간 셀프서비스, 상품구색 한정
	직접판매	- 판매원들이 직접 가정방문을 통해 제품이나 서비스를 판매
	텔레마케팅	- 전화를 통한 판매
	TV홈쇼핑	- TV 방송을 통한 구매 - V커머스, T커머스 등으로 발전해가고 있음

(3) 우리나라 소매업의 발전

우리나라의 소매업 역사는 다른 선진국에 비해 매우 짧은 편이다. 우리나라의 소매업의 역사는 다음과 같이 크게 5단계로 구분해 볼 수 있다.

① 제1기(~1967년) : 재래식 시장과 소형 점포들 중심으로 한 상업 형태가 주를 이루어진 시기이다.

② 제2기(1968년~1980년) : 근대적인 유통산업이 본격적인 성장을 이룬 성장기 시기

3) 안광호 외(2020). 유통원론(제4판), 학현사.

이다. 1968년에 최초의 슈퍼마켓인 뉴서울 슈퍼마켓이 개점하였고, 1971년에는 최초의 슈퍼체인인 새마을 슈퍼체인이 생겼고, 1967년에는 최초의 지하상가인 새서울 지하상가가 개발되었다. 또한 이시기에는 신세계 백화점이 정찰제를 실시하고, 신용카드 도입 등이 이루어진 시기이기도 하다.

③ 제3기(1980년~1989년) : 유통산업의 확대 성장기인 시기로 시장법이 개정되고, 소비자보호법 등 유통관련 기본법규의 골격이 마련된 시기이다. 이때 유통 근대화 기본계획을 수립하여 시행하였고, 유통산업에 대한 체계적인 지원체제를 구축되었다.

④ 제4기(1990년~1999년) : 유통산업의 전환기 시기로 유통산업의 지방화, 다점포화, 대형화 추세가 뚜렷하게 나타난 시기이다. 대형할인마트와 회원제 창고형 도매업 등이 도입되었으며, 소매업태의 다양화와 고도화가 추진된 시기이다.

⑤ 제5기(2000년 이후) : 소매업태의 융합시대로 4차 산업혁명의 확산과 첨단 정보기술 기반으로 한 새로운 유통방식이 나타나고 있다.

3) 전자상거래

(1) 전자상거래의 개념과 특징

1990년대 중반 이후 인터넷의 발전과 이용의 증가는 전자상거래가 우리 일상생활에 자리잡는데 토대가 되었다. 전자상거래란 인터넷이라는 매체를 통해 가상공간에서 이루어지는 모든 경제적 교환행위 및 이를 지원하는 활동으로 정의한다.

전자상거래는 소비자측면에서 첫째, 상품구매 시 시간적·공간적 제약을 받지 않고, 둘째, 상품구매에 필요한 정보를 쉽게 획득할 수 있으며, 셋째, 쌍방향 커뮤니케이션을 이용하여 소비자의 욕구를 전달하고 기업의 즉각적인 조치에 의해 소비자 욕구에 맞는 제품을 공급받을 수 있다는 장점이 있다. 기업측면에서는 첫째, 저렴한 비용으로 상품의 전시와 판매가 가능하고, 둘째, 저렴한 비용으로 광고를 할 수 있으며, 셋째, 소비자의 특성과 구매행위를 분석하여 개별 소비자특성 및 욕구에 맞는 마케팅 전략을 수립할 수 있다는 장점이 있다. 반면에 전자상거래는너무 많은 정보 속에서 선택에 도움이 될만한 정보탐색의 한계가 존재할 수 있고, 주문한 상품의 배송 지연으로 소비자 불만이 야기될 수 있다. 기업에서는 전자상거래의 진입장벽이 낮아 다수의 경쟁업체가 존재하며, 원활한 상품 배송을 위해 효율적인 물류시스템 구축을 위한 투자비용의 부담이 있다. 그럼에도 불구하고 전자상거래는 산업 전반에 엄청난 변화를 가지고 오며, 파급 효과가 크다.

(2) 전자상거래의 유형

전자상거래의 유형은 거래 주체에 따라 구분되며, 소비자와 관련이 있는 유형은 다음과 같이 크게 세 가지 유형으로 구분할 수 있다.

① 기업과 소비자 간의 전자상거래 : 소비자들에게 상품의 판매를 통해 수익을 실현하는 인터넷 쇼핑을 말한다. 유통마진, 물류비용, 광고비용 등을 절감하여 저렴하게 제품을 공급하며, 시공간 제약이 없어 최소한의 시간과 경비로 구매할 수 있다.

② 소비자와 소비자 간의 전자상거래 : 소비자가 공급 주체인 동시에 소비의 주체가 되는 것으로 매개역할을 하는 플랫폼을 통해 상품, 서비스, 정보 등을 거래한다. 예를 들어 중고나라, 당근마켓, 인터넷 경매 등이 있다.

③ 소비자와 기업 간의 전자상거래 : 소비자 집단이 주도권을 가지고 거래하는 형태로 와디즈 펀딩, 공동구매, 인터넷 역경매 등이 해당된다.

3) ICT와 유통환경

4차산업혁명의 영향으로 유통시장에서 첨단 정보통신기술을 접목한 편리하고 새로운 서비스들이 등장하고 있다. 유통산업에 AI(인공지능), IoT(사물인터넷) 등 4차산업혁명 기반 기술이 활용되면서 유통서비스가 고도화 되는 '유통4.0시대'가 도래했다. 최근 소매점을 뜻하는 '리테일(Retail)'과 '기술(Technology)'을 결합한 '리테일테크(Retailtech)'라는 신조어도 등장하였다. 유통4.0시대는 고객 맞춤화부터 배송 맞춤화까지 개인 맞춤화된 상품을 추천하는 '맞춤화'라는 특징을 가지며 소비자의 이목을 끌고 있다. 편의점, 마트 등 소비자들이 자주 이용하는 소매점에 첨단 정보통신기술인 ICT를 접목한 대표적인 사례로는 무인상점, 택배자동화, 드론배송, 무인결제시스템 키오스크 등이 있다. 무인상점은 아마존의 무인상점인 Amazon Go가 대표적이다. 아마존은 계산대에 길게 줄을 서서 결제하는 불편을 해결하기 위해 무인마트를 생각하여 무인상점을 오픈하여 이용 고객은 전용 앱을 설치한 뒤 체크인하고 물건을 담은 후 계산하지 않고 매장을 나가면 알아서 계산이 되는 시스템으로 운영되고 있다. 무인결제시스템인 키오스크 시장도 활발하게 운영되고 있다. 키오스크는 정보서비스와 업무의 무인·자동화를 통해 대중들이 쉽게 이용할 수 있도록 공공장소에 설치한 무인단말기로 이용자의 편의를 도모하고 있다. 택배분야에서는 택배자동화와 드론배송이 이슈가 되고 있다. 글로벌 물류 업계인 월마트, 아마존, DHL 등 세계적인 운송회사에서는 택배 드론 시장을 선점하기 위해 경쟁하고 있고, 우리나라도 드론 택배 사용화를 목표로 하고 있다.

유통에 부는 ICT 바람 읽을거리

사진출처: iStock(ID: 1348369701)[4)]

디지털 전환이 가속화되면서 유통산업에서도 다양한 정보통신(ICT)을 활용한 변화가 빨라지고 있다. 메타버스를 주로 이용하는 MZ세대를 겨냥하여 메타버스 마케팅에 경쟁적으로 뛰어드는 한편, 미래 먹거리 발굴을 위해 '푸드테크'에 심혈을 기울이고 있다.

롯데하이마트는 최근 메타버스 마케팅 일환으로 인기 커뮤니티 게임인 '모여봐요 동물의 숲'에 자체 브랜드(PB) '하이메이드(HIMADE) 섬'을 오픈하여 MZ세대에게 해당 브랜드를 알리기 위한 것으로 이 섬에 방문하면 가상으로 전시된 상품을 둘러보고 유저들과 소통할 수 있다.

BGF리테일은 글로벌 메타버스 플랫폼 '제페토(ZEPETO)'를 운영하는 네이버제트와 손잡고 가상현실 편의점을 오픈했다. 2021년 8월 편의점 업계 최초로 CU가 '제페토'에 점포를 내었고, 한강공원처럼 꾸며진 공간에서 가상직원과 버스킹 존 등을 배치하여 실제 한강공원 편의점을 떠올릴 수 있도록 하였다.

현대백화점음 직접 방문하지 않아도 스마트폰을 통해 360도로 매장을 둘러볼 수 있는 VR 백화점 'VR 판교랜드'를 오픈하였다. 실제 판교점을 모바일로 담아 백화점을 걷는 듯한 느낌을 주고, 발망·오프화이트·알렉산더맥퀸 등 14개 매장의 경우 VR 쇼룸을 통해 매장에 진열된 상품을 더욱 자세히 볼 수 있도록 하였다.

식품업계에서는 푸드테크 영역에서 식품에 다양한 첨단 기술을 접목하고 있으며, 생산부터 유통, 배달 등의 범위를 포괄한다. CS제일제당은 최근 유망 스타트업을 발굴·육성하는 '프론티어 랩스' 프로그램을 론칭하였고, 롯데푸드는 최근 프레시코와 다이어트 도시락 당일 배송서비스를 시작하였다.

빠르게 변화하는 유통환경 속에서 기업의 민첩한 반응은 필수적이며, 소비자들의 다양한 니즈에 부합하도록 기술적 요인을 접목한 미래지향적인 서비스를 계속 등장할 것으로 전망하고 있다.

자료원: 뉴스토마토, 2021.07.06

토론학습

1. 소비자의 변화에 따른 시장변화에 대해 생각해 봅시다.
2. 자신이 자주 이용하는 브랜드, 점포, 등에서 어떠한 마케팅 전략을 사용하고 있는지 조사하고, 실제 자신의 구매행동에 어떻게 영향을 미치고 있는지 이야기해봅시다.
3. 미래의 유통환경의 변화에 대해 각자의 의견을 이야기해봅시다.

---

4) https://www.istockphoto.com/kr

참고문헌

강이주, 김영신, 허경옥 (1999). 가계경제학의 이해. 학지사.

김기옥 (2001). 소비자와 시장경제. 시그마프레스.

김기옥, 정순희, 허경옥, 김혜선 (2012). 시장경제와 소비자. 교문사.

김영신, 서정희, 송인숙, 이은희, 제미경 (2013). 소비자와 시장환경(제4판). 시그마프레스.

안광호 (2018). 마케팅원론. 학현사.

안광호, 조재운, 한상린 (2020). 유통원론(제4판). 학현사.

유지성, 김명직, 최동수 (1997). 경제학원론. 박영사.

이은희, 제미경, 김성숙, 홍은실, 유현정, 윤명애 (2020). 디지털 시대의 소비자와 시장. 시그마프레스.

허경옥 (2010). 소비자학의 기초. 교문사.

담덕의 경영학노트(2020.04.11.). 효율적 마케팅 전략을 위한 기본순서-마케팅 프로세스 5단계 https://mbanote2.tistory.com

제3절 소비자와 소비트렌드

- 산업사회에서 미래는 직선적으로 진행되었기 때문에 인간이 영향을 미칠 수 없었다. 그러나 후기 산업사회에서는 진화, 우연, 협상, 행동의 네 가지가 서로 맞물리면서 진행되는 과정에서 미래가 형성된다. 미래는 끊임없이 변화하기 때문에 우리가 어떠한 협상을 하고 어떻게 행동하느냐에 따라서 달라질 수 있다. 다시 말하면 미래는 다양한 선택사항이 되었다. 그러므로 어떠한 미래를 선택하는가는 전적으로 개인에게 달려 있다. 자신에게 가장 적합한 미래를 선택하기 위해서는 미래를 예측할 수 있어야 한다. 현재 미래를 예측하기 위해서 가장 많이 사용되는 방법이 트렌드를 파악하고 분석하는 것이다. 트렌드 예측은 미래예측에 필수적인 과거, 현재 및 미래의 시제가 복합적으로 내재되어 있고, 예측자의 시나리오에 의하여 진행되지만 그 과정에서 정보를 수집하기 위하여 끊임없이 현장을 직접, 간접적으로 경험하고, 과거의 흐름을 평가하고, 변화를 반영시켜 경향을 수시로 수정해 나가기 때문이다.

  따라서 트렌드를 분석한다는것은 사람들의 행동과 사회현상, 시장의 변화와 움직임을 다양한 방법으로 조사하고 분석하는 것과 같다. 이를 위해서는 트렌드 접근방법과 탐색에 대한 학습이 필요하다. 이 때, 타운와칭(거리관찰)은 일반대중들의 새로운 관심분야와 소비패턴을 찾는데 매우 중요한 기법이다. 특히, 타운와칭은 주변문화나 언더그라운드문화, 제품범주 전체보다는 특정제품에 대한 시각, 정서, 감각을 이해하고 파악하여 트렌드를 읽는 방식으로, 트렌드 근원으로 직접 들어가 현상을 해석하고 이를 통한 트렌드 예측을 가능하게 한다.

1. 트렌드분석의 필요성과 기초이론

1) 트렌드분석의 필요성

트렌드란 사회 전반, 소비생활, 문화 등이 변화하는 모습 또는 변화하는 동향이자 과거의 경향, 현재의 징후, 미래를 예측하는 과거 - 현재 - 미래가 연결되어 지속적으로 변화하므로 운동성, 지속성의 특징을 가진 점진적 연속성을 가지는 안정된 운동이다. 소비자 입장에서는 트렌드를 이해한다는 것은 요즘 세상이 어떻게 돌아가고 있는지를 이해하는 가장 기초가 되므로, 여러 가지 측면에서 지식과 지혜를 넓히는데 도움을 준다. 사업자나 마케터 입장에서 보면 트렌드를 이해하는 것은 보다 직접적으로 사업의 성공과 실패에 영향을 미친다. 트렌드가 되었다는 것, 유행이 되고 있다는 것은 이미 수많은 사람들이 시장에 진입했다는 증거이며 곧 비슷한 상품이 넘치는 레드오션이 될 수 있다는 반증으로 볼 수 있다. 따라서 사업자의 입장에서는 트렌드를 이해하지 못하고, 선도하지 못하면 사업적으로 낭패를 입을 수 있다. 특히 ICT의 발전과 인구 구조의 급격한 변화로 오늘날 시장환경 및 사회변화는 그 어느때보다 위협적이라 할 수 있다. 변화에 빠르게 적응하지 못하면 쉽게 도태되어 버릴 수밖에 없고, 반대로 변화를 선제적으로 이끌어 냄으로써 변화를 기회로 삼을 수 있다면 시장에서 중요한 성공을 가져올 수 있을 것이다. 이러한 배경에서 트렌드 분석 및 예측의 중요성은 점점 더 커지고 있으며, 트렌드분석을 전문으로 하는 직업과 직군에 대한 사회적 수요도 증가하고 있다.

2) 트렌드 확산이론

(1) 다이아몬드형 트렌드 모델

다이아몬드형 트렌드 모델(Diamond Shaped Trend Model)은 다양한 트렌드 집단 간의 트렌드 확산과 트렌드의 전체적인 수명을 이해하기 위해 헨릭 베일가드(Henrik Vejlgaard)에 의해 개발되었다. 트렌드의 생성에서부터 확산, 소멸에 이르기까지의 과정을 각 트렌드 집단들 간의 확산을 통해 보여 준다. 먼저 지극히 혁신적이면서 창조적인 사람들, 즉 트렌드 창조자들로 이루어진 집단은 규모는 매우 작지만 트렌드 확산 과정에서 중요한 역할을 한다. 이는 트렌드 결정자들이 수용하고자 하는 새로운 스타일을 창조하기 때문이다. 따라서 트렌드 창조자들이 동질적인 집단을 이루며 시장을 대표한다고 할 수는 없지만 그들은 다이아몬드형 트렌드 모델의 정상에 위치한다. 반면에 변화를 전혀 받아들이지 않는 집단도 존재하는데, 이들은 시장의 변화를 거부하는 사람들로서 많은 숫자는 아니지만 근대적 생활양식과는 다른 또 다른 시장을 형성하는 사람들이다.

트렌드가 확산되어 나가는 데에는 창조자나 반혁신자같은 극단적인 사람들보다는 그 사이에서 트렌드에 영향을 받고, 또 영향을 주는 대부분의 사람들이 보다 중요한 역할을 한다. 즉, 최상에 위치한 트렌드 창조자와 가장 아래에 위치하는 반혁신적 소비자 사이의 6가지 유형의 소비자들이 트렌드를 확산시키는 사람들이라 할 수 있다.

트렌드 결정자에서부터 보수적 소비자에 이르기까지 6유형 트렌드 집단의 중요한 차이는 변화에 대한 의지, 즉 새로운 스타일에 대한 개방성에 있다. 위쪽에 위치하는 소비자들은 변화 의지가 강하고 새로운 스타일에 개방적 태도를 취하는 반면, 아래쪽에 위치한 소비자들은 변화보다는 오래된 스타일을 그대로 유지하려는 욕구가 강하다.

트렌드를 창조하고 확산시키는 것은 결국 사람들이다. 새로운 트렌드가 왜 생기는지를 묻는다면, 그것은 트렌드 결정자가 '변화'와 '다양성'을 늘 갈망하기 때문이다.

(2) 트렌드 확산을 가능하게 하는 6개 트렌드 집단

① 트렌드 결정자: 스타일과 취향 면에서 아주 개방적이면서 호기심도 왕성하다. 새로운 스타일을 기꺼이 받아들이며 긍정적으로 생각한다. 혁신적인 스타일에 열광하고 새로운 변화를 받아들이는 데 누구보다 앞장선다. 이들은 누구보다 먼저 혁신적인 스타일을 수용한다.

② 트렌드 추종자: 트렌드 결정자와 성향이 비슷하지만 자신이 가장 먼저 새로운 스타일을 시도해보기 보다는 다른 사람들이 먼저 사용하는 걸 지켜보려고 한다. 스타일과 취향 변화에 매우 개방적이지만, 다른 사람들에게도 받아들여질 만한 것을 자신이 선택했다는 점을 확인받고자 한다. 이들은 트렌드 결정자로부터 영감을 얻고, 주류 소비자에게 영감을 주는 역할을 한다.

③ 초기 주류 소비자: '대다수'의 사람들이 새로운 스타일을 받아들이기 직전에 살짝 먼저 이것을 수용한다. 즉, 일반 대중보다는 새로운 스타일에 살짝 개방적이지만 트렌드 추종자보다는 조금 더 주저하는 경향이 있다. 이들은 꽤 많은 사람들이 혁신적인 스타일을 받아들인 이후에야 비로소 이것을 수용한다.

④ 주류 소비자: '모든 사람'이 새로운 스타일을 받아들인 후에야 이것을 받아들이거나 사용한다. 이미 검증되고 인정받은 제품을 쓰고 싶어 한다는 점에서는 초기 주류 소비자와 유사하다. 이들은 자신이 트렌드에 민감해지는걸 원치 않으며, 그렇다고 보수적으로 보이는 것 역시 바라지 않는다.

⑤ 후기 주류 소비자: 이들은 스타일과 취향이 궁극적으로 변해야 한다는 점은 인정하지만, 어떤 면에서는 스타일과 변화를 아예 무시하기도 한다. 이들이 새로운 무언가를 사려고 한다면 기존에 구입하던 스타일을 결코 구할 수 없기 때문이다. 이들은 스타일 변화를 전혀 받아들이지 않음으로써 대다수의 사람과 자신이 다르다는 사실을 깨닫기도 한다.

⑥ 보수적 소비자: 이들은 수년 전, 심지어는 수십년 전부터 존재해 왔던 스타일을 선호한다. 새로운 스타일에 가장 회의적인 사람들이다. 이들은 스타일과 취향이 변하는 것을 내켜하지 않고, 지금 자신이 사용하는 것에 만족한다. 그들은 자신이 잘 알고 있고, 오랫동안 사용해 왔던 제품을 더 이상 구할 수 없을 때야 비로소 새로운 것을 구매한다.

(3) 구성원들 간 트렌드 이동과 확산

트렌드 모델이 다이아몬드형인 이유는 각 트렌드 집단에 속하는 사람들의 수를 반영했기 때문이다. 트렌드 확산의 주요 과정은 트렌드 결정자로부터 주류 소비자에게로의 이동이다. 특히 창조의 역할을 하는 트렌드 창조자보다 트렌드를 선택하여 확산시키는 트렌드 결정자의 역할이 중요하다. 따라서 이 모델에 따르면 트렌드는 '어떤 스타일이 트렌드 결정자로부터, 주류 소비자로 움직이는 과정'이라고 정의할 수 있다. 일단 어떤 스타일이 주류가 될 경우, 주류 소비자로부터 보수적 소비자로 전파되는 과정이 시작된다. 그러나 이 과정에서 트렌드는 더 이상 성장하지 않는다. 그리고 제품 개발이나 디자인, 스타일 개발에 지속적인 노력이 뒷받침되지 않을 경우 그 제품이나 디자인 스타일에 대한 관심은 줄어들거나 심지어 소멸해 버릴 수도 있다.

한편 다이아몬드형 트렌드 모델을 보면 위에서 아래로 V자 모양의 선이 그려져 있는데, 이는 각 트렌드 집단들의 소비 패턴을 제시하는 것이다. 이것을 보면 각 트렌드 집단의 소비가 동질적이지 않다는 것을 알 수 있다. 예를 들면 트렌드 결정자들은 보수적 소비자에 비해 새로운 스타일의 제품을 더 자주 산다. 이 모델의 윗 편에 위치한 트렌드 집단들은 다양한 변화를 추구하기 때문에 더 많은 제품을 소비한다.

트렌드 확산은 사회적·경제적 계층간의 확산으로 설명하기도 한다. 독일의 사회학자 게오르그 짐멜(Georg Simmel, 1858~1918)은 1904년 저서 「Fashion」에서 유행(패션)이란 사회적 균등화 경향과 개인적 차별화 경향 사이에 타협을 이루려고 시도하는 삶의 형식들 중에서 특별한 것이라고 정의하였다. 짐멜은 유행이 만들어지는 과정에서 두가지 상충되는 원리가 작동하는데, 하나는 차별화 추구의 원리이고, 또 하나는 동질화 추구의 원리이다. 보통 상위집단에서는 자신과 타인을 구별하고 자신을 돋보이게 하기 위한 지위표식으로서 희소한 스타일의 패션을 채용하게 되는데, 하위집단에서는 이를 부러워하고 동경하다 모방하게 된다. 점점 더 많은 사람들이 이 스타일을 모방해서 점점 더 흔한 스타일이 되어버리면 상위집단은 새로운 스타일의 패션을 도입하며 이들로부터 자신을 분리시킨다. 이것을 트리클다운(trickle down)이론이라 한다.

그러나 이후 맥크래켄(Grant McCracken)은 유행의 확산을 이끌어내는 역학은 중력과도 같은 하향적인 힘(The downward gravitylike force)이 아니라, 하위집단이 상위집단의 스타일을 따라하면 이로부터 도망가려는 '상향적인 방식'이라고 주장하였다.

3) 주요 트렌드 결정자

(1) 젊은이

젊은이들은 인생에서 자신의 정체성을 탐구하는 단계이고 성격은 완전히 확립되지 않았기 때문에 일반인들에 비해 훨씬 사고가 개방적이며 트렌드 결정자들 사이에서 두각을 나타낼 가능성이 높다.

(2) 디자이너

디자이너는 일반인들보다 상상력이 훨씬 더 풍부하고 프리랜서로 일하는 디자이너의 비율이 매우 높은데 이것은 다양성을 선호한다는 의미이다. 상상력과 다양성은 새로운 변화를 받아들이는데 중요한 역할을 한다.

(3) 예술가

매우 다양한 사람들로 이루어져 있지만 경력을 쌓아가면서 자신의 스타일을 바꾸고 변화를 선호하는 등 예술가들은 오랫동안 트렌드의 창조자이자 트렌드 결정자 역할을 해왔다. 예술가는 두가지 종류로 나눌 수 있는데 먼저 창조적 예술가는 저자, 시인, 작곡가, 건축가, 화가, 조각가, 영화감독 등이 있고 행위 예술가로 가수와 배우등이 있다.

(4) 부유한 사람들

이들은 가장 비싼 새로운 스타일을 가장 잘 감당해 낼 수 있는 사람들로 트렌드 확산과정에서 아주 중요한 역할을 하며, 매슬로의 욕구위계설에 따르면 부자들은 최정상에서 생활의 미학적 측면에 관심이 많은데 이것이 변화를 쉽게 받아들이게 한다.

(5) 남성 동성애자

20세기에 일부 남성 동성애자들은 이성애 남성들에 비해 미학과 자신의 외모에 대해 더 많은 관심을 가지면서 현대 생활양식의 진화 과정에서 트렌드 창조자들과 트렌드 결정자로 많은 활약을 하였다.

(6) 유명인사

대부분 유명인사들이 트렌드 창조자나 트렌드 결정자는 아니지만, 그들은 대중에게 많이 노출되고 또 주목을 받는 위치에 있기 때문에 이들의 소비생활이나 스타일은 많은 이들에게 영향을 미치게 된다.

2. 주요 소비트렌드

1) 트렌드의 종류

(1) 메타트렌드

메타트렌드(metatrend)는 트렌드 중에서 변화 속도가 가장 느리고 그 과정이 가장 장기적이고 복잡하다. 메타트렌드가 이루어지는 영역은 자연이다. 자연에는 우주를 시계의 원리에 따라 단순하게 돌아가는 암석 파편들의 황무지 이상의 존재로 만들려고 하는 추진력이 있다. 이 추진력을 우리는 진화라고 부른다. 진화는 단순한 것에서 복잡한 것을 만들어 내는 시도이다. 생물체와 그 생물체의 생활권 그리고 동식물의 개별적인 소생활권은 수백만 년을 거치면서 세분화되었고, 이렇게 세분화되는 과정에서 다양성, 독립성 및 차별성은 점점 증가하게 된다.

(2) 메가트렌드

메가트렌드(megatrend)는 네이스비트(Naisbitt, 1982)가 처음으로 사용한 용어다. 그는 메가트렌드를 우리 삶의 모습을 바꾸고, 새로운 사회를 구현할 수 있는 내재적 힘을 나타내는 것이라고 정의했다. 메가트렌드는 사회, 정치, 경제 및 기술의 변화에 영향을 주며, 구체화되는 속도는 느리지만 일단 정착되면 7년 내지 10년 정도 우리 삶에 전반적으로 영향을 미치는 특성을 가지고 있다. 예를 들면 메가트렌드는 경력이나 직업, 여행, 사업, 투자, 거주지, 자녀교육 등 일상생활의 요소에도 큰 영향을 미친다.

(3) 소비트렌드

소비트렌드는 소비세계에서 나타나는 사회현상을 의미한다. 그러므로 소비트렌드는 제품트렌드를 의미하는 것이 아니라 소비자의 소비태도 및 욕망, 니즈를 나타내는, 즉 소비태도의 변화가 일반화된 것이다. 소비트렌드는 보통 10년에서 5년 정도의 주기를 갖는다. 현대 소비사회에는 수많은 상품이 존재하고 있으나 소비자들의 욕구는 이러한 상품만으로는 만족하지 못하고, 이 욕구를 충족시켜 줄 수 있는 새로운 것을 동경하게 되는데, 팝콘(Popcorn, 1996)은 소비자들이 상품세계에서 만족하지 못하는 영역을 찾아서 이름을 붙여주는 방식으로 소비트렌드를 추적하였다. 예를 들면 현대 도시의 소비문화는 사회적 친밀감이 부족하다는 특수한 결함이 있다. 이러한 결함을 해결하기 위하여 같은 생각을 가진 사람들과 느낌을 공유하고 사회적 네트워크를 만들려고 하는 소비트렌드가 형성되는데, 팝콘은 이를 "동호회 만들기"트렌드라고 명명하였다.

(4) 마이크로 트렌드

마이크로 트렌드는 단기간 동안 소수의 소비자가 동조하는 작은 변화를 의미한다. 마크 펜(Mark Penn)은 작은 변화의 중요성을 강조하면서 몇 개의 거대한 힘이 세상을 움직이는 메가 트렌드의 시대는 끝났다고 하였다. 아주 작은 변화라 하더라도 그 변화를 일으키는 데 필요한 사회적·심리적·경제적 조건이 무르익어야 한다는 점을 고려한다면 작은 변화의 중요성을 간과해서는 안 될 것이다. 마이크로 트렌드는 개인적이고 소소한 변화에 주목하여 틈새시장을 개척하려고 하는 사람들에게 매우 유용하다(김난도·권혜진·김희정, 2008).

(5) 패드(fad)

패드는 'For A Day'의 약자로 트렌드보다 지속하는 시간이 짧은, 보통 짧게는 1년 미만, 아무리 길어도 2~3년 이상 지속하지 못하는 변화 동향을 뜻하며, 흔히 사람들이 유행이라고 말하는 것들이 대부분 여기에 해당된다.

2) 주요 메가트렌드

한국사회의 메가트렌드는 세계적으로 진행되고 있는 미래전망 결과를 총망라해 분석함으로써 우리사회를 관통하는 중요한 변화의 흐름을 중심으로 미래 한국사회가 직면할 15

가지의 거대한 변화를 제시하고 있다. 국내·외 자료를 종합하여 유사(공통성), 이머징 이슈, 와일드카드 등을 고려하여 최종 15개 메가트렌드를 STEEP(사회·기술·경제·환경·정치)의 각 분야별로 주요메가트렌드를 각각 도출하였다.

(1) 사회(Society): S(사회)

① 인구구조의 변화: 세계인구 증가에 따른 국가별·지역별 인구증가/정체/감소가 각각 진행 중 이며 저출산·고령화 문제 등이 발생하였다.

② 양극화: 국가 간/기업 간/고용구조 양극화에 따라 경제적 양극화가 가속 되었고 그로인한 교육 기회의 차별화, 취약계층에 대한 사회책임 문제 등이 대두 되었다.

③ 네트워크 사회: 네트워크 사회의 확장으로 사이버 공동체가 활성화되었고, 영토국가에서 네트워크 국가로의 전환이 진행되었고, 이로 인한 정보독점의 문제 역시 발생하였다.

(2) 기술(Techndogy): T(기술)

① 가상지능공간: 사이버 공간과 물리적 공간 간 상호작용이 증대 되고, 공간의 정보가 가상지능공간으로 이동하며 증강현실, 실감형컨텐츠 등의 활성화가 진행되었다.

② 기술의 융복합화: 국가/시장/시민사회 간 개방·공유·협업을 통한 기술-산업간 융복합화가 이루어졌으며, 전통산업과 신기술의 융합 등 기술의 융복합화가 가속되었다.

③ 로봇: 인지과학 발달과 함께 휴머노이드 로봇, 군사용 로봇, 나노로봇, 정서 로봇 등이 등장하였다.

(3) 경제(Economy): E(경제)

① 웰빙·감성·복지·경제: 고령화·글로벌화에 따른 삶의 질을 중시하는 문화가 발전 하였고, 웰빙·감성·복지·경제를 단번에 위협하는 신종 질병·전염병 증가에 따른 건강문제가 대두되었다.

② 지식기반경제: 세계 경제 질서 변화가 가속 되었으며, 경제의 소프트화 현상 심화되었다. 이에 따른 산업구조의 변화는 정보·서비스·컨텐츠 등 무형자산 시대 도래를

이끌었고, 지식경영 확산, 디지털 중심의 산업 재편 등 지식기반경제사회의 변화가 이루어졌다.

③ 글로벌 인재의 부상: 글로벌화에 따른 멀티플레이형 인재와 지식경쟁력이 부상하였고 창의력과 감성이 그 이전사회에 비해 부각되었다.

(4) 환경(Environment): E(환경)

① 기후변화 및 환경오염: 환경오염과 기상이변에 따른 환경안보가 부각되고 환경오염물 부족 문제 등 에너지 위기를 초래한다. 이에 국제 탄소거래제도 등 지구감시체제구축이 주요사회문제로 대두되었다.

② 에너지 위기: 화석에너지 및 자원고갈이 심화됨에 따라 지속가능한 에너지 체제로의 전환이 필수불가결 하게 되었으며 대체에너지 개발 등에 박차를 가하게 되었다.

③ 기술발전에 따른 부작용: 인간·윤리문제와 기술의 충돌, 기술 패권주의, 개인정보보호 및 불건전정보의 부작용 문제 등이 대두되었다.

(5) 정치(Politics): P(정치)

① 글로벌화: 글로벌화로 인한 이동성 증가, 인력 및 자본 이동, 국제공조 확산, 다문화 및 이종 문화 등이 발생하였다.

② 안전 위험성 증대: 신종 질병 및 전염병 확산, 핵 확산, 대량살상무기 확산, 경비산업성장 등 새로운 안보이슈가 등장하였다.

③ 남북통합: 북한의 불확실성은 남북정세와 통일문제의 주요 정치사회적 키워드로 남북한 경제협력, 북한문제의 국내화 및 급변화가 진행되었다.

3. 소비트렌드 탐색과 타운와칭

1) 소비트렌드 추적

소비트렌드를 알아볼 수 있는 방법에는 여러 가지 것들이 있다. 일상적 트렌드 관찰, 문제해결형 트렌드 관찰은 소비트렌드를 관찰하는 두 가지 유형에 속한다. 과학적 패러다임을 통해 트렌드에 접근하는 방식으로는 실증주의적 연구방법과 자연주의적 연구방법이 있으며 실증주의 접근방식의 분석방법은 기술통계분석, 차이분석, 인과관계분석이 있다. 질적 접근인 자연주의 접근방식의 분석방법으로는 에스노그라피, 근거이론, 내러티브 분석 등이 있다.

트렌드예측과 분석 시 주로 활용되는 기법으로는 사회-거시적 관점에서 델파이, 문헌분석, 매체분석, 이머징이슈분석 등이 있으며 인간-미시적 관점에서는 소비자설문조사, 소비자다이어리, 참여관찰, 심층면접·표적집단면접, 타운와칭 등이 있다.

한편 내용분석은 우리가 주변에서 활용할 수 있는 모든 자료들을 분석의 자료로 삼는다. 신문, 잡지, 다양한 통계자료 등을 분석 자료로 하여 이를 2차적으로 분석하고 그 결과를 바탕으로 과거와 현재를 이해하고 이를 통해 미래를 예측하는 트렌드 분석법이다. 비교역사적분석과 빅데이터분석이 이에 속한다.

2) 타운와칭(거리관찰법)

(1) 타운와칭(거리관찰법)의 개념

거리에는 다양한 문화가 공존하고 있으며 다양한 사람과 구소물들이 거리를 구성하고 있다. 이러한 거리라는 장소에서 사람들이 일상적으로 무엇에 관심을 두고 흥미를 가지는지, 어떠한 행동을 하는지 관찰함으로써 변화를 찾아내고, 변화 속에서 아이디어를 찾아내어 새로운 기회를 창출하는 것이 타운와칭이라 하겠다.

거리를 오가는 많은 사람들이 어느 지점에 몰려 있는지, 어떠한 곳에 관심을 가지고 특정 대상을 바라보고 있는지, 체류시간과 출현빈도, 새로운 유형의 상점과 광고 수단 등 길거리에서 일어나는 모든 정보를 관찰하고 수집하며 이를 분석하고 해석하는 것을 통해 새로운 시사점을 발견하여 시대의 경향을 포착하는 것이 타운와칭이다. 타운와칭은 우리가 시장의 새로운 변화를 빠르게 인식하고 이에 대처하는데 중요한 자료를 제공한다.

(2) 거리문화의 특징

거리문화는 다양한 문화들이 거미줄처럼 서로 얽혀 상호작용하고 있는데 이러한 거리문화는 다음과 같은 특징이 있다.

① 거리는 무엇이 최신유행이며 무엇이 대안인지를 규정하고 해석하고 있다.

② 거리문화는 다양한 하위문화로 구성되어 있다.

③ 음악은 그 시대 문화의 특성을 가장 뚜렷하게 대변해왔다.

④ 문화의 다양성은 소비자에게 다양한 차이를 기뻐하고 즐기도록 가르쳐 왔다.

⑤ 거리문화의 다양성이 시간이 지나면서 고유문화로 성장해 왔다.

(3) 타운와칭(거리관찰법)의 절차

타운와칭은 단순히 거리의 외관만을 수동적으로 보는(Seeing) 것이 아니라 거리를 구성하는 여러 요소들을 통해 그들이 창조해내는 이미지와 상징을 읽어내고 트렌드를 예측하는 방법이다.

거리를 구성하는 사람들과 상점, 상점에 진열된 다양한 상품들은 그 시대의 사람들이 원하는 욕망의 주체와 객체들이다. 타운와칭을 위해서는 구조화된 조사방법을 활용하는 실증주의적 접근과 달리 자연주의적 접근이 필요하며 트렌드를 읽어내기에 적합한 장소(field)를 선택하고, 관찰할 기간을 설정한 뒤 광범위한 관찰에 들어간다. 타운와칭의 절차는 다음과 같다.

① 관찰사이트 설정(Selection of appropriate subjects for the study)

- 연구하고자 하는 주제와 목적 명료화
- 연구주제와 목적에 맞는 타깃집단 명료화
- 타깃집단의 사람들이 많이 보이는 장소 및 시간 선정

② 관찰기간 설계(Establishment of observation period)

- 관찰기간을 장기로 할지 단기로 할지 결정
- 결정된 기간 내 구체적인 관찰계획 설계(정점법/비교법/탐정법 등 계획)

③ 거리관찰(Field watching)

- 사람, 상점, 진열된 제품 등을 중심으로 거리 관찰
- 트렌드 자료 수집

④ 데이터 수집 및 분석(Gathering & Analysis of data)

- 데이터 특성과 수준에 따라 분류
- 정량적 혹은 정성적 방법을 활용하여 데이터 정리 및 분석

⑤ 주제 도출(Draw a conclusion)

- 분석 자료를 토대로 주요 키워드 도출
- 키워드의 의미 해석을 통해 주요 트렌드 주제 도출

(4) 타운와칭(거리관찰법)의 방법

거리를 관찰하는 방법은 다양하지만 보통 정점법, 비교법, 탐정법의 세 가지가 일반적이다. 타운와칭기법은 추적하고자 하는 대상에 따라 연구자가 적절히 선택하여 활용했을 때 효과적으로 트렌드를 분석하고 예측할 수 있다.

① 정점법: 관찰자가 자신이 주목해야 할 지점을 설정하여 집중적으로 관찰하는 방법으로서 거리의 모습을 가장 잘 집약해놓은 특정 지점이나, 관찰자의 기획의도에 적합하다고 판단된 장소를 발견했을 때 사용한다.

② 비교법: 거리와 거리, 상점과 상점, 사람과 사람을 상호 비교하거나 한 지역을 대상으로 하여 시차에 따라 비교하는 타운와칭기법이다.

③ 탐정법: 관찰자가 탐정이 되어 여러 거리를 관찰하여 수집한 타운 트렌드 가운데 자신의 관심을 끄는 특정사항을 선택하여 진원지, 전파경로, 현재의 상황, 앞으로의 진행 과정 등을 짚어 나가는 방법으로 트렌드의 진행과정을 추적할 수 있다는 큰 장점이 있다.

'득템력'이 곧 능력이고 희소성 읽을거리

'에루샤(에르메스·루이비통·샤넬)'를 사기 위해 백화점 문이 열리자마자 매장을 향해 달려가는 '오픈런(open run)'은 더 이상 값비싼 명품브랜드만의 전유물이 아니다. 얼마 전 대구 시내의 한 백화점에서 선착순으로 판매되는 나이키 골프화를 사기 위해 '오픈런' 현상이 벌어져 화제가 됐다.

사진출처: 나이키 공식 스토어

▲ 오픈런을 만든 '에어조던 1 로우 G'

매장별로 100켤레씩 판매하는 한정판 신발을 얻기 위해 에스컬레이터를 역주행하는 고객들까지 나오며 현장은 아수라장이 됐고 출시 전날 밤부터 오픈런을 노리는 노숙 텐트가 차려졌다. 나이키 온라인 쇼핑몰은 접속자 폭주로 먹통이 됐고 오프라인 판매 물량은 모두 품절됐다. 나이키의 오픈런은 이번이 처음이 아니다. '나이키 서울' 오픈 당일 명동에는 수백 명의 사람들이 새벽부터 캠핑을 하며 대기했고, 구매 순서를 두고 고객 간 싸움이 벌어지기도 했다.

대중 브랜드인 나이키가 명품 뺨치는 인기를 끄는 이유는 무엇일까. 유현정 충북대 소비자학과 교수는 이같은 나이키의 인기의 핵심 원인으로 희소성을 꼽았다. 과거에는 사람들이 명품 사용 자체만으로도 돋보였으나 2000년대 들어 명품의 진입장벽이 낮아지며 희소성이 떨어졌고 이젠 한정판을 살 수 있는 '득템력'이 곧 능력이고 희소성이라 밝혔다.

갖기 어려운 아이템을 누가 얻는가가 과시와 차별화의 요소가 되고 있다. 경제적 지불 능력만으로는 얻을 수 없는, 희소한 상품을 얻을 수 있는 소비자의 능력을 '득템력'이라 할 수 있다. '득템'은 원래 게임 문화에서 만들어진 단어다. 원하는 게임 아이템을 얻었을 때, '얻을 득(得)'자와 아이템(item)의 '템'자를 합쳐 득템이라고 표현했는데 이제는 쇼핑 문화에서 감지되고 있다. 가격에 더해 소비자들의 노력과 간절함을 저울질하는 시장에서 소비자들은 득템력을 발휘하여 스스로의 실행력, 정보력 등 자신의 능력을 과시하면서 만족감을 얻는다.

자료원

더팩트뉴스, 2022.01.28.

토론학습

1. 현대사회에서 트리클다운 이론이 적용될 수 있는 사례와, 반대 사례를 생각해 봅시다.
2. 앞으로 10년간 가장 강력하게 대두될 트렌드는 무엇일지 생각해봅시다.
3. 거주하는 지역에서 가장 핫플레이스를 찾아 타운와칭을 하고, 발견한 트렌드를 이야기 해봅시다.

참고문헌

김난도, 권혜진, 김희정(2008). 트렌드 코리아 TREND in KOREA 2009. 서울: 미래의창.

신동진(2022.01.28.). 똑같은 거 말고 특별한 거! 나를 드러내는 힘, 득템력. 동아일보.

신정인(2022.01.20.). 고객 몰려 아수라장 된 백화점···나이키 골프화가 뭐길래. 더팩트뉴스.

안길상(2001). 네트워크사회의 소비트렌드. 산업과 경영, 13(2), 261-276.

이은희, 유현정, 이준영(2017). 소비트렌드의 이해와 분석. 경기: 교문사.

NIA 정보화전략기획부(2010). 한국사회의 15대 메가트렌드. 서울: 한국정보화진흥원.

Schuh, Bernd. (2004). 50 Klassiker Erfindungen. On hwa Lee Translated. Seoul: hainaim.

제 2 장 소비자경제와 재무설계

- 최근 TV나 서점에서 가계부 점검, 금융교육, 투자 등 돈과 관련된 프로그램이나 도서들을 쉽게 접할 수 있다. 주변에서 주식투자를 하는 사람들도 확실히 증가하였다. 하지만 얼마를 모으겠다는 생각만 있을 뿐(어떤 경우는 그 조차 없는 경우도 있다) 무엇을 위해 어떤 목표를 갖고 있는지 등 구체적인 목표를 갖지 않은 경우가 많고 현재 자신의 재무상태에 대해서는 파악하지 않은 채 수익증대에만 관심을 두는 경우가 많다. 그러나 우리가 소득활동을 하고 저축과 투자를 하며 필요한 곳에 지출을 하는 것은 자신이 삶에서 추구하고자 하는 어떤 지향점을 가질 때 더 의미있고 만족감을 느낄 수 있게 된다. 이에 본 장에서는 개인 또는 가계의 경제가 어떻게 이루어져 있는지 살펴보고 인생설계라고 할 수 있는 재무설계에 대한 기초적인 내용을 학습할 것이다. 한편 금융생활이 의식주 생활 못지 않게 우리의 삶에서 중요한 위치에 있음에도 불구하고 수많은 금융소비자피해가 발생하고 있지만, 이에 대한 보호는 잘 이루어지지 못하고 있다. 이에 금융소비자의 피해와 보호에 관한 기초적인 내용도 함께 살펴보도록 한다. 본 장에서는 가계경제와 소비자재무설계, 금융소비자와 관련된 내용의 기초적인 부분을 다루지만 재학 기간 동안 관련 심화전공 교과목(가계경제론, 소비자재무설계개론, 소비자포트폴리오, 은퇴설계, 금융시장과 소비자, 소비자재무설계실습 등)을 통해 보다 심도있는 학습을 하게 될 것이다.

제1절 가계경제구조와 경제적 복지

- 가계 또는 소비자는 국가와 기업과 더불어 국민경제를 구성하는 중요한 요소로, 생산요소 시장에서 '공급자'의 역할과 함께 최종재시장에서 '수요자'의 역할도 담당하면서 가계의 경제복지 향상을 추구한다. 즉, 가계(소비자)는 한정된 자원을 이용하여 가계구성원의 욕구를 충족시키기 위해 경제활동을 하게 된다. 가족의 시간자원과 노동자원을 시장에 제공하여 소득을 획득하고, 획득한 소득으로 현재의 만족을 위한 소비와 미래의 만족을 위한 저축을 하게 되며 이러한 저축이 모여 자산을 형성하게 된다. 또는 욕구를 충족하는 과정에서 가족의 자원이 부족하여 타인의 자원을 사용하고 미래에 대가를 치르기로 하는 경우에는 부채가 발생하기도 하지만 궁극적으로는 가계구성원의 경제적 복지를 목표로 한다. 본 절에서는 가계경제구조를 구성하는 소득과 지출, 자산과 부채 등에 대해 살펴보고, 가계의 경제적 복지 개념과 평가방법을 이해하고 실제 우리나라의 가계경제구조는 어떠한지 파악해보도록 한다.

1. 가계와 가계경제의 개념

가계경제를 이해하기 위해서는 가계의 개념을 이해할 필요가 있다. 가계는 자원, 목표, 가치관을 공유하고 있는 가족구성원들이 자원을 획득하고 배분하며 소비하는 경제주체를 의미하며, 하나의 체계로서 소비자 단위가 된다. 즉, 가계는 국민경제를 구성하는 다른 주체인 정부와 기업과의 경제순환 과정에서 생산요소를 제공하고 화폐소득을 획득하거나 소비지출을 통해 상품과 서비스를 이용하며, 세금을 납부하고 이전소득이나 사회복지서비스를 받게 된다(그림 2-1).

가계는 보유하고 있는 인적자원과 물적자원을 이용해서 가족구성원의 만족을 창출하게 되는데, 소비를 통해 직접적인 만족을 창출하기도 하고, 시장노동과 비시장노동(가사노동)을 통해 간접적인 만족을 창출하기도 한다. 또한 만족은 현재에 자원을 사용하여 창출되기도 하고 미래에 자원을 사용하여 만들어지기도 한다. 현재에 만족을 창출하는 것은 현재의 자원을 바로 소비하는 것과 미래 자원을 차용(대출)하여 소비하는 것을 포함하고, 미래에 만족을 창출하는 것은 현재 자원을 미래로 이전(저축, 투자)하는 것을 의미한다. 이처럼 가계의 경제활동은 개인 소비자의 경제활동과 매우 유사하지만 가계구성원들이 보유하고 있는 자원, 소득, 분배 등을 공동으로 활용하고 분배한다는 측면에서 차이가 있다. 즉, 가계는 가계구성원이 갖고 있는 자원을 공동활용하여 소득을 획득하고 가계구성원의 만족을 위해 소득을 공동 이용하여 재화와 서비스를 구매 또는 사용하고, 저축 또는 투자를 통한 미래를 준비할 뿐만 아니라 때로는 차용을 통해 자원의 기간 이전 활동으로 현재의 만족을 높이기도 한다. 이러한 모든 가계의 활동을 가계경제 활동이라고 한다.

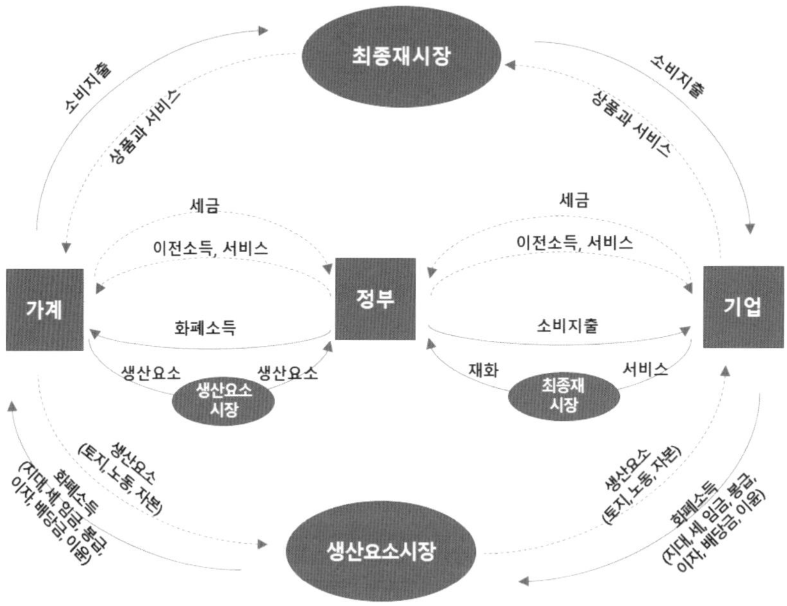

그림 2-1. 국민경제 순환도

출처 : 성영애, 최현자(2019), 금융시장과 소비자, 학현사, p. 4

2. 가계경제의 구조

가계경제를 구성하는 요인은 크게 두 개의 축으로 구성되는데, 현금흐름이 발생하는 소득과 소비, 그리고 현금흐름의 결과로 발생한 자산과 부채로 분류된다.

1) 소득

소득은 가계구성원이 생산요소 시장에 노동력을 제공하고 받은 대가로, 가계의 목표를 달성하는 데 필요한 가장 기본적인 자원 중의 하나이다. 소득은 순자산의 가치를 증가시키는 자원이며 기준에 따라 다양한 유형으로 구분할 수 있다.

(1) 경상소득과 비경상소득

소득은 정기적, 반복적 발생여부에 따라 경상소득과 비경상소득으로 구분할 수 있다. 경상소득은 계속적으로 확실하게 발생하는 소득을 의미하는 것으로, 월급, 이자, 배당금 등이 있다. 경상소득은 일반적으로 매월 일정하게 들어오는 소득만을 생각할 수 있지만 일주일이나 일일로 주기가 짧거나 6개월 또는 1년으로 주기가 긴 경우도 있다. 반면 계속적이지 않고 확실하지 않아 예상하지 못하거나 어느 정도 예상을 할 수는 있지만 불확실한 소득을 비경상소득이라고 한다. 상금이나 보험금, 상여금 등이 포함된다.

(2) 근로소득, 사업소득, 자산소득, 이전소득

소득은 발생하는 원천에 따라서도 구분할 수 있는데, 근로소득은 가계구성원이 시장에서 노동력을 제공한 대가로 얻는 소득이다. 정기적인 월급 뿐만 아니라 비정기적인 소득(원고료, 강사료, 변호사 수입료 등)도 근로소득에 포함한다. 재산소득은 가계가 소유한 토지나 건물, 기타 화폐 자산 등을 생산자본으로 제공하고 그 대가로 받는 소득을 의미하는 것으로, 임대료나 이자, 배당금 등이 포함된다. 사업소득은 가계의 자기자본과 가계구성원의 노동력을 결합하여 생산활동을 하고 얻는 이윤으로 총매출액에서 비용을 제외한 금액을 말한다. 이전소득은 노동력이나 사업운영, 자기자본 등을 원천으로 하지않고 발생한 소득으로, 공적이전소득과 사적이전소득으로 구분된다. 공적이전소득은 정부나 지방자치단체에서 지급하는 생활보조금이나 기초연금 등이 포함되고, 사적이전소득은 부모 또는 친지들로부터 받는 용돈이나 종교단체 등에서 받는 장학금 등이 해당할 수 있다. 이외에 보험금이나 상금 등 근로소득, 사업소득, 자산소득, 이전소득으로 분류하기 모호한 소득은 기타소득으로 분류하기도 한다.

그림 2-2. 우리나라 가계의 소득 구성

출처 : 통계청(2021.11.18.), 2021년 3/4분기 가계동향조사 결과 보도자료

- **가계동향조사란?**

우리나라 통계청에서는 가계의 소득과 지출 실태를 파악하여 국민의 소득과 소비 수준변화의 측정 및 분석 등에 필요한 자료를 제공하고 있다. 가계동향조사는 분기별로 조사하여 공표하고 있으며, 소비자물가시수 직성에 필요한 가중치 기초자료 제공, 소득수준 측정 및 소득동향 파악을 위한 정책수립의 기초자료 제공, 가계수지 및 가구의 후생수준 분석, 국민소득 추계 등 경제·사회통계 작성에 필요한 기초자료 제공, 취약계층 지원사업, 근로자 임금기준의 결정 등의 기준 제공 등의 목적을 갖고 활용되고 있다. 해당 자료는 통계청 국가통계포털(https://kosis.kr)의 "소득, 소비, 자산" 카테고리에서 확인할 수 있다.

(3) 총소득과 가처분소득

가계구성원이 보유한 생산요소를 생산시장에 제공한 대가로 받는 소득은 거시경제에서는 개인소득(PI, Personal Income)이 되고, 개인소득의 합이 국민소득이 된다. 이러한 개인소득은 개인 또는 가계의 입장에서 보면 총소득이라고 할 수 있는데, 총소득을 모두 가계에서 자유롭게 사용할 수 있는 것은 아니다. 회사의 연봉이 3,000만 원이라고 해서 3,000만 원 모두를 자유롭게 사용하지는 못한다. 세금이나 사회보험료와 같이 의무적으로 납부하여야 하는 금액을 제외한 소득만을 사용할 수 있는데, 이러한 소득을 가처분소득 또는 처분가능소득이라고 한다. 즉, 총소득에서 비소비지출을 제외한 금액이 가처분소득으로, 소비지출이나 저축이나 투자에 쓸 수 있는 소득이 된다.

(4) 명목소득과 실질소득

소득은 화폐의 액면가치 그대로 나타내는 명목소득과 물가상승률을 고려한 실질소득으로도 구분할 수 있다. 예를 들어 월소득이 100만 원이라고 할 때 이는 명목소득을 나타내며, 물가가 올라 월소득 100만 원으로 구입할 수 있는 재화나 서비스의 양이 줄었다면 이 때에는 실질소득이라는 개념이 적용된다. 즉, 실질소득은 물가변화에 따라 화폐가치가 변화한 것을 반영한 소득이며 명목소득을 소비자물가지수로 나누어서 계산한다.

- **소비자물가지수란?**

물가는 시장에서 거래되는 모든 상품의 가격을 일정한 기준에 따라 가중평균한 종합적인 가격 수준을 말한다. 이 중 가계에서 일상적인 소비생활을 위해 구입하는 상품과 서비스 가격을 대상으로 산출된 것을 소비자물가지수라고 한다. 소비자물가지수 산출에 포함되는 품목들은 전국 가구의 월평균 소비지출액이 일정비율 이상이고, 동종 품목군의 가격을 대표할 수 있으며, 시장에서 계속적으로 가격조사가 가능한 품목으로, 세금이나 사회보장비 등과 같은 비소비지출이나 저축, 유가증권구입, 토지구입비, 주택구입비 등의 재산증식을 위한 지출은 제외된다. 2020년 소비자물가지수의 경우 458개 대표품목으로 이루어져 있다.

소비자물가지수는 5년 단위로 산출되는데 기준년도가 되는 해의 물가를 100으로 하여 다른 해의 물가를 지수로 표현한다. 예를 들어 2020년 기준으로 작성된 A상품의 2021년 소비자물가지수가 105라고 한다면, 2020년의 A상품 가격이 2021년에는 5% 올랐다는 것을 의미한다. 이러한 소비자물가지수는 정부가 경기를 판단하는 기초자료로 사용하거나, 화폐구매력을 감안하여 국민연금에서 연금 지급액을 조정할 때 등 다양하게 이용되고 있다.

통계청에서는 소비자물가지수에 대한 국민의 이해를 높이기 위해 공식 홈페이지를 운영하고 있으며, 소비자물가지수에 대한 정보는 물론 우리집 물가상승률 알아보기, 나의 물가 체험하기 등을 제공하고 있다.

출처 : 소비자물가지수 홈페이지 https://kostat.go.kr/incomeNcpi/cpi/index.action

2) 소비

소비는 획득한 소득을 이용하여 가계가 추구하는 욕구를 충족시킴으로써 궁극적인 목표를 달성해 나가는 과정이라고 할 수 있다. 즉, 소비는 재화와 서비스를 구매하거나 획득하여 사용(이용)하는 지출, 그리고 소비 이외의 자원을 처분하는 저축 또는 투자의 과정을 포함한다.

(1) 실지출과 실지출 이외의 지출

실지출은 재화나 서비스를 구입하기 위해 화폐를 지불하는 것으로 결국 가계의 순자산을 감소시키게 된다. 그러나 소득 중 실지출을 하지 않고 저축이나 투자, 주택구입 등은 가계가 보유한 자원이나 소득을 사용(소비)하였으나 순자산을 감소시키지는 않는다. 이러한 소비 또는 지출을 실지출 이외의 지출이라고 하며, 일반적으로 저축이나 투자라고 할 수 있다. 통계청의 가계동향조사에서는 별도로 저축액은 조사되지 않으나 가처분소득에서 소비지출금액을 제외한 금액을 흑자액으로 하여 저축이나 자산구입, 부채상환 등에 사용하는 금액으로 보고 있다. 다만, 저축성보험료의 경우 소비지출 중 기타상품·서비스에 포함되어 있다.

(2) 소비지출과 비소비지출

실지출은 생활을 위해 직접적으로 소비되는 소비지출과 간접적으로 소비되는 비소비지출로 구분할 수 있다. 소비지출은 가계구성원의 생계와 일상생활을 위해 필요한 재화나 서비스를 구입하기 위한 지출로 식료품비, 의류비, 주거비, 교통비, 의료비, 교육비, 통신비 등이 있으며 통계청의 가계동향조사에서는 소비지출을 12개 품목으로 구분하고 있다(그림 2-3 참고). 비소비지출은 법이나 규정에 의거하여 의무적으로 납부해야 하는 비용이나 소비생활에 직접적으로 사용하지 않은 지출로, 세금이나 공적연금, 사회보험료, 이자비용, 과태료, 기부금, 가구간이전지출 등이 해당된다.

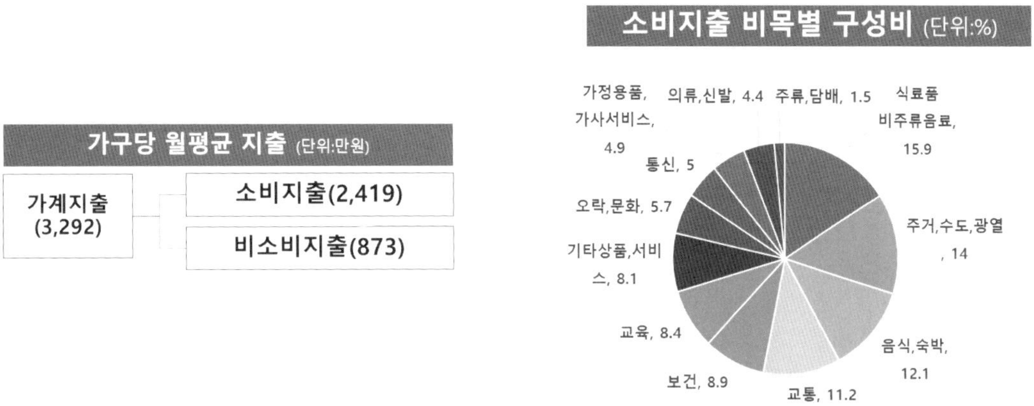

그림 2-3. 우리나라 가계의 지출 구성

출처 : 통계청(2021.11.18.), 2021년 3/4분기 가계동향조사 결과 보도자료

(3) 고정지출과 변동지출

고정지출은 계약이나 규정에 따라 그 지출금액이 미리 정해져 있어 가계에서 임의로 금액을 변경할 수 없이 고정적으로 지출하는 것으로 세금, 공적연금, 사회보험료, 부채상환액(원리금), 보장성 보험료, 월세 등이 해당된다. 변동지출은 지출금액이 고정되어 있지 않아 가계구성원의 상황과 통제 여부에 따라 금액을 융통성 있게 조정할 수 있는 지출이다.

- **소비지출과 변동지출, 비소비지출과 고정지출**

실지출을 소비지출과 비소비지출, 고정지출과 변동지출로 구분할 때 가끔 소비지출과 변동지출이 같은 개념이고 비소비지출이 고정지출과 같은 개념이라고 생각하기 쉽다. 그러나 소비지출이 모두 변동지출은 아니며 또한 비소비지출도 모두 고정지출은 아니다. 비소비지출 중 법이나 규정에 의거하여 의무적으로 납부해야 하는 비용인 경우는 고정지출인 경우가 많겠으나 소비생활에 직접적으로 사용하지 않은 지출로써 비소비지출은 변동지출일 수 있다. 예를 들어 기부금이나 가구간이전지출(자녀에게 주는 용돈 등)은 비소비지출이지만, 법이나 규정에 의해 의무적으로 지출해야하는 금액은 아니기 때문에 변동지출로 볼 수 있다(물론 가계의 목표나 상황에 따라 고정지출이 될 수도 있다).

소비지출의 경우도 가계의 상황에 따라 고정지출인 경우도 있고 변동지출인 경우도 있을 수 있다. 예를 들어 통신비의 경우 소비지출에 해당하지만 매월 일정 금액으로 납부하기로 약정하였다면 고정지출이 되고, 일정 금액 납부 약정을 하지 않고 사용하는 만큼 지출을 하는 경우에는 변동지출이 된다. 따라서 가계에서 지출 관리를 할 때에는 소비지출과 비소비지출로 구분하기 보다는 고정지출과 변동지출로 구분하여 지출이 합리적으로 이루어지고 있는지, 조정할 수 있는 지출은 없는지 등을 파악하는 것이 좋다.

(4) 저축과 투자

저축과 투자는 현금흐름의 측면에서 화폐가 지출되기는 하지만 자산의 형태가 변경된 행위라고 할 수 있고 그 결과 순자산이 증가하게 된다. 저축은 상대적으로 안정성은 높으나 수익성은 낮은 반면, 투자는 안정성은 낮으나 수익성은 높은 특징이 있다. 저축과 투자는 크게 적립식과 거치식으로 구분할 수 있는데, 적립식은 정기적 또는 비정기적으로 일정기간 동안 현금흐름이 나누어 발생하는 형태이고, 거치식은 초기에 한 번의 현금흐름으로 목돈을 예치해 두고 일정기간 이후에 원금과 이자를 받는 방식이다. 소비의 측면에서 저축과 투자는 현금흐름이 발생한 것으로 기록되지만 결국 자산이 축적되는 형태로 반영되어 가계소득을 어떻게 지출하였는지를 파악할 때 포함하지 않고 현금흐름의 결과로 발생한 자산에 대해서만 파악하는 경우가 있다. 그러나 소득의 분배와 소득 관리 측면에서 저축과 투자로의 현금흐름을 파악하는 것은 매우 중요한 부분으로 가계경제에서는 저축과 투자행동을 지출과 함께 파악하고 그 결과로 나타난 자산은 별도로 관리하는 것이 좋다.

3) 자산

자산은 경제적 가치를 갖는 가계의 소유물로, 재화를 얻기 위해 쓰일 수 있거나 화폐로 전환될 수 있는 모든 것을 포함한다. 즉, 가계에서 보유하고 있는 현금은 물론 가계구성원이 보유하고 있는 현금가치가 있는 모든 것들이 자산에 포함될 수 있다. 일반적으로 자산의 형성은 저축 또는 투자 행동의 결과로 축적되는데, 가계에서는 소득에서 비소비지출을 제외한 나머지 금액 중 일부를 우선적으로 저축하고 이후 소비지출을 하며, 소비지출을 한 이후에도 남은 금액은 다시 저축을 하게 된다. 그 결과 자원이 모이면 그것이 가계의 자산이 된다. 즉, 자산은 장기간에 걸쳐 축적된 자원의 총량으로, 저축이나 투자의 행동으로 나타난 결과이며 한 시점에서의 자원의 총량이다. 가계구성원이 보유한 화폐의 가치가 있는 자원 중 인적자본과 특허권, 저작권 같은 무형의 것들도 있는데, 이러한 무형의 자원은 가치를 측정하는 것이 곤란하여 가계자산으로 포함하지는 않는다. 다만, 무형의 자원으로부터 소득이 발생한 경우는 소득으로 간주되고 저축행동에 의해 유형의 자산으로 측정될 수 있다.

(1) 자산 분류의 기준

가계자산은 다양한 기준에 의해 분류될 수 있지만 기본적으로 유동성, 수익성, 안전성(위험성)을 이해할 필요가 있다.

① 유동성

유동성은 자산의 본래 가치에 감소 없이 얼마나 쉽게 현금으로 바꿀 수 있는가를 나타내 주며, 환금성이라고도 한다. 보통예금이나 적금 등은 유동성이 매우 큰 자산이지만 부동산과 같은 실물자산은 현금으로 바꾸는 데 상당히 오랜 시간이 걸릴 수 있거나 빠르게 바꿀 수 있다고 하더라도 시장상황에 따라 본래 가치를 유지하지 못할 수 있어 유동성이 떨어진다고 볼 수 있다.

② 수익성

수익성은 저축의 중요한 기능이면서 목적 중에 하나로, 저축을 통해 소비의 시기를 이전한 대가라고 할 수 있는 이자(수익)가 얼마나 되는지에 관한 것이다. 저축을 통한 기간 이전의 가치가 있으려면 기본적으로 물가보다 높은 수준의 대가가 주어져야 한다. 즉, 수익성은 물가변화와 비교하여 구매력을 유지할 수 있는 수준이어야 하고, 그 수준이 얼마나 더 높은지에 따라 수익성이 결정된다고 볼 수 있다. 이러한 수익성은 자산유형을 선택하는 중요한 기준이 된다. 특히 저금리 기조가 지속되고 있는 상황에서 수익성이 높은 주식 등의 위험자산을 선호하는 경우가 많은데, 높은 수익에는 대체로 위험도 높기 때문에(안전성이 떨어지기 때문에) 자산 유형을 선택하는 데 있어 매우 신중해야 하고 해당 위험을 감수할 수 있는 경우에만 높은 수익이 예상되는 자산을 선택해야 한다.

③ 안전성

안전성은 금융상품 또는 금융기관이 지닌 위험의 수준을 의미하는 것으로 미래 수익이 안정적으로 확보 또는 지급되는 정도를 말한다. 대체로 수익성이 높은 경우는 안전성이 떨어진다.

(2) 금융자산과 실물자산

일반적으로 자산은 크게 금융자산과 실물자산으로 구분되는데, 이는 자산의 물리적 형태를 기준으로 한 유형이다. 금융자산은 현금, 예금, 주식, 채권 등의 금융상품 형태로 이루어져 있는 자산으로 실물자산에 비해 유동성이 크기 때문에 유동자산으로 불리기도 한다. 이에 반해 실물자산은 토지나 주택, 임야, 내구재(자동차, 보석, 기계설비 등) 등 그 형태가 있으며 금융자산에 비해 유동성이 떨어진다. 우리나라 통계청에서도 가계자산을 금융자산과 실물자산으로 구분하여 매년 조사하여 공표하고 있다.

그림 2-4. 우리나라 가계의 자산과 부채

출처 : 통계청(2021.12.16.), 2021년 가계금융복지조사 결과 보도자료

> • **가계금융복지조사란?**
>
> 가계금융복지조사는 가계동향조사와 함께 가계의 경제상황을 조사하는 대표적인 조사로, 자산, 부채, 소득 등의 규모, 구성 및 분포와 미시적 재무건전성을 파악하여 사회 및 금융관련 정책과 연구에 활용하고 있다. 1년을 주기로 조사되고 있으며, 자산과 부채 분만 아니라 소득 및 지출 자료를 포함하고 있다.

(3) 현금성자산, 저축성자산, 투자성자산

실물자산에 비해 유동성이 큰 금융자산의 경우도 그 종류에 따라 유동성에 차이가 있는데, 상대적으로 유동성이 크지만 수익성은 낮으며 안전성은 높은 금융자산을 현금성자산, 유동성은 적지만 수익성과 위험성이 높은 금융자산은 투자성자산, 현금성자산과 투자성자산의 중간정도에 있는 저축성자산으로 구분할 수 있다. 현금성자산에는 현금, 보통예금, MMDA, MMF, CMA 등이 있으며, 투자성자산에는 채권, 주식, 펀드, 파생결합상품, 파생상품 등이 있다. 또한 저축성자산에는 정기예금, 정기적금, 저축성보험 등이 해당된다. 이 중 저축성보험의 경우 만기를 채우지 못하면 원금손실이 발생할 수 있다는 점이 있어 별도로 구분하기도 하며, 투자성을 보유한 변액보험은 투자성자산으로 분류하는 것이 좋다.

(4) 무위험자산과 위험자산

자산은 안전성 또는 수익예측 가능성이나 원금손실 가능성에 따라 국공채, 확정금리예금 등과 같은 무위험자산과 수익증권, 주식, 부동산 등과 같이 수익금지급이 불확실하거나 자본손실의 가능성이 있는 위험자산으로 구분할 수 있다. 어떤 자산의 경우는 보유조건에 따라 위험성이 달라지기도 하는데, 예를 들어 채권의 경우 만기 때까지 보유할 경우에는 원금손실 가능성이 없지만 만기 전에 처분할 경우에는 시장 상황에 따라 원금손실 가능성이 발생한다. 또한 저축성보험의 경우도 만기 이전에 해약을 하게 되면 원금손실이 발생하지만 만기를 유지할 경우에는 일반 저축상품보다 더 높은 수익을 기대할 수 있다. 그러나 주식이나 부동산과 같은 자산은 보유기간과 상관없이 처분하는 시점에 따라서 가치가 결정되고 그러한 가치를 예측하는 것이 어려운 위험자산이다.

(5) 목적자산과 사용자산

자산은 특정 재무목표를 위해 보유하고 있는 경우도 있지만 현재 사용을 위해 보유하고 있는 자산으로 구분할 수도 있다. 예를 들어 노후자금을 목적으로 보유하고 있는 연금상품, 교육비 또는 주택자금을 마련하기 위해 보유하고 있는 예적금상품이나 저축상품은 목적자산에 해당하고, 자동차나 회원권, 주택임차보증금과 같이 사용을 목적으로 보유하고 있는 자산의 가치는 사용자산으로 구분하기도 한다. 만약 주택을 보유하고 있는 목적을 매매차익에 더 두고 있다면 목적자산이지만, 매매차익보다는 현재 거주하는 것에 더 큰 의미를 두고 있다면 사용자산으로 구분할 수 있다.

표 2-1. 자산의 분류

기준	자산유형	종류
물리적 형태	금융자산	현금, 보통예금, MMDA, MMF, CMA, 정기예금, 정기적금, 저축성보험, 양도성예금증서, 채권, 주식, 펀드, 파생결합상품, 파생상품 등
	실물자산	주택, 임야, 토지, 자동차, 회원권, 귀금속, 고가의 내구재, 골동품 및 예술품 등
유동성	현금성자산	현금, 보통예금, MMDA, MMF, CM 등
	저축성자산	정기예금, 정기적금, 양도성예금증서, 저축성보험 등
	투자성자산	채권, 주식, 펀드, 파생결합상품, 파생상품, 변액보험 등
수익성 (안전성)	무위험자산	보통예금, 정기예금, 정기적금, 양도성예금증서, 채권 등
	위험자산	주식, 펀드, 파생결합상품, 파생상품 등
보유목적	목적자산	특정목적을 갖고 있는 자산(예, 노후자금마련을 위한 연금저축, 주택자금마련을 위한 정기예금 등)
	사용자산	임차보증금, 자동차, 귀금속, 회원권 등

4) 부채

부채는 차용(borrowing)의 결과로 나타난 가계경제상의 결과라고 할 수 있으며, 빚(debt)이 된다. 부채는 부의 저축 또는 부의 자산이라고도 불린다. 금융상품을 이용한 차용을 대출이라고 하며, 현재의 소비를 위해 미래의 소득을 앞당겨 쓰는 행동이라고 할 수 있으며, 그 행동의 대가로 이자를 지급해야하는 의무가 발생하게 된다. 또한 이러한 차용의 행동으로 발생한 부채는 금융기관의 입장에서는 가계신용으로 불리며 신용을 사용하는 소비자의 입장에서는 부채가 된다.

부채가 발생하는 것은 미래에 발생할 소득을 이용하여 현재 소비를 통한 만족증대와 인플레이션 헷지 등의 유용성을 갖기도 하지만 미래 소득의 유입에 문제가 발생하여 이자와 원금을 상환하지 못하게 될 경우 가계경제에 치명적인 위험을 초래할 수 있기 때문에 목적과 규모를 잘 판단하여 대출여부를 결정하여야 하며, 대출을 통해 부채가 발생하였다면 연체없이 상환하는 것이 가계경제를 관리하는 데에 있어 매우 중요하다. 가계부채는 자금지원의 형태, 신용제공원의 제도화 여부, 담보여부, 상환조건, 계약의 반복성 등에 따라 다양하게 분류될 수 있다.

(1) 소비자금융과 판매신용

부채는 자금지원의 형태에서 따라 소비자금융과 판매신용으로 구분할 수 있는데, 현금을 매개로 이루어지는 경우를 소비자금융, 물건 구입이나 서비스를 이용하고 그 값을 나중에 지불하는 것을 판매신용이라고 한다. 예를 들어 고가의 내구재를 구입하면서 필요한 금액 전액을 현금으로 빌려서 값을 지불한다면 소비자금융, 내구재를 구입하되 수개월에 걸쳐 할부로 구입하고 나누어서 갚는 방법으로 거래한다면 판매신용에 해당한다. 유사하지만 그 성격이 약간 다른 서비스신용도 있는데, 이는 전화, 전기, 수도, 도시가스, 핸드폰이나 인터넷 등의 서비스를 미리 공급받아 이용하고 사용료는 일정기간 이후에 지급하는 것을 말한다. 서비스를 이용하고 이용금액을 지불하지 않을 경우 신용도에 영향을 미칠 수 있다는 점에서 서비스신용으로 불리며 가계경제 관리의 측면에서는 부채로 관리될 필요가 있다.

(2) 공금융부채와 사금융부채

부채를 조달할 수 있는 원천이 제도화되어 있는 기관인지의 여부에 따라 공금융부채와 사금융부채로 나눌 수 있다. 즉, 은행, 상호저축은행, 신용협동기구, 우체국, 보험기관 신용카드회사 등과 같은 제도권 금융회사로부터 대출을 받아 생기는 부채는 공금융부채이고, 개인적으로 빌린 돈이나 대부업을 통해 빌린 돈 등 제도권 금융기관 이외로부터 대출 받아 생기는 부채는 사금융부채가 된다. 특히 대부업은 제도권 금융기관은 아니지만 금융위원회에 등록된 대부업체인지 미등록 대부업체인지를 구별하여 이용하여야 한다.

등록대부업체 확인 방법

출처 : 금융소비자 정보포털 파인(https://fine.fss.or.kr)

(3) 담보대출과 신용대출

부채는 담보의 여부에 따라 담보대출과 신용대출로 구분할 수 있는데, 채무자가 대출한 금액을 갚지 못하는 경우 그 변제를 확보할 수 있는 담보가 있는 것을 담보대출이라고 하고 변제를 확보할 수 있는 담보가 없이 채무자의 신용을 평가하여 이루어지는 대출을 신용대출이라고 한다. 담보가 될 수 있는 것은 경제적 가치를 환산할 수 있는 것으로 부동산, 예금, 보험금 등이 대표적이다. 즉, 만약 채무자가 상환의무를 다하지 않을 경우 제3자가 상환의 의무를 지도록 하는 것을 보증이라고 하는데 이를 인적담보라고 표현하기도 한다. 일반적으로 담보대출의 금리가 신용대출의 금리보다 낮다.

(4) 할부신용과 비할부신용

부채액을 상환하는 방식을 기준으로 구분할 수도 있는데, 채무액을 일정기간동안 일정한 횟수로 나누어 상환하는 부채를 할부신용이라고 하고 일시불로 갚거나 여러 회에 걸쳐 원하는 만큼씩 상환하는 부채를 비할부신용이라고 한다. 이는 상환방식과도 관련이 있는데, 원금분할상환과 원리금분할상환은 할부신용에 해당하고, 만기상환은 비할부신용이라고 할 수 있다.

> ● **부채상환방식**
>
> 부채를 상환하는 방식은 크게 분할상환과 일시불상환으로 구분할 수 있으며, 분할상환은 다시 원금균등분할상황과 원리금균등분할상환으로 구분된다. 또한 일정한 기간동안은 이자만 납입하다가 분할상환을 하는 거치식상환방식도 있다.
>
> ① 원리금균등분할상환 : 대출원금과 대출기간동안 발생할 이자를 모두 합한 금액을 대출기간동안 균등하게 상환하는 것으로 납입기간마다 동일한 금액을 상환
>
> ② 원금균등분할상환 : 대출원금을 균등하게 상환하면서 원금을 상환하고 남은 대출잔액에 이자율이 적용된 이자를 상환하는 것으로, 상환기간이 지날수록 이자가 줄어듬(원금균등분할상환의 총이자비용이 원리금균등분할상환 방식보다 더 적음)
>
> ③ 일시불상환 : 대출기간동안은 이자비용만 납입하다가 대출기간이 만기가 될 때 원금을 한꺼번에 상환하는 방식
>
> ④ 거치후 분할상환 : 일정기간(거치기간)동안은 이자만 납입하다가 원리금균등 또는 권금균등분할 상환으로 전화하는 방식

(5) 개별계약형과 포괄계약형

개별계약형은 매번의 거래마다 대출액, 대출기간, 상환방법 등에 대해 계약을 체결하는 형태이고 포괄계약형은 미리 포괄적인 신용제공 계약을 체결하여 신용한도액, 조건, 상환방법 등을 정해 두고 계약 범위 내에서 계속적으로 신용을 이용할 수 있는 것을 말한다. 일반적인 대출상품은 개별계약형에 해당하는 경우가 많고, 신용카드계정이나 마이너스통장이 포괄계약형 대출의 대표적인 예이다.

- **가계경제에서 소득과 지출, 자산과 부채의 관계**

가계경제에서 소득과 지출, 자산과 부채는 생애주기가설에 따른 소득과 지출의 흐름으로 설명할 수 있다. 생애주기가설은 생애에 걸친 소비와 저축 및 차용에 관한 이론으로 소비자는 현재의 소득을 현재의 소비로 모두 지출하지 않고, 현재와 미래를 모두 고려하여 소비와 저축을 결정한다는 것이다. 즉, 지출이 소득보다 많은 생애주기 초기에는 소득이 지출보다 많은 시기를 염두해 두고 향후 상환할 것을 약속하면서 대출을 통해 부채를 지게 되고, 지출이 소득보다 많게 될 생애주기 후반기에는 소득이 지출보다 많은 시기에 저축해두었던 자산을 이용하여 생활을 하게 된다. 요약하면, 소비자는 생애주기소득에 맞추어 소비를 조정하여 효용을 극대화하기 위해 저축이나 차용을 통하여 안정적이고 일정한 수준의 소비를 유지하고자 한다.

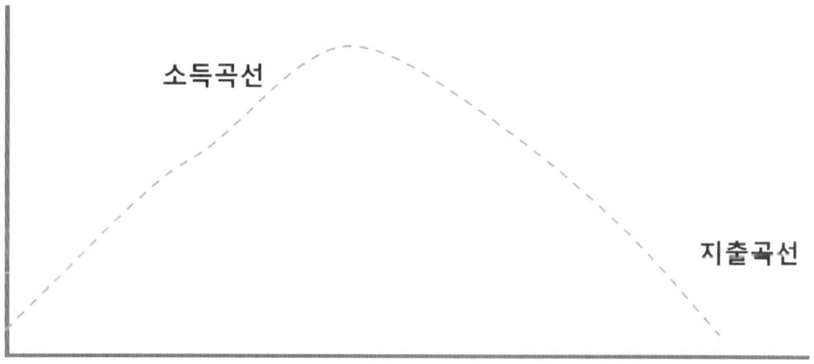

3. 가계의 경제적 복지

가계의 궁극적인 목표는 가계구성원들의 삶에 대한 만족을 높이는 것으로 가계의 소득활동과 소비활동의 결과로 나타나게 된다. 따라서 어떤 가계의 소득과 소비구조, 자산과 부채 구조를 살펴보면 그 가계의 경제적 복지를 평가할 수 있게 된다.

1) 경제적 복지의 개념

복지란 건강하고 안락하며 행복한 상태로 개개인의 다양한 욕구가 충족된 정도를 의미하는 것으로 매우 포괄적이다. 그러나 가계경제에서 가계의 경제적 복지는 가계구성원의 욕구가 충족된 경제적 만족의 정도를 의미하는 것으로 주관적 개념과 객관적 개념으로 구분해볼 수 있다.

표 2-2. 가계의 경제적 복지 개념

객관적 개념	주관적 개념
• 가계구성원의 욕구를 충족시키는데 소비된 총재화와 용역 또는 이를 획득할 수 있는 가계의 구매력이나 자원 수준(자산) • 경제적 복지에 심리적인 측면이 포함되는 만큼 타당성에서는 문제가 있을 수 있지만 측정이 용이하고 일관된 측정이 가능하여 신뢰성이 높음	• 가계구성원의 경제적 복지에 대한 주관적 판단과 인식을 기초로 하므로 개념적으로는 타당함 • 경제만족도, 생활만족도, 경제적 압박감 등을 예로 들 수 있으며 주관성이 내재되어 있는 만큼 측정 상황에 따라 일관된 결과를 기대하기 어려움

2) 경제적 복지의 평가요소

경제적 복지를 평가할 때에는 어떤 한 측면만을 평가하는 것이 아니라 적정성, 안정성, 평등성 측면을 함께 살펴보아야 한다. 적정성은 어느 한 시점에서 가계의 요구수준을 충족시킬 수 있는 가계자원의 정도를 의미하는 것이고, 안정성은 일정한 소비수준을 얼마나 오래 유지할 수 있는가의 정도로 항상성으로 불리기도 한다. 정부에서 가계의 경제적 복지 평가를 위해 산출하는 값이나 지표들은 최저생계비, 최저임금, 지니계수, 소득5분위 배율, 상대적 빈곤율 등이 있다.

(1) 최저생계비

최저생계비는 국민이 건강하고 문화적인 생활을 유지하기 위하여 필요한 최소한의 비용으로 정의되며, 우리나라에서는 보건복지부장관이 최저생계비 계측을 위하여 3년마다 실태조사를 실시하고, 국민의 소득·지출수준과 수급권자의 가구유형 등 생활실태, 물가상승률 등을 고려하여 매년 8월 1일까지 다음 연도의 최저생계비를 공표하는데, 조사를 하지 않는 해에는 물가상승률을 반영해 결정한다.

최저생계비를 결정하는 기준에는 절대적 기준과 상대적 기준이 있는데, 절대적 기준은 생활을 위해 최소한 필요한 금액을 산출하여 적용하는 방식이고, 상대적 기준은 평균 또는 중앙값 등의 생활비에 대한 특정 통계치를 이용하는 방식이다. 현재 우리나라는 기준중위소득을 기준으로 최저생계비를 결정한다. 기준중위소득이란 대한민국 국민이 한달에 버는 금액의 평균을 낸 뒤 정확하게 중앙에 있는 값을 의미한다. 기준중위소득 50% 이하 계층은 정부의 기초생활 지원이 필요한 취약계층으로 분류되며, 정부로부터 생계지원(기준중위소득의 30% 이하), 의료지원(기준중위소득의 40% 이하), 주거지원(기준중위소득의 46% 이하), 교육지원(기준중위소득의 50% 이하) 등의 혜택을 받게 된다.

표 2-3. 2022년 기준중위소득

	1인	2인	3인	4인	5인	6인	7인
2022년	1,944,812	3,260,085	4,194,701	5,121,080	6,024,515	6,907,004	7,780,592

출처 : 보건복지부(http://www.mohw.go.kr)

(2) 최저임금

최저임금은 근로자의 생활안정과 노동력의 질적 향상을 위해 정해 놓은 임금의 최저수준으로, 국가가 노·사간의 임금결정과정에 개입하여 임금의 최저수준을 정하고, 사용자에게 이 수준 이상의 임금을 지급하도록 법으로 강제함으로써 저임금 근로자를 보호하는 제도이다. 우리나라에서는 최저임금위원회에서 매년 최저임금을 결정하는데, 2017년 6,470원에서 2018년 7,530원으로 대폭 상승(16.4%)하면서 근로자의 입장에서는 유리하게 작용하였으나 자영업자들에게는 운영비용의 증가로 이어지기도 하였다. 이후 증가폭은 감소하였으나 지속덕으로 증가하였꼬 2022년 기준 최저임금은 9,160원이 적용되고 있다.

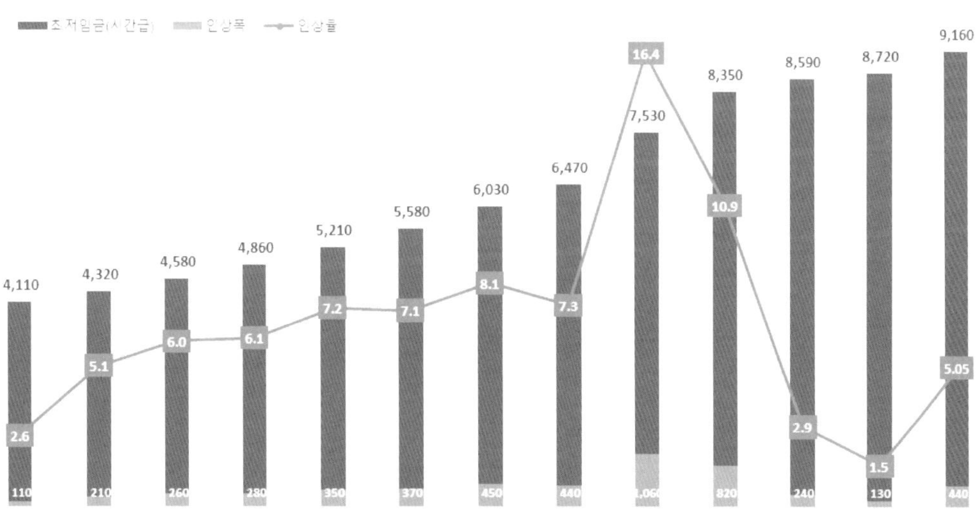

그림 2-5. 연도별 최저임금 결정 현황

자료 : 최저임금위원회(http://www.minimumwage.go.kr/minWage/policy/decisionMain.do)

(3) 지니계수

지니계수는 소득불평등도를 나타내는 대표적인 지표로써 소득이 어느정도 균등하게 분배되는지를 보여준다. 지니계수는 0에서 1까지 값으로 표현되며 0이면 완전평등, 1이면 완전불평등을 의미하는 것으로 0에 가까울수록 평등하고 1에 가까울수록 불평등하다고 평가한다. 우리나라 통계청에서는 가계금융복지조사 자료를 이용하여 지니계수를 공표하고 있는데 시장소득과 처분가능소득을 이용한 2가지 계수를 산출한다. 시장소득은 근로소득, 사업소득, 재산소득, 사적이전소득의 합에서 사적이전지출을 제외한 소득이고, 처분가능소득은 시장소득에 공적이전소득을 합하고 공적이전지출을 제외한 소득이다. 따라서 두 가지 지니계수의 차이는 공적이전소득으로 인한 소득불평등도의 개선효과의 정도를 나타낸다고 볼 수 있다.

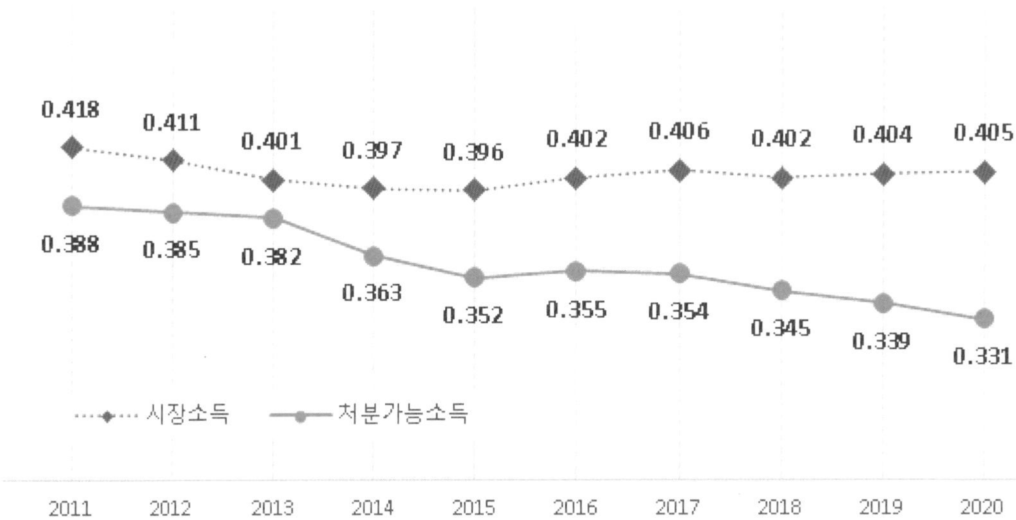

그림 2-6. 지니계수 추이

자료 : 통계청(https://kosis.kr), 가계금융복지조사

(4) 소득 5분위배율

소득 5분위배율은 국민소득의 분배상태를 나타내는 대표적인 지표로 소득을 5분위로 나누었을 때 5분위와 1분위의 소득만을 이용하여 간편하게 소득 불평등의 정도를 측정한다. 소득 5분위 배율의 값이 클수록 소득분배의 불균등 정도가 커지는 것으로 평가하며 지니계수와 같이 시장소득과 처분가능소득을 각각 이용한 2개 값이 산출된다.

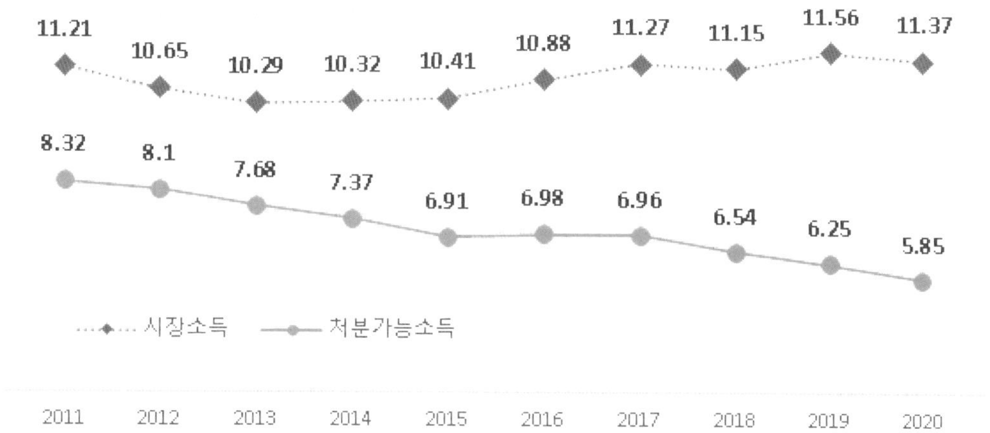

그림 2-7. 소득 5분위 배율 추이 (단위 : 배)

자료 : 통계청(https://kosis.kr), 가계금융복지조사

(5) 상대적 빈곤율

상대적 빈곤율은 전체 인구 중 중위소득 50%(빈곤선) 이하인 인구가 차지하는 비율을 나타내는 지표이다. 우리나라의 '20년 상대적 빈곤율(처분가능소득 기준)은 15.3%인데, 이 값의 의미는 우리나라 인구 전체를 연간소득 순으로 한 줄로 세웠을 때, 중간에 있는 사람의 소득이 4천만 원이라고 하면, 2천만 원 미만인 사람의 비율이 전체 인구의 15.3%라는 것이다.

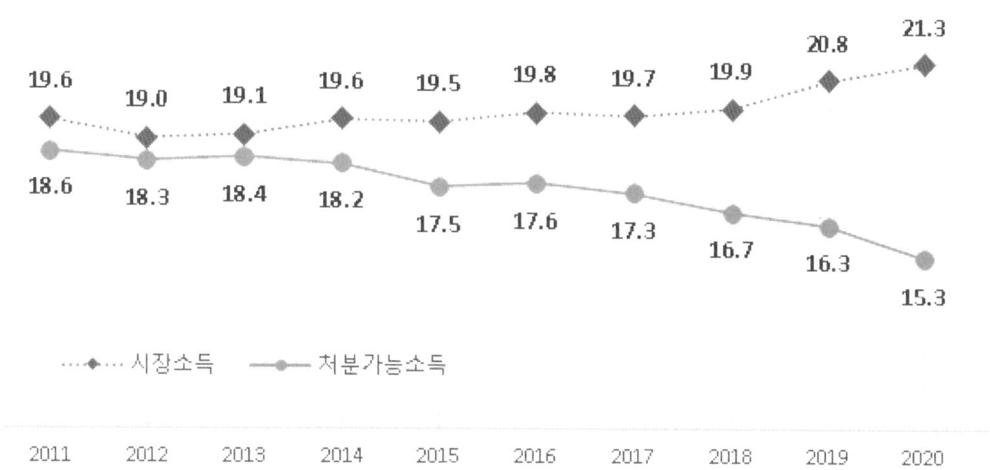

그림 2-8. 상대적 빈곤율 추이 (단위 : %)

자료 : 통계청(https://kosis.kr), 가계금융복지조사

엥겔지수와 슈바베지수 읽을거리

코로나19 이후 집에서 생활하는 시간이 많아지면서 음식비에 대한 지출 비중이 높아졌고 이로 인해 '21년 엥겔지수가 20년 만에 최고 수준을 기록하였다. 엥겔지수는 가계의 소비지출 중 식료품비가 차지하는 비중을 뜻하는 것으로, 독일의 통계학자 엥겔(Ernst Engel)이 가계소득이 높아질수록 식료품비의 비중이 감소한다는 가계소비의 특징을 발견한 논문에서 유래한 지표이다. 식료품은 가계구성원의 생존을 위해 반드시 지출해야 하는 필수 지출 품목이지만, 생활을 지속하기 위해 필요한 식료품의 양은 소득이 계속해서 증가하더라도 어느 정도 증가한 이후에는 더 이상 증가하지 않고 한정되어 있기 때문에 결국 소득이 증가할수록 식료품비가 차지하는 비중이 줄어드는 것이다. 또한 가계소득이 증가하게 되면 식료품에 대한 지출보다는 문화생활·자기 계발 등에 대한 지출이 늘어나기 때문에 식료품비에 대한 비중이 감소하는 것으로 설명될 수도 있다. 우리나라 가계의 엥겔지수는 1990년 20%대에서 2019년 11.4%로 감소하는 추세를 보였지만 2021년 1분기에는 13.3%로 상승하는 경향을 보였다. 신한은행의 '보통사람 금융생활 보고서'에서도 식비 지출비가 2018년 20.2%에서 2020년에는 22.1%로 증가한 것으로 나타났고, 이에 대해 코로나19로 인해 음식주문이나 배달, 식료품 구매와 간편식 구독을 위한 소비지출금액이 증가한 것으로 해석하고 있다.

엥겔지수와 유사한 지수로 슈바베 지수라는 것이 있는데, 주거비가 지출에서 차지하는 비율을 의미한다. 독일의 슈바베(Herman Schwabe)에 의해 소득이 높아질수록 주거비에 투여하는 비용이 점차 낮아지고, 반대로 소득이 낮아질수록 주거비가 점차 높아지는 현상을 확인한 것에서 기인하였다. 신한은행의 '보통사람 금융생활 보고서'에 따르면 가구 소비지출 가운데 2020년의 '월세·관리비' 비중은 11.3%로 2018년(10.5%) 보다 높아졌다.

출처 : 신한은행, 2021년 보통사람 금융생활보고서

토론학습

1. 우리 집의 가계경제구조는 어떠한지 파악해 봅시다.
2. 가계부채가 가계경제에 미치는 영향에 대해 생각해 봅시다.
3. 소득과 소비, 자산과 부채에 영향을 주는 요인에 대해 생각해 봅시다.
4. 최저임금의 상승이 가계경제에 미치는 영향을 근로자가계와 자영업자가계 측면으로 나누어 생각해 봅시다.
5. 코로나19로 가계경제구조는 어떻게 바뀌었는지 살펴봅시다.

참고문헌

성영애, 최현자(2019), 금융시장과 소비자, 학현사.

신한은행, 2021년 보통사람 금융생활보고서.

윤정혜, 이기춘, 성영애(2009), 가계경제론, 한국방송통신대학교출판부.

이기춘 등(2001), 소비자학의 이해, 학지사.

이승신, 김기옥, 김경자, 심영, 정순희(2005), 가계경제분석, 도서출판 신정.

이연숙, 양세정, 주인숙(2003), 가계재무관리의 이해, 도서출판 신정.

보건복지부 고시 제2021-211호, 2022년 기준 중위소득 및 생계·의료급여 선정기준과 최저보장 수준.

통계청(2021.11.18.), 2021년 3/4분기 가계동향조사 결과 보도자료.

통계청(2021.12.16.), 2021년 가계금융복지조사 결과 보도자료.

보건복지부 http://www.mohw.go.kr

소비자물가지수 홈페이지 https://kostat.go.kr/incomeNcpi/cpi/index.action

최저임금위원회 http://www.minimumwage.go.kr

통계청 국가통계포털 https://kosis.kr/index

제2절 소비자재무설계

- 원하는 직장에 취업을 하고, 사랑하는 배우자를 만나 결혼을 해서 자녀를 출산하여 화목한 가정을 꾸리고 살아가며, 가족들의 보금자리가 될 수 있는 주택을 마련하고 자녀가 희망하는 수준까지 교육을 시키다 보면 자녀의 결혼으로 부부는 은퇴기를 맞이하게 된다. 이런 삶의 연속적인 과정에서 계획한 대로 소득이 발생하고 돈을 지출하며 필요한 상황에서 쓸 만큼의 돈이 있으면 좋겠지만 예기치 않은 상황이 발생하기도 하고 필요한 금액이 보유한 자산보다 많은 경우, 대출을 해야 하는 등 다양한 재무의사결정이 필요한 상황들이 있다. 이러한 상황을 미리 준비하고 계획하여 실행할 수 있다면 전생애에 걸쳐 어려운 상황이 닥쳐도 어느정도 대응을 할 수 있게 될 것이다. 즉, 가계가 획득하는 소득을 포함한 재무자원을 보호하고 관리하면서 평생 안정된 생활을 영위하고 기대하는 생활양식을 추구하게 된다. 이를 위해서는 소득의 획득뿐만 아니라 획득한 소득과 축적된 자산을 효율적으로 관리하며 합리적으로 지출할 필요가 있다. 이에 본 절에서는 소비자재무설계의 개념과 필요한 이유, 재무설계가 이루어지는 단계와 각 단계의 내용을 살펴보기로 한다.

1. 소비자재무설계의 이해

1) 재무설계의 개념

재무설계(Financial Planning)란 개인의 삶의 목표를 파악하고 그 목표를 달성하기 위하여 개인이 가지고 있는 재무적 자원과 비재무적 자원을 적절하게 관리하고 활용하는 일련의 과정(process)으로 정의된다. 재무설계의 주체는 개인이 될 수도 있고 가계가 될 수도 있는데 이에 따라서 개인재무설계나 소비자재무설계 또는 가계재무설계로 불리기도 하지만 일반적으로는 간단히 '재무설계'로만 사용하여도 기업의 재무관리와는 분명히 구분된다. 특히 재무설계는 단순히 돈에 대한 목표만을 다루는 것이 아니라 삶의 가치관과 방향, 라이프스타일 등을 종합적으로 고려한 목표를 설정하고 인생 전반에 걸친 계획과 실행이 이루어져 인생설계(Life Planninf, Life Management)라고 불리며 그러한 영역이 점점 확대되고 있다.

재무설계의 정의에서 중요한 개념은 목표와 과정, 그리고 자원의 범위이다. 우선 재무설계에서 목표는 단순히 돈을 모으는 기술에 해당하는 재테크와 가장 큰 차이 중 하나이다. 재테크는 어떠한 목표가 있기보다는 단순히 큰 목돈을 만들기 위한 기술적인 측면에 집중하는데 반해 재무설계는 인생의 목표를 설정하고 그 목표를 달성하기 위해 필요한 재무적 자원과 비재무적 자원을 어떻게 사용하고 관리할 것인지에 대한 계획을 수립하는 것이다. 따라서 재테크는 재무설계를 진행하는 과정 속에 포함될 수 있다. 재무설계는 삶의 목표는 한번 설정하더라도 환경이 변화하거나 가치나 신념이 변화하게 되면 수정되거나 새로운 목표가 생길 수 있기 때문에 그때마다 목표를 수정하고 그에 맞는 계획과 실행 방법을 조정하는 과정이 된다.

> **• 재테크와 재무설계**
>
> 재테크는 재무(財務)와 테크널러지(technology)의 합성어로 기업에서 본래의 영업활동과 별도로 금융수익을 얻기 위해 벌이는 재무활동으로 인식되다가 개인과 가계에서 여유자금을 활용하여 수익률을 극대화하는 재무활동으로 통용되고 있다. 그러나 재테크는 목표, 접근방식, 관심사의 측면에서 재무설계와 차이를 갖는다. 즉, 재테크는 수익률을 극대화 하는 것에 초점을 맞추지만 재무설계는 인생의 목표를 달성하는 과정이다. 또한 재테크는 상품 선택에서 시작하지만 재무설계는 목표를 설정하고 자신의 재무상황을 객관적으로 평가하는 것에서부터 시작한다. 즉, 재테크는 자산증식에만 관심을 두는 것이라면 재무설계는 인생목표를 달성하는 과정으로 큰 차이가 있다.

2) 재무설계의 영역

재무설계는 삶의 목표를 다루고 있기 때문에 현금흐름 관리, 신용과 부채관리, 위험관리, 투자설계, 부동산설계, 노후설계, 상속 및 증여, 세금설계 등 개인 또는 가계의 재무환경을 둘러싼 영역이 모두 해당된다. 이러한 재무설계의 영역은 마치 집의 초석과 기둥, 지붕으로 비유할 수 있는데 이를 그림으로 나타내면 〈그림 2-9〉와 같이 표현할 수 있다. 현금흐름 관리는 신용과 부채관리를 포함하는데 소득과 지출 관리는 개인재무설계를 운영하는 기본이 되어 집의 초석에 해당한다. 소득과 지출의 적절한 관리를 통해 자산이 축적되어 노후자금으로 사용하게 되거나 가족 등에게 상속이나 증여의 방법으로 배분 또는 이전이 이루어지게 되는데, 이러한 투자설계나 노후설계 상속 설계가 집의 기둥에 해당한다. 세금은 개인재무의 모든 영역에 관여가 되어 서까래와 같은 역할을 하며, 개인이나 가계에 노출되어 있는 불확실한 위험으로부터 자산을 보호하는 위험설계는 지붕의 역할을 한다. 이처럼 다양한 영역의 재무설계를 종합적으로 다루는 것을 종합재무설계라고 하고, 한 영역에 대해서만 이루어지는 것을 단일재무설계라고 한다.

그림 2-9. 소비자재무설계의 영역

출처 : 박광수, 양재영, 주소현(2018), 개인재무설계, 도서출판 기대가치, p. 10

표 2-4. 소비자재무설계의 영역

영역	내용
현금관리	• 현금흐름과 자산과 부채를 통해 현재와 미래의 재무상태 파악 • 현금관리는 다른 재무목표와 전략과 상호관련되어 있어 다른 재무설계 영역과 통합하여 고려하는 것이 중요
투자설계	• 개인(가계)의 자산을 관리하여 재무목표를 달성하는 것에 초점 • 개인(가계)의 투자성향 및 재무목표에 맞는 자산포트폴리오 구성 및 관리 • 세금이 자산가치에 영향을 미치게 되므로 세금설계와 밀접한 관계
노후설계	• 은퇴 후 개인 또는 부부가 기대하는 라이프스타일의 달성에 중점 • 현재의 자산, 투자와 저축 계획 등을 검토하여 계획 수립 및 실행 • 노후자금 관리 방법과 사망시까지 자산을 배분하여 사용하는 전략 포함
상속·증여설계	• 개인의 사망 전 또는 사망 이전 자산의 이전에 중점 • 피상속인의 자산에 대한 처분 의사가 반영될 수 있어야 함 • 상속과 증여는 특성상 세금설계와 매우 밀접하게 관련되어 있음
세금설계	• 개인 또는 가계의 현금관리와 자산관리에서 합법적인 절세방안과 세금 이연 전략에 중점 • 모든 재무적 결정은 세금문제를 포함하고 있으므로 세금설계는 다른 재무목표와 밀접하게 관련되어 있음
위험관리	• 개인 또는 가계의 예기치 않은 재무적 손실에의 노출을 관리 • 개인 또는 가계에 노출되어 있는 위험과 현재의 보장내용을 비교, 위험관리 니즈를 확인하고 위험관리 우선순위를 결정하여 실행

2. 소비자재무설계의 필요성

재무설계는 여러 가지 이유로 그 필요성이 점차 증가하고 중요해지고 있다. 재무설계의 필요성을 금융환경과 인구구조의 변화, 소비자선호의 변화로 구분하여 살펴보면 다음과 같다.

1) 금융환경의 변화

우선 재무설계의 필요성이 커진 이유로써 금융환경의 변화를 들 수 있다. 우리나라는 1997년 외환위기 이전까지 은행에서 연 12~15%의 이자를 받을 수 있는 금융환경이었기 때문에 별도의 계획이나 전략없이 단순히 저축만으로도 미래를 위해 자산을 축적하는 것이 현재에 비해 어려움이 없었다. 그러나 외환위기 이후 2000년대 들어 금리는 점차 떨어지게 되었고 현재 은행의 예금을 기준으로 2% 내외에 불과하여 개인 및 가계에서 자산을 축적하는 것이 쉽지 않게 되었다. 이러한 저금리 환경은 개인 및 가계에서 재무목표를 달성하는 것을 어렵게 하였고 결국 수익성이 더 높은 주식과 같은 위험자산에 대한 투자 필요성이 커지게 되었다. 그러나 금융시장의 개방으로 금융상품은 점점 더 다양해지고 복잡해져 개인이나 가계에서 금융상품에 대한 정보를 이해하는 데에 어려움이 있고 체계적인 금융교육을 받지 않은 상황에서 어떠한 금융상품을 적절하게 선택하고 관리해야하는지를 모르는 상황에서 투자에 대한 책임은 스스로 해야하는 상황이 되었다. 따라서 개인은 금융과 관련된 정보를 이해하고 체계적인 탐색과 계획을 통해 재무목표를 수립할 수 있어야 한다. 이는 단순히 돈을 모으기만 해서는 이루기 힘들고, 어떠한 목표를 갖고 있는지, 그리고 현재의 재무상태가 어떠한지를 파악하여 목표를 달성할 수 있는 계획을 세우고 실행할 수 있는 최적의 방법을 찾아 체계적으로 실행하고 점검하는 과정이 필요하게 된 것이다.

2) 인구구조의 변화

재무설계의 필요성이 커지고 있는 다른 중요한 원인 중 하나는 인구고령화이다. UN에서는 고령화 단계를 전체 인구에서 65세 이상의 인구가 차지하는 비중에 따라 고령화사회(Aging Society, 7% 이상), 고령사회(Aged Society, 14% 이상), 초고령사회(Super-Aged Society, 20% 이상) 등 3단계로 구분하고 있다. 우리나라는 2000년에 이미 고령화사회에 진입하였고, 2018년에 고령사회로 진입한 상태이며, 초고령사회에 진입할 시기도 2025년으로 전망하고 있어 세계에서 가장 빠른 고령화 속도를 보이고 있다.

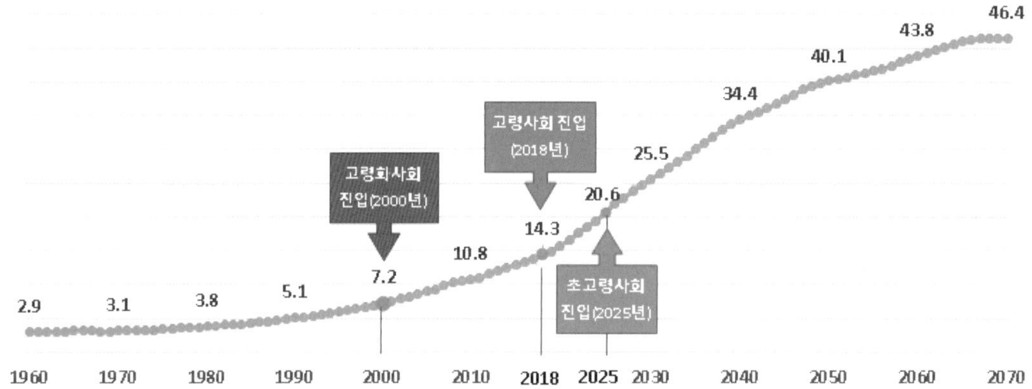

그림 2-10. 한국의 65세 이상 노인인구 비율 추이

자료 : 통계청(https://kosis.kr), 장래인구추계(2020~2070년)

이러한 빠른 인구고령화는 현상은 저출산과 평균수명이 길어지면서 가속화되었는데, 우리나라의 합계출산율은 2020년 기준 전국 평균 0.837명으로 1명에도 달하지 못한다. 합계출산률이란 여성 1명이 가임기간(15-49세) 중 낳을 것으로 기대되는 평균 출생아수로 장기적으로 인구수가 유지되기 위해서는 합계출산률이 2가 되어야 하지만 현재 우리나라는 1명에도 미치지지 못하고 있는 실정이다. 평균수명의 증가속도도 인구고령화를 가속화시키고 있는데, 통계청 자료에 의하면 우리나라의 평균수명(0세 기대여명)은 2020년 기준 83.2세인데, 2010년 80.2년에 비해 3년 정도 증가한 것이고, 1990년 71.7세에 비해서는 12년, 1970년 62.3세에 비해서는 21년 정도가 증가한 것이다. 즉, 50년 사이 평균수명이 20년 증가한 샘이다. 이러한 추세라면 향후 50년 뒤에는 평균수명이 100세를 넘어가게 될 것으로 생각할 수 있다.

이처럼 저출산과 평균수명의 연장이라는 두 요인은 젊은 세대의 인구는 줄고 고령 세대의 인구는 증가되면서 결국 젊은 세대의 부양부담 증가와 은퇴기간의 연장으로 나타나며, 이는 다시 소득 창출과 자산축적 기간보다 소득 단절과 자산사용 기간이 늘어나는 결과를 초래한다. 즉, 노후생활에 필요한 재무적 준비를 할 시간과 재원이 넉넉하지 않아 장수위험에 노출된다는 것을 의미한다. 또한 의료기술의 발달로 유병장수의 시대가 되어 의료비에 대한 부담도 함께 증가할 것이다. 요컨대 인구구조의 변화는 인생 전반에 걸친 재무적·비재무적 목표를 달성하기 위해 다양한 영역을 종합적으로 검토하고 계획·실행하는 재무설계의 필요성을 더욱 증대시키게 된다.

- **젊은 세대의 고령자 부양부담을 나타내는 노년부양비**

노년부양비는 인구고령화로 인한 젊은 세대의 부담을 예측할 수 있는 지표이다. 65세 이상 고령자 인구가 생산가능인구(15~64세)에서 차지하는 비중으로 계산되는 노년부양비는 젊은 세대인구(생산가능인구) 100명이 부양해야하는 65세 이상의 인구 수를 의미한다. 만약 노년부양비가 10이라고 한다면, 생산가능인구 100명이 65세 이상 고령자 10명을 부양해야하는 것이고 노년부양비가 20이라면, 생산가능인구 100명이 65세 이상 고령자 20명을 부양해야하는 것을 의미한다. 따라서 노년부양비가 증가한다는 것은 그만큼 젊은 세대의 고령자 부담이 커지는 것을 의미한다.

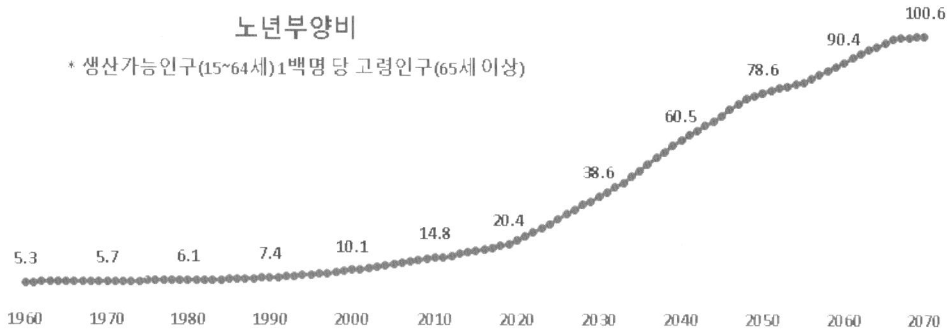

자료 : 통계청(https://kosis.kr), 장래인구추계(2020~2070년)

3) 소비자 선호의 변화

소비자선호의 변화 또한 소비자재무설계의 필요성을 증가시키는 요인이라고 볼 수 있다. 소비자선호는 개인 또는 가계의 소득 및 자산의 증가와도 관련이 깊다. 경제성장에 따라 소득과 자신이 증가하였고 그에 따라 개인이나 가계는 맞춤형 또는 고급화 된 형태의 금융상품과 서비스를 요구하게 되었다. 단순히 예적금을 운용하여 이자를 지급하는 것이 아닌 보다 체계적이고 적극적인 자산관리를 통해 보다 높은 수익을 얻을 수 있는 서비스가 생겨나고 이에 대한 지불의사가 커지게 되었다. 또한 다양한 환경에서 노출되는 위험이 많아지고 이에 대한 보장을 위해 보험에 대한 선호도 커지기도 하였다. 더욱이 정보통신기술과 과학기술의 발전은 재무적 자원이 있으면 생활에 발전된 기술을 쉽게 접목시킬 수 있고 혜택을 누릴 수 있게 되있으녀 그로 인해 예전과는 다른 라이프스타일을 추구하게 되었고, 의료기술의 발달로 새로운 의료기술을 통해 생명을 연장시킬 수 있는 것에 대한 지불의사가 증가하는 등 재무적으로 준비해야하는 범위가 넓고 다양해진 것이다. 따라서 금융환경 및 인구구조의 변화와 더불어 소비자의 선호가 변화한 것 역시 체계적인 재무관리가 필요한 이유에 해당하며, 개인 및 가계의 현재 재정적 상황을 점검하고 재무목표를 달성할 수 있는 방법을 찾고 실행 전략을 수립하는 개인재무설계가 더욱 필요하다고 할 수 있다.

3. 소비자재무설계의 과정

소비자재무설계는 5단계 또는 6단계에 걸쳐 이루어진다. 재무설계를 전문가와 함께 진행하는 경우에는 재무설계전문가와 소비자 간의 관계를 정립하는 단계가 포함되어 6단계가 되지만, 개인이 스스로 재무설계를 하고자 하는 경우에는 5단계로 이루어진다. 본 교재에서는 재무설계전문가와의 관계정립 단계를 제외하고 설명하기로 한다.

1) 1단계 : 재무목표의 설정과 정보수집

(1) 재무목표의 설정

재무설계의 가장 첫 번째 단계는 재무목표를 설정하는 것이다. 재무목표는 단순히 얼마의 돈을 모으는 것이 아니라 인생에서 달성하고자 하는 것을 의미한다. 우리가 인생에서 달성하고자 하는 것은 재무적인 목표도 있지만 비재무적인 목표도 포함하는 경우가 많다. 하지만 비재무적인 목표를 달성하기 위해서는 어느 정도의 재무적인 준비가 되어야 하기 때문에 이 역시 재무목표에 포함하게 된다.

재무목표는 기간에 따라 단기, 중기, 장기 재무목표로 구분해볼 수 있는데, 달성기간이 1년 미만인 경우를 단기목표, 2~5년 정도의 기간은 중기목표, 5년 이상의 기간이 필요한 것은 장기목표로 구분한다. 또한 각 재무목표에는 우선순위가 각각 다를 것이기 때문에 기간에 대한 재무목표와 함께 우선순위를 정하는 것이 필요하다.

표 2-5. 기간별 재무목표 예시

기 간	우선순위	내 용	목표자금	목표기한
단기 (1년 이내)	1순위	어버이날 선물	20만원	2022년 5월 4일
	2순위	추석명절선물	100만원	2022년 9월 3일
	3순위	겨울휴가	150만원	2022년 12월 1일
중기 (1~5년)	1순위	주택전세계약갱신	2,000만원	2026년 3월 1일
	2순위	자녀대학등록금	800만원	2024년 2월 28일
	3순위	자동차구입	2,500만원	2023년 10월 26일

기 간	우선순위	내 용	목표자금	목표기한
장기 (5~10년)	1순위	둘째대학등록금	2,000만원	2040년 2월 1일
	2순위	결혼 20주년 기념 가족여행	500만원	2040년 5월 1일
	3순위	주택마련자금	10,000만원	2040년 12월 31일
최장기 (10년이상)	1순위	자동차 교체	3,500만원	2045년 2월 1일
	2순위	노후준비자금	40,000만원	2055년 12월 31일

재무목표를 잘 설정하기 위해서는 5가지의 SMART 원칙을 적용하는 것이 좋다. 먼저 S(Specific)는 재무목표는 구체적이어야 한다는 원칙이다. 재무목표의 내용을 너무 포괄적이거나 추상적으로 설정하지 말고 달성에 필요한 시간, 조건, 목표설정 이유 등을 포함하여 모표의 내용을 분명하게 하여야 한다. M(Measurable)은 측정 가능해야 한다는 것으로 재무목표를 달성하기 위해 필요한 금액을 계산하여 적어야 한다는 것이다. A(Attainable/Action oriented)은 달성가능한 목표를 설정해야 한다는 의미와 어떻게 실행해 나갈 것인지에 대한 실천 계획을 명확히 하는 것을 모두 포함한다. R(Relevant/Realistic)은 두 가지의 의미를 포함하고 있는데, 재무목표는 자신의 가치에 부합해야 한다는 것과 현실적이어야 한다는 것이다. 즉, 재무목표는 자신에게 중요하고 자신이 추구하는 바와 밀접한 연관이 있어야 하고 현실적이어서 실천가능해야 한다. 마지막으로 T(Time-related/Trackable) 역시 두 가지의 의미가 있는데, 재무목표를 달성할 기한을 설정해야 하는 것과 추적이 가능해야 한다는 것이다. 즉, 재무목표를 언제까지 달성할 것인지는 물론 언제부터 시작할 것인지를 결정하여 재무목표를 달성하기 위한 기간을 정해야 한다. 또한 재무목표는 평가와 점검이 가능해야 하는데, 재무목표를 달성하는 동안 주변 환경이나 자신의 상황에 변화가 있는 경우에는 재무목표를 달성할 수 있는 상황인지를 평가하고 점검하여 필요한 경우 수정할 수도 있어야 한다.

(2) 정보 수집

재무설계를 위한 정보수집은 재무목표를 달성하기 위한 계획수립에 있어 매우 중요하다. 정확한 정보가 계획 수립에 반영되어야 하기 때문이다. 재무설계를 위해 수집하는 정보는 정량정보와 정성정보로 구분해볼 수 있는데, 정량정보는 주로 재무적 정보가 해당되며, 소득, 지출 자료(급여명세서, 연말정산자료 등), 자산자료(종류, 이자율, 금융기관, 보유목적, 보유기간 등), 부채 자료(종류, 대출이자율, 대출기간, 월상환액, 상환방법 등),

보험 관련 자료(보험종류, 목적, 피보험자, 보장내역, 보험증권 등), 세금관련 자료 (연말정산, 종합소득세신고서 등), 상속 및 증여 관련 자료(유언장 사본 등), 연금관련자료(공적연금, 사적연금 종류별 적립액 및 예상연금액) 등이 포함된다. 정성정보는 비재무적정보인 경우가 많은데, 가치관(돈에 대한 태도), 꿈, 희망, 위험수용성향, 투자 경험과 지식, 태도, 라이프스타일(관심사, 취미 등), 고용, 직업 관련 사항(예상은퇴시기, 예상 퇴직금, 직업 지속가능성 등), 건강 관련 사항(가족의 건강이력, 장애 여부 등), 부양가족 현황(조부모, 부모, 형제, 자매 등) 등이 주로 포함된다.

2) 2단계 : 재무상태 평가

재무상태 평가 단계의 가장 중요한 목표는 개인 또는 가계의 재무상황을 정확하게 이해하는 것이다. 이를 통해 재무목표 달성이 가능한지, 재무목표 달성을 방해할 위험요인은 없는지, 가계의 니즈 및 우선순위에 부합하기 위해서는 어떤 전략을 짜야 하는지를 가늠할 수 있게 된다.

재무상태 평가를 위해서는 우선 2가지 재무제표를 작성해야 하는데, 특정 시점을 기준으로 자산, 부채, 순자산 상태를 파악할 수 있는 자산부채상태표와 일정 기간(보통 1년) 동안의 현금유입(소득 등)과 유출(지출, 저축 등)의 흐름을 파악할 수 있는 현금흐름표를 작성해야 한다.

(1) 자산부채상태표

자산부채상태표는 일정시점에 개인 또는 가계가 보유하고 있는 자산과 부채 내용을 기록하는 표이다. 자산과 부채는 기준에 따라 여러 유형으로 분류할 수 있지만 일반적으로 자산은 그 특성에 따라 현금성자산, 저축성자산, 투자성자산, 실물자산, 기타자산으로 구분하고, 부채는 기간에 따라 단기, 중기, 장기 부채로 구분하여 기록한다.

자산은 자산부채상태표 작성일 기준의 가치를 기록하게 되는데, 현금성자산은 유동성이 큰 자산으로 위험부담이 비교적 낮은 보통예금, CMA, MMF, MMDA, 만기가 6개월 미만인 양도성예금증서(CD) 등이 포함된다. 저축성자산은 현금성자산과 유사하지만 일정한 만기가 있고 확정적인 수익을 보장하는 자산으로 정기예적금이나 저축성보험 등이 해당된다. 투자성자산은 미래 수익을 위해 어느 정도의 위험을 감수하고 보유하는 자산으로 단기목표보다는 중장기적인 목표를 달성하기 위해 보유하는 것이 바람직하다. 보통은 금융투자자산만을 포함하는 경우가 많으나 실물자산 중 투자성이 큰 경우에는 별도로 투자성자산으로 분류하기도 한다. 사용자산은 실물자사 중 투자성이 없이 생활에서 사용을 목적으로 보유하고 있는 자산으로 임차보증금이나 자동차, 주거용부동산 등을 포함할 수 있다. 이외에 분류하기 모호한 자산은 기타자산에 포함한다. 임차보증금의 경우는 자산의 형태로는 금융자산의 형태이지만, 자산의 목적으로는 사용자산으로 볼 수 있어 가계에서 임차보증금을 어떻게 관리하고 어떠한 목적을 갖고 있는지를 고려하여 분류하되 주석으로 내용을 표시해두는 것도 좋은 방법이다.

부채의 경우는 작성일에 상환해야하는 부채잔액을 기록한다. 단기부채의 경우 1년 이내에 상환해야하는 부채를 기록하고 중기부채는 3~5년 이내에 상환해야하는 부채, 그리고 장기부채는 3~5년 이상의 기간에 걸쳐 상환해야 하는 부채를 기록한다. 신용카드를 사용하고 아직 상환하지 않은 경우는 단기부채에 기록하고 학자금대출이나 자동차 할부금 잔액은 중기부채, 주택담보대출 잔액은 장기부채에 해당한다.

순자산은 총자산에서 총부채를 제외한 금액으로 실제 개인 또는 가계의 재무상태 성장성을 나타내준다.

〈자산부채상태표 예시〉

작성일 : 20△△년 △△월 △△일

자산			부채		
현금성자산	보통예금	○○○○○	단기부채	신용카드 대금	○○○○○
저축성자산	정기예금	○○○○○		핸드폰 할부금	○○○○○
투자성자산	적립식펀드	…	중기부채	학자금대출	○○○○○
부동산자산	아파트	○○○○○			
	토지	○○○○○	장기부채	주택담보대출	○○○○○
사용자산	PC				
총자산		○○○○○○	총부채		○○○○○○
			순자산(총자산-총부채)		○○○○○○

(2) 현금흐름표

현금흐름표는 일정한 기간동안 발생하는 모든 현금유입과 유출을 기록하는 표로, 현금유입에는 근로소득, 사업소득, 재산소득, 이전소득 이외에 자산의 형태가 변경되어 발생하는 현금유입도 포함하여야 한다. 예를들어 대출을 해서 발생하는 현금도 기록하여야 하는데 이때 현금흐름이 발생하고 부채는 증가하게 된다. 또한 적금 만기금액이 발생한 경우에는 금융자산의 형태가 변경되어 현금흐름이 발생한 것으로 이것을 다시 저축을 하더라도 우선은 현금흐름이 발생한 것으로 기록하는 것이 좋다. 유출의 경우도 실제 유입된 현금이 사용된 모든 내용을 기록하는 것이기 때문에 지출 뿐만 아니라 저축이나 투자를 한 내용도 기록한다. 지출의 경우는 고정지출과 변동지출로 구분하여 기록하고 저축이나 투자는 별도로 기록한다. 고정지출과 변동지출의 경우 개인 또는 가계의 상황에 따라 포함하는 항목이 달라질 수 있는데, 예를들어 핸드폰 정액제 요금, 학원비, 가족간이전지출 등은 지출이 발생하는 주기나 고정성 등을 고려하여 고정지출 또는 변동지출로 구분하여 기록한다. 다만, 개인이나 가계에서 지출관리를 편하게 할 수 있도록 구분하되 항목 구분에 일관성을 유지하는 것이 좋다. 작성된 현금흐름표의 총유입과 총유출은 같아야 하므로 그렇지 않은 경우 누락된 유출이나 유입이 없는지 확인하도록 한다.

〈현금흐름표 예시〉

작성기간 : 20○○년 ○○월 ○○일 ~ ○○월 ○○일

<table>
<tr><th colspan="2">유입</th><th colspan="3">유출</th></tr>
<tr><td>근로소득</td><td>○○○○○</td><td rowspan="2">저축/투자</td><td>청약저축</td><td>○○○○○</td></tr>
<tr><td>사업소득</td><td>○○○○○</td><td>적립식 펀드</td><td>○○○○○</td></tr>
<tr><td>재산소득</td><td>○○○○○</td><td rowspan="2">고정지출</td><td>핸드폰요금</td><td>○○○○○</td></tr>
<tr><td>이전소득</td><td>○○○○○</td><td>보험료</td><td>○○○○○</td></tr>
<tr><td>기타소득</td><td>○○○○○</td><td rowspan="6">변동지출</td><td>식비</td><td>○○○○○</td></tr>
<tr><td>기타유입</td><td>○○○○○</td><td>교통비</td><td>○○○○○</td></tr>
<tr><td></td><td></td><td>문화생활비</td><td>○○○○○</td></tr>
<tr><td></td><td></td><td>…</td><td>…</td></tr>
<tr><td></td><td></td><td>…</td><td>…</td></tr>
<tr><td></td><td></td><td></td><td></td></tr>
<tr><td>총유입</td><td>○○○○○○</td><td colspan="2">총유출</td><td>○○○○○○</td></tr>
</table>

(3) 재무상태 평가

작성된 두 가지 재무제표를 이용하여 현재의 재무상태를 분석할 수 있다. 재무제표에 포함된 소득, 지출, 자산, 부채와 같은 재무적 요소를 결합하여 비율을 계산하는데 이것을 재무비율이라고 한다. 재무비율을 통한 재무상태 평가는 개인이나 가계의 재무활동을 상황에 맞추어 객관적으로 평가할 수 있다. 우선 현금흐름표를 이용한 평가는 가계수지 상태와 부채부담정보를 통해 재무건전성을 평가하고, 저축성향을 통해 가계재무 성장성을

평가한다. 또한, 위험대비수준도 현금흐름표를 통해 파악할 수 있다. 자산부채상태표를 통해서는 부채건전성과 유동성을 파악하게 된다. 또한 현금흐름표와 자산부채상태표 모두를 이용하여 분석하는 재무비율은 비상자금준비상태로, 소득이 일시적으로 중단되었을 때 생활을 유지할 수 있는 정도의 금융자산을 보유하고 있는지를 파악하는 지표이다.

재무상태 평가를 위한 비율을 계산하고 각 지표의 준거기준과 비교하여 개인 또는 가계의 재무상태를 평가할 수 있다. 지표의 준거기준은 학계 재무설계 전문가와 실무자들이 연구를 통해 산출한 값으로 실제 재무설계 시장에서 가이드라인으로 활용되고 있다. 재무제표를 통해 파악하는 재무비율의 종류와 산출식, 준거기준은 다음과 같다.

표 2-6. 재무상태평가를 위한 재무비율과 준거기준

구분		의미	산출식	준거기준
현금흐름표	가계수지 상태	소득에서 고정지출과 변동지출이 차지하는 비중으로 저축여력을 파악(소득 중 기타유입 금액은 제외, 지출 중 저축 및 투자금액 제외)	지출(고정+변동)/소득	70% 이하 (20대는 50% 미만)
	저축성향	소득 중 저축(투자)을 하는 정도로 미래 재무 성장성을 평가	저축(투자)액/소득	30% 이상 (20대는 50% 이상)
	부채부담 정도	보유부채로 인한 현금흐름측면의 부채부담 정도 평가	부채상환액/소득	30% 이하
	위험대비 수준	소득 중 보장성보험료로 납부하는 금액의 비중으로 너무 적거나 너무 많은 것은 적절하지 않음	보장성보험료/소득	8~10%
자산부채 상태표	부채 건전성	총자산에서 총부채가 차지하는 비중으로 1이 넘을 경우 파산상태를 의미함	총부채/총자산	40% 이하
	유동성	금융자산이 총자산에서 차지하는 비중으로 자산을 현금화할 여력을 파악	금융자산/총자산	40% 이상
현금흐름표 +자산부채 상태표	비상자금 준비상태	유동성이 큰 금융자산으로 몇 개월의 소득 또는 지출을 충당할 수 있는지를 파악(금융자산은 다른 재무모표가 있는 자산이나 현금화할 때 가치손실이 있는 자산은 제외)	금융자산/월평균 소득 (또는 지출)	4~6배 (20대 2배 이상)

출처 : 양세정 등(20136), 한국형 가계재무비율 도출 및 가이드라인 제안, Financial Planning Review 16(3). p. 164.

3) 3단계 : 실행계획 수립

3단계에서는 2단계에서 파악된 재무상태를 결과를 바탕으로 재무목표를 구체화하고 목표에 맞는 적절한 실행방법을 탐색하는 단계이다. 보통은 목표 달성을 위한 금융상품을 탐색하고 비교하는 과정이 필요한데, 금융상품을 보유하는 목적을 고려하여 선택하여야 한다.

표 2-7. 보유목적별 금융상품

구분	금융상품 예시
현금관리	보통예금, MMDA, MMF, CMA 등
목돈모으기	정기적금, 정기예금, 적립식 펀드, 거치식펀드, 저축성보험, ISA 등
주택마련	주택청약종합저축, 청년우대형 주택청약종합저축, 디딤돌 대출, 보금자리론, 버팀목 전세자금대출 등
위험관리	생명보험, 손해보험 등의 보장성보험
노후준비	세제적격연금저축, 세제비적격연금보험, IRP 등

- **금융상품 검색 비교**

금융기관에서 취급하는 금융상품은 매우 다양하기 때문에 모든 금융상품을 찾아보고 비교하는 것이 쉽지 않다. 하지만 재무목표를 달성하기 위해 필요한 적합한 금융상품을 선택하기 위해서는 정보를 찾아보고 비교할 필요가 있다. 금융상품을 검색하고 비교할수 있는 사이트로 대표적인 것은 금융감독원의 금융소비자 정보포털 파인(https://fine.fss.or.kr)이 있다. 파인 사이트에는 금융상품을 비교 검색하는 기능 이외에 금융소비자에게 유용한 다양한 정보를 찾아볼 수 있고, 특히 예적금, 보험, 대출, 펀드, 카드, 연금 등 대표적인 금융상품을 대상으로 가입하기 전, 가입할 때, 가입한 후 금융소비자가 알아두어야 하거나 파악할 필요가 있는 정보들을 제시하고 있다. 이 외에도 생명보험협회와 손해보험협회, 저축은행중앙회 소비자포털, 서민금융진흥원 사이트에서도 관련 금융상품에 대한 정보를 확인할 수 있다.

- 금융소비자 정보포털 파인 : https://fine.fss.or.kr
- 생명보험협회 소비자 : https://www.klia.or.kr
- 손해보험협회 소비자포털 : http://consumer.knia.or.kr/consumer.do
- 저축은행중앙회 소비자포털 : https://www.fsb.or.kr/cps_index.act
- 서민금융진흥원 : www.kinfa.or.kr

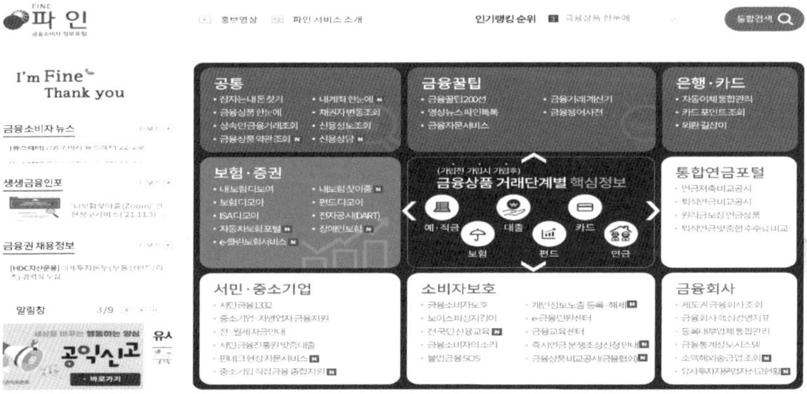

금융소비자정보포털 파인 홈페이지(https://fine.fss.or.kr)

4) 4단계 : 계획안 실행

4단계에서는 재무목표 달성을 위해 수립한 계획을 실행하는 단계로, 선택한 금융상품에 가입하여 관리하면서 유지하는 과정이다. 특히 현금흐름을 관리하여 목표 달성을 위해 필요한 저축이나 투자를 지속하는 것이 중요하기 때문에 예산을 수립하고 기록하여 결산에 이르는 과정이 매우 중요하다.

(1) 예산의 의의

예산(Buget)은 현금유입을 기초로 한 지출에 대한 계획이라고 할 수 있다. 즉, 예상되는 기대소득에 근거한 미래의 지출계획으로, 소득과 지출의 균형을 맞추는 계획이다. 이기춘 등(1998)은 예산을 "돈과 관련한 최소한의 훈련으로서, 돈을 다루는 방법을 체계적으로 학습하는 것"이라고 설명했는데, 이처럼 예산이 돈의 사용과 관리에 대한 최소한의 훈련이라는 점을 인식해야할 필요가 있다. 예산은 개인의 지출 성향을 계획하고 평가하는 수단이며 일상생활 속 재무상태의 지침이 될 뿐만 아니라 개인이나 가계의 주요목표에 따라 소득과 지출을 통제하는 계획으로 이용되기도 한다.

(2) 예산의 장점과 단점

예산은 미래의 삶을 구체적으로 생각해보게 하기도 하고 삶에 우선순위를 생각해보게 하는 장점이 있다. 무엇보다 소비행태를 개선시키는 데에 도움이 되며, 자기통제를 하는 데 도움을 준다. 나아가 가족 구성원 간 의사소통을 촉진할 수 있고 궁극적으로는 성공적인 재무목표 달성을 돕는다. 하지만 잘못되거나 부정확한 정보나 예측에 의해 수립된 예산은 그 효율성이 떨어질 수 있고, 지나치게 통제하는 예산은 오히려 재무목표 달성에 방해요인이 되거나 심리적 저항감을 야기할 수 있어 중도에 쉽게 포기하게 하는 부작용이 있을 수 있다.

(3) 예산수립을 위한 일반지침

예산을 수립할 때에는 예산수립 기간을 고려하고 필요와 욕구를 구분하며 유연성 있는 예산을 수립하는 것이 좋다. 또한 고정지출과 변동지출을 구분하고 복잡하기 보다는 단순하고 알기 쉽게, 그리고 항목을 일관성 있게 작성하는 때 그 예산이 좋은 예산이라고 할 수 있다.

① 예산수립 기간

가장 실행하기 쉬운 예산은 월 단위의 예산이지만, 매월 발생하는 소득과 지출이 다를 수 있고 연단위로 발생되는 소득과 지출도 있기 때문에 연 단위의 예산을 작성하는 것이 좋다.

② 필요(needs)와 욕구(wants)의 구분

필요와 욕구는 예산에 적절하게 반영되어야 한다. 예산에 필요는 반드시 반영되어야 하며 욕구는 소비자의 가치체계에 따라 선택적으로 반영할 필요가 있다.

③ 유연성 있는 예산

예상한 것과 다르게 지출이 발생한 경우 예산 실행이 어렵거나 포기할 수 있기 때문에, 예기치 않은 상황에서도 대처할 수 있는 유연성을 확보하는 것이 좋다.

④ 고정지출과 변동지출 구분

⑤ 단순하고 알기 쉬운 예산

복잡하고 지나치게 자세한 예산은 세우기도 어려울 뿐만 아니라 실행하기도 어렵다. 자세한 정보는 지출의 기록시에 도움이 될 수 있으나, 예산을 작성하는 데에 있어서 중요한 요소는 아니다.

⑥ 일관성 있는 예산

예산을 수립할 때마다 형식이 바뀐다거나 포함되는 내용, 또는 지출 비목의 범주가 바뀐다면 예산의 실행시 혼란을 유발할 수 있다. 또한 지출 비목 간의 변화나 성과를 추적하는 데에도 어려움이 있고 재무목표 달성 여부를 평가하는 데에도 적당하지 않다.

(4) 예산의 실행

예산을 실행하는 것은 계획대로 지출을 행하는 것으로, 소득과 지출 흐름을 기록하는 것을 포함한다. 소득과 지출을 기록하는 것은 지출 통제를 하기 위한 가장 기본적인 방법이며, 전통적인 방법으로 종이로 된 책자 형태의 가계부를 이용하는 방법도 있으나 최근에는 금융기관에서 제공하는 앱이나 자산관리 앱 등의 다양한 앱을 활용할 수 있으며 마이데이터 서비스가 활성화되면서 가계부 뿐만 아니라 자산관리에 유용한 다양한 서비스들이 확대되고 있다.

- **마이데이터서비스란?**

마이데이터란 개인데이터의 활용과 관리의 권한이 정보주체인 "개인"에게 있음을 강조하는 개인데이터 활용 체계의 새로운 패러다임이라고 할 수 있다. 마이데이터에서는 개인의 자기 정보결정권을 강화하는 자기정보전송요구권이 주 핵심으로, 개인의 데이터 주권 확립을 강화하는 권리라고 할 수 있다. 이러한 마이데이터는 정보의 주인인 본인이 스스로 결정해서 다른 기관에 자신의 정보를 전달하면 그 정보들을 활용해서 마이데이터 서비스를 제공하는 업체들이 신용관리, 자산관리, 건강관리 등 다양한 프로그램으로 만들어 제공한다.

대표적인 서비스 유형으로는 본인계좌정보 통합조회서비스가 있는데, 은행, 카드, 보험, 증권, 통신 등에 흩어져 있는 개인의 금융정보를 일괄 수집하여 고 금융소비자가 알기 쉽게 통합하여 제공하는 것이다. 또다른 대표적인 서비스 유형으로 금융상품 추천, 재무컨설팅, 라이프스티일에따른 등 다양한 서비스를 들 수 있다. 현재 신용 및 재무 현황에 기반하여 이용 가능한 금융상품을 제시하거나 상품별 가격·혜택을 비교하고 개인에게 최적화된 금융상품 추천 및 재무 컨설팅을 지원하는 서비스이다. 마이데이터와 관련된 내용은 마이데이터 종합 포털사이트(https://www.mydatacenter.or.kr)에서 확인할 수 있다.

5) 5단계 : 점검 및 모니터링

재무설계 프로세스의 마지막 단계는 재무상태와 실행상황을 점검하고 모니터링하는 단계로 재무설계가 단기간에 끝나는 것이 아닌 장기적으로 유지되고 관리되는 과정이라는 것이 반영되는 단계이다. 이 단계 수행의 가장 중요한 목표는 재무목표 달성을 위한 계획과 실천 안의 진행 상황을 평가함으로써 재무목표를 이루어 가는 과정이 잘 이행되고 있는지를 확인하는 것이다. 만약 금융시장 환경이 변화거나 개인의 상황이 변하는 경우에는 그 변화된 상황에 맞도록 설계안을 수정하거나 때로는 목표 자체를 수정해야하는 경우도 있다. 따라서 이 단계에서는 개인을 둘러싼 라이프사이클 상의 변화나 재무상태에 커다란 변화가 발생한 경우와 금융환경의 급격한 변화가 발생한 경우를 파악하고 그에 따른 대안을 마련해야 한다.

재무설계를 인생설계라고 말하는 이유 읽을거리

재무설계상담이나 재무설계서비스를 전문적으로 제공하는 재무설계사는 금융소비자의 체계적이고 계획적인 재무관리와 재무목표 달성을 위해 개인(가계) 맞춤형 서비스를 제공하는 전문가이다. 과거의 재무설계사는 보험, 주식, 펀드 등 금융상품 판매자가 기하급수적으로 늘어나면서 유능한 세일즈맨들이 자신을 차별화하기 위한 컨설팅에 입각한 접근법으로 시작되었지만 이제는 금융소비자의 전반적인 금융생활 복지를 위해 접근하고 있다.

금융상품을 판매해서 받는 커미션이 아닌 재무설계를 통해 받는 수수료를 받는 체계가 미국에서는 이미 1990년대에 확산되었고, 독립적으로 활동하는 재무설계사들을 위한 플랫폼이 등장하기도 하였다. 최근에는 로보어드바이저의 등장과 재무설계를 제공하는 대형 금융기관의 성장으로 서비스의 상품화가 가속화되고 있으며, 금융소비자보호법에 금융자문업에 대한 내용이 포함되면서 재무설계사들의 차별화 압력 또한 거세지고 있다. 또한 디지털금융의 확산으로 개인 재무관리 플랫폼을 통해 금융소비자들은 자신의 재무/금융활동을 한 군데 통합해 관리할 수 있게 되었다. 특히 금융서비스를 단지 단독 서비스로만 제공하기 보다는 생활에 접목한 서비스를 제공하기에 이르렀다. 이러한 서비스에 대해 미국의 한 재무설계 회사에서는 재무설계가 가계의 삶과 재무적 결정, 그와 관련된 조언을 제공하는 종합적인 서비스를 핀라이프(finlife, financial life management)로 이름 붙인바 있다. 이 회사에서는 금융소비자들이 재무적인 삶에 대해 어떻게 생각하는지를 조사한 결과, 금융소비자들의 인생 이야기는 저축과 투자보다는 일과 소비/지출 결정과의 관련성이 높은 것으로 나타났다. 저축과 투자는 다른 목표나 목적과 연관된 부차적인 관심사로 나타났고, 돈과 관련된 의사결정을 해야하는 상황에서도 돈은 의사결정의 주요 동인이 아니었다. 금융소비자들은 개인 삶의 가치에 따라 최종 선택하는 것이었다! 그리고 나서 자신이 선택한 결과에 대해 분석하고 평가하기를 원하는 것이었다.

저축과 투자에 중점을 둔 재무설계와 자산관리는 금융소비자들이 재무적인 문제에 부닥치고 의사결정을 내리는 흐름과 괴리감이 있을 수 있다. 즉, 저축과 투자는 일해서 돈을 벌고, 돈을 쓰는 선택의 결과에 가깝게 느낀다는 것이다. 따라서 포트폴리오 관리에 대한 강조보다 금융소비자의 삶의 가치에 집중하고 재무적인 의사결정이 비재무적인 인생 목표로부터 비롯된다는 점을 중요하게 인식해야하는 것이다. 이것이 바로 재무설계를 '핀라이프(Fin-life)', '인생설계(Life Planning)'라고 하는 이유이다.

* 참고자료 : 장은실(2016), 재무설계의 새로운 이름 'Financial Life Management', FP저널 VOL 98.

토론학습

1. 자신의 재무목표를 생각해 봅시다.

2. 자신 또는 부모님과 함께 자산부채상태표와 현금흐름표를 작성하고 평가해 봅시다.

3. 예산을 수립하고 기간을 정하여 가계부 등을 이용하여 소득과 지출 기록을 해본 후 평가해 봅시다.

4. 소비자학 전공자가 재무설계전문가 또는 핀라이프 전문가가 될 수 있는 유리한 조건은 무엇인지 생각해 봅시다.

참고문헌

김민정, 박원주, 오종윤(2021), 재무설계개론, 한국FPSB.

빅굉수, 양제영, 주소현(2018), 개인재무설계, 도서출판 시대가치.

성영애, 최현자(2019), 금융시장과 소비자, 학현사.

양세정, 주소현, 차경욱, 김민정(2013), 한국형 가계재무비율 도출 및 가이드라인 제안, Financial Planning Review 16(3), 143-181.

이기춘 등(2001), 소비자학의 이해, 학지사.

이기춘, 박명희, 윤정혜, 손상희, 성영애(2009),소비자재무설계, 학현사.

장은실(2016), 재무설계의 새로운 이름 'Financial Life Management, FP저널 VOL 98.

한국경제(2018.8.27.), 일본이 24년 걸린 '고령사회'… 한국, 17년밖에 안 걸렸다, https://www.hankyung.com/economy/article/2018082723501

금융소비자 정보포털 파인 : https://fine.fss.or.kr

마이데이터종합포털사이트 https://www.mydatacenter.or.kr

서민금융진흥원 : www.kinfa.or.kr

생명보험협회 소비자 : https://www.klia.or.kr

손해보험협회 소비자포털 : http://consumer.knia.or.kr/consumer.do

저축은행중앙회 소비자포털 : https://www.fsb.or.kr/cps_index.act

통계청(https://kosis.kr), 장래인구추계(2020~2070년)

제3절 금융소비자문제와 금융소비자보호

- 금융소비자들은 금융시장에서 다양한 금융상품들을 활용하여 재무목표를 달성하고 궁극적으로는 재무복지를 극대화하려는 노력을 한다. 이러한 과정에서 생각지 못한 또는 생각했음에도 불구하고 대응하지 못하는 여러 가지 문제에 직면하기도 한다. 금융시장환경과 금융상품은 더욱 복잡해지고 과거에 비해 금융소비자로서의 역할은 훨씬 커지고 중요시되고 있는 상황이다. 특히 금융상품이나 서비스 거래가 이루어지는 금융시장은 일반 소비재시장에 비해 소비자 위치가 금융기관에 비하여 매우 열악하여 올바른 선택을 하지 못하기도 하고 그 선택이 옳은 것인지 잘못된 것인지를 판단하는 것 조차 못하고 있는 실정으로 어떠한 재화와 서비스보다 보호를 받아야 하는 입장이다. 그럼에도 불구하고 금융소비자보호는 금융정책에서 우선되지 못하였다. 다행히 2021년 9월 금융소비자보호에 관한 법률이 시행되어 금융소비자보호에 대한 관심이 높아지고 있지만 여전히 크고 작은 금융소비자피해가 발생하고 있는 것이 현실이다. 금융소비자피해는 1인당 규모가 작더라도 금융상품을 보유하고 있는 국민들이 다수이기 때문에 총 피해규모는 매우 크다. 이에 본 절에서는 금융소비자피해의 개념과 특징을 살펴보고 금융소비자보호를 위한 체계를 살펴보도록 한다.

1. 금융소비자의 이해

1) 금융소비자의 정의

소비자에 대한 법률적 정의는 소비자기본법에 명시되어 있는데, 사업자가 제공하는 물품과 용역을 '소비할 목적으로' 사용하는 자로서 유통단계의 가장 마지막에 위치한 최종소비자를 의미한다. 금융소비자도 소비자로서, 소비자기본법의 적용을 받는 소비자라고 할 수 있으며 소비자기본법에 의해 금융상품과 서비스를 사용하는 최종소비자를 금융소비자라고 볼 수 있다.

소비자기본법

제2조(정의) 이 법에서 사용하는 용어의 정의는 다음과 같다.

1. "소비자"라 함은 사업자가 제공하는 물품 또는 용역(시설물을 포함한다. 이하 같다)을 소비생활을 위하여 사용(이용을 포함한다. 이하 같다)하는 자 또는 생산활동을 위하여 사용하는 자로서 대통령령이 정하는 자를 말한다.
2. "사업자"라 함은 물품을 제조(가공 또는 포장을 포함한다. 이하 같다)·수입·판매하거나 용역을 제공하는 자를 말한다.

그러나 금융관련법(자본시장법, 보험업법, 금융소비자보호법)에서는 금융소비자를 최종소비자만으로 제한하지 않는다. 또한 금융소비자를 일반금융소비자와 전문금융소비자로 구분한다. 전문금융소비자란 금융에 관한 전문성을 가지고 있어 스스로를 보호할 수 있는 능력이 있는 소비자이고 그 외의 금융소비자는 모두 일반 금융소비자이다. 일반적으로 금융소비자문제나 보호에 대한 언급을 할 때에는 보통 일반금융소비자로 범위를 한정한다.

금융소비자보호법

제2조(정의) 이 법에서 사용하는 용어의 뜻은 다음과 같다.

8. "금융소비자"란 금융상품에 관한 계약의 체결 또는 계약 체결의 권유를 하거나 청약을 받는 것(이하 "금융상품계약체결등"이라 한다)에 관한 금융상품판매업자의 거래상대방 또는 금융상품자문업자의 자문업무의 상대방인 전문금융소비자 또는 일반금융소비자를 말한다.
9. "전문금융소비자"란 금융상품에 관한 전문성 또는 소유자산규모 등에 비추어 금융상품 계약에 따른 위험감수능력이 있는 금융소비자로서 다음 각 목의 어느 하나에 해당하는 자를 말한다.
10. "일반금융소비자"란 전문금융소비자가 아닌 금융소비자를 말한다.

2) 금융소비자의 권리

금융소비자보호법에 규정되어 있는 금융소비자의 권리는 다음의 6가지이다.

① 금융상품판매업자등의 위법한 영업행위로 인한 재산상 손해로부터 보호받을 권리

② 금융상품을 선택하고 소비하는 과정에서 필요한 지식 및 정보를 제공받을 권리

③ 금융소비생활에 영향을 주는 국가 및 지방자치단체의 정책에 대하여 의견을 반영시킬 권리

④ 금융상품의 소비로 인하여 입은 피해에 대하여 신속·공정한 절차에 따라 적절한 보상을 받을 권리

⑤ 합리적인 금융소비생활을 위하여 필요한 교육을 받을 권리

⑥ 금융소비자 스스로의 권익을 증진하기 위하여 단체를 조직하고 이를 통하여 활동할 수 있는 권리

이러한 금융소비자의 권리를 실현하기 위한 책임은 누구에게 있으며 금융소비자 문제를 누가 예방하고 해결해야 하는가에 대한 문제는 소비자를 보는 관점에 따라 달라질 수 있다.

표 2-8. 금융소비자에 대한 시각

소비자를 보호의 대상으로 보는 경우	소비자를 주권자로 보는 경우
• 국가와 사업자(금융기관)의 책임이 상대적으로 중요함.	• 소비자의 책임도 중요함.
• 상대적으로 정보와 교섭력 등에서 열악한 지위에 있는 소비자에 대한 지원이 필요함.	• 그러나 소비자의 책임은 공정한 시장환경과 소비자 권리보장이 전제되어야 함.
• 정부는 소비자의 후원자의 역할을 하여야 함. 소비자의 권리가 책임에 우선	• 권리가 있는 곳에 책임도 있음.

출처 : 성영애(2015), 금융소비자의 권리, 한국금융소비자학회 금융소비자보호를 위한 정책세미나 자료집. pp.6-7.

3) 금융소비자의 책무

금융소비자보호법 제8조에서는 금융소비자의 책무 또한 규정하고 있다. 첫번째, 금융소비자는 금융상품판매업자등과 더불어 금융시장을 구성하는 주체임을 인식하여 금융상품을 올바르게 선택하고, 금융소비자의 기본적 권리를 정당하게 행사하여야 한다. 두번째, 금융소비자는 스스로의 권익을 증진하기 위하여 필요한 지식과 정보를 습득하도록 노력하여야 한다.

2. 금융소비자피해 특성

1) 금융소비자피해의 개념

금융소비자피해란 금융소비자가 금융상품과 금융서비스에 가입하고 이용하는 과정에서 겪게 되는 경제적 손해로, 대부분 금전적인 손해이기는 하지만 이외에도 정신적, 신체적, 시간적인 손해도 포함될 수 있다. 즉, 금융소비자피해는 직접적인 금전적 피해는 물론 소비자가 권리가 침해되어 발생하는 모든 문제까지를 포함하는 것이다. 우리나라 개인 또는 가계는 대부분 하나 이상의 금융상품과 서비스를 이용하고 있고, 또 금융상품과 서비스가 갖고 있는 특성으로 인해 금융소비자피해는 발생가능성이 크다. 금융상품은 나날이 복잡해지고 종류도 다양하여 대부분 판매자의 설명에 의존하여 가입(구매) 의사결정을 하는 전문재이며 신뢰재 상품이자 서비스다. 금융상품은 일반소비자가 이해하기 어렵고, 금융상품 판매자의 능력이나 선의에 따라 금융상품에 대한 선택이 결정된다. 금융기관과 소비자 간의 정보의 비대칭성으로 인하여 판매자는 소비자를 기만하여 판매하기 쉬운 유혹에 빠지기 쉽고 소비자는 불리한 계약을 체결할 가능성이 크며, 금융산업의 대형화와 독점화로 인해 소비자의 교섭능력을 약화시켜 끼워팔기나 수수료 담합 등의 피해가 발생하고 있는 상황이다.

2) 금융소비자피해의 특징

금융소비자피해는 집단성, 복잡성, 전문성, 국제성, 시스템관련성, 정보의 비대칭성, 피해인지 시점의 특이성, 피해발생 규모적 특성이 있다.

표 2-9. 금융소비자피해의 특징

특성	의 미
집단성	한 사건이 불특정 다수의 소비자에게 피해를 야기할 수 있음. 이는 금융상품이 불특정 다수의 소비자에게 판매되기 때문임. 또한 피해자들은 개별적으로는 문제를 제기하기 어려운 특성을 의미하기도 함
복잡성과 전문성	금융상품이나 금융거래가 전문적인 성격을 가지고 있는데, 금융상품이나 금융거래가 점점 더 복잡화, 전문화 되어가고 있음(예: 파생금융상품). 이에 따라 관련 사실을 입증하는 것이 어렵고 사건을 해결하는데 전문가의 도움이 필요함
국제성	한 나라에서 발생한 금융소비자 관련 분쟁이 다른 나라에서도 발생하는 경향이 있음. 이는 다국적 금융회사에 의해서 동일한 금융거래기법이나 금융상품이 전 세계적으로 광범위하게 활용되고 있기 때문임

특성	의 미
시스템관련성	금융시스템으로부터 발생하는 피해가 많고 사건의 해결방향도 금융시스템에 영향을 미침. 금융시스템을 이해하지 못하면 금융소비자피해의 실제 원인을 규명하지 못하는 경우가 많음
정보의 비대칭성	금융상품 거래는 전문적인데 관련 자료와 정보는 금융사업자에게 집중되어 있음. 금융소비자는 피해원인은 물론이고 자신이 피해를 당한 사실조차 모르는 등 정보비대칭성이 심각함
피해인지시점의 특이성	금융소비자피해는 인지시점이 발생시점과는 다르다는 특징이 있음과 동시에 그 간격이 매우 길어질 수 있음
피해의 규모성	피해규모가 큰 경우가 많음

출처 : 성영애, 최현자(2020), 금융시장과 소비자, 학현사, p. 186.

3) 금융소비자피해에 대한 대응

금융소비자피해에 대한 대응은 곧 금융소비자보호의 방안으로, 크게 사전적 보호방안과 사후적 보호 방안으로 구분될 수 있다. 사전적 보호방안으로는 금융상품과 서비스를 기획하는 단계부터 제대로된 금융상품과 서비스를 만들고, 금융소비자에게 적절하고 필요한 정보를 솔직하게 제공함으로서 금융소비자로 하여금 주어진 정보를 이용하여 자발적으로 선택하도록 하는 것이다. 또한 판매과정에서 불법적인 행위가 발생하지 않도록 해야하며, 금융소비자가 해당 금융정보를 이해하고 판매행위에서 금융회사와 공정한 거래가 이루어질 수 있도록 금융소비자의 역량을 강화하는 것을 포함한다. 이를 위해 정보 금융소비자 관련 법에 공시제도와 광고규제, 그리고 불완전하고 불건전한 영업행위규제 및 금융소비자교육 관련 내용을 명시하고 있으며, 이러한 것이 모두 금융소비자피해에 대한 사전적 보호방안이 된다.

이러한 사전적 보호방안에도 불구하고 금융소비자는 다양한 이유로 피해를 입게 되며, 이때 발생한 피해에 대해 적절한 조치를 하는 방안이 사후적 보호 방안이다. 즉, 사후적 보호 방안은 피해를 입은 금융소비자가 피해보상을 받을 수 있는 제도가 마련되어 있는 것을 포함한다. 이를 위해 가장 우선적으로 갖추어져야 하는 방안은 금융상품을 판매한 금융기관이 소비자불만을 해결할 수 있도록 하는 제도적 장치이다. 또한 금융기관과 소비자 사이에 분쟁이 발생하면 객관적이고 공정한 해결을 위해 개입할 수 있는 제3자 즉, 분쟁해결제도가 제도화되어야 하며, 소송을 통한 손해배상이 가능하도록 손해배상의 법적 근거를 마련하고 손해배상을 청구할 수 있도록 하는 방안도 마련되어야 한다.

행정제재나 형사제재도 소비자피해를 직접 보상하지는 않지만 사후적 금융소비자보호

방안에 포함될 수 있다. 법을 위반반 가해자에 대한 처벌을 통해 피해가 다시 발생하지 않도록 하고, 만약 금융소비자의 피해가 제도적 결함으로 인하여 발생한 것이라면 해당 제도에 대한 정비가 이루어져야 할 것이다.

표 2-10. 사전적·사후적 금융소비자보호방안

사전적 금융소비자보호 방안	사후적 금융소비자보호 방안
• 소비자지향적 금융상품과 서비스의 개발 • 정보제공 : 정보공시제도, 광고규제 등 • 영업행위규제 • 소비자역량강화 : 금융소비자교육 등	• 금융회사의 소비자불만처리 • 분쟁해결제도 • 민사제재 : 손해배상제도 등 • 행정제재 • 형사제재 • 제도개선

출처 : 성영애, 최현자(2020), 금융시장과 소비자, 학현사, p. 203.

3. 금융소비자보호

1) 금융소비자보호의 필요성

금융상품과 서비스는 기본적으로 신뢰재로서의 성격을 갖고, 많은 의사결정이 금융회사가 제공하는 정보나 설명 또는 믿음에 근거하여 이루어진다. 그렇지만 기본적으로 금융회사와 금융소비자 간의 정보의 비대칭성이 매우 크기 때문에 금융회사의 지위가 훨씬 우위에 있다고 볼 수 있으며, 조직규모와 전문성, 자금력 등이 큰 금융회사가 금융소비자와 거래를 하면서 더 큰 교섭력을 갖기 때문에 금융소비자는 약자의 입장이 될 수 밖에 없다. 이로 인하여 금융소비자가 금융회사와 공정한 거래를 할 수 있도록 지원하는 체계가 필요하다. 금융소비자보호가 필요한 이유가 되는 금융상품의 특징으로는 첫째, 금융상품이 본질적으로 복잡하다는 것이다. 금융상품은 무형이고 추상적이고 복잡한 수수료 체계를 갖고 있어 금융소비자가 이해하고 선택하는 것에 한계가 있기 때문에 금융소비자보호가 필요한 이유라고 할 수 있다. 둘째, 금융상품을 선택하는 것은 현재시점의 상황을 고려하기는 하지만 미래시점에서의 상황을 함께 고려해야하기 때문에 금융소비자입장에서는 미래를 예측하기 어렵다는 문제가 발생하게 된다. 특히 현재시점에서의 만족 등을 포기하고 미래시점을 위해 금융상품을 선택하기 위해서는 자기통제감이 필요한 경우가 많은데, 많은 금융소비자들이 현재를 포기하고 미래를 먼저 생각하는 것이 쉽지 않다는 것이다. 셋째, 금융상품을 선택한다는 것은 위험과 불확실함을 예측해야 하는 과정이며,

금융상품과 서비스를 이용하는 것에 대한 합리성 등은 개인의 상황에 따라 다르기 때문에 다른 사람의 경험이나 과거의 실수로부터 배워서 이행할 수 없는 부분이 있다. 특히 현재의 금융상품에 대한 선택이 옳은 것이었는지 그른 것이었는지, 또는 개인에게 도움이 되는 결정이었는지의 여부 자체를 미래시점이 되어서야 알 수 있다는 문제가 있어 금융소비자보호는 필요하다고 할 수 있다.

2) 금융소비자보호의 체계

금융소비자보호 체계는 금융소비자 문제를 예방하고 피해가 발생하였을 경우 신속하고 공정하며 적절한 보상이 이루어질 수 있도록 지원하기 위한 인적, 물적 자원 시스템을 의미한다. 금융소비자호체계는 법이나 규제, 법과 규제를 준수하는지 감시하고 감독하며 제재하는 감독체계를 포함하는데, 금융소비자법과 규제를 제정하고 개정하며, 금융소비자 정보를 제공하거나 교육을 실시하는 등의 다양한 활동을 수행하는 기구도 필요하며, 무엇보다 금융소비자보호활동을 총괄하는 금융소비자정책과 정책수립기구도 필요하다. 민간에서 금융소비자보호활동을 할 수 있도록 지원하는 것과 개별 금융회사에서 자율적으로 만드는 금융소비자보호지원체계도 매우 중요한 의미가 있을 것이다.

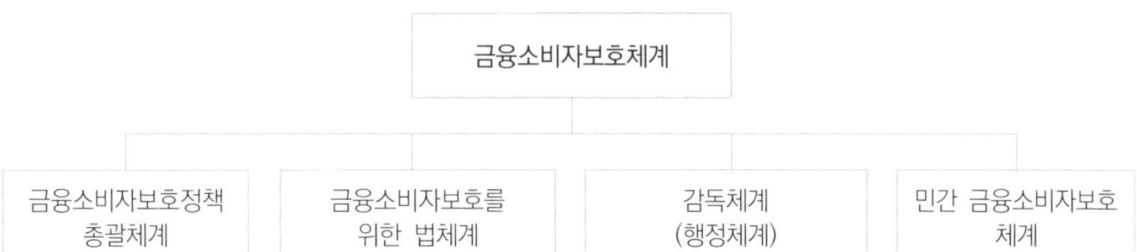

그림 2-11. 금융소비자보호 체계를 구성하는 요소

출처 : 성영애, 최현자(2020), 금융시장과 소비자, 학현사, p. 207.

3) 금융소비자보호의 원칙

금융소비자보호체계는 금융소비자의 권리를 보장할 수 있도록 설계되어야 하고, 적극적으로 소비자의 이익을 증진시킬 수 있어야 한다. G20 금융소비자보호 10대 원칙과 세계은행의 금융소비자보호 모범규준은 국제적인 원칙으로 다수의 국가에서 금융소비자보호 체계를 도입할 때 준용한 기준으로 이용되고 있다.

(1) G20 금융소비자보호 10대 원칙

G20 금융소비자보호 10대 원칙은 모든 금융서비스 분야에 적용되는 자발적 성격의 국제 가이드라인으로, OECD의 금융소비자보호 10대 원칙이라고도 한다. 주요내용은 다음과 같다.

표 2-11. G20 금융소비자보호 10대 원칙

구분	항목	주요내용
1	금융소비자보호를 위한 법규 및 감독체계	금융소비자보호를 위한 필수요소 규제는 금융상품과 소비자의 특성 및 다양성을 반영해야 하고, 금융기관의 업권별 특성에 따른 규제와 감독을 이행해야 함
2	감독기구 역할	금융소비자보호에 대하여 명시적 책임을 지는 감독기구는 임무수행에 상응하는 권한을 보유해야 함.
3	금융소비자에 대한 평등하고 공정한 대우	모든 금융소비자는 모든 금융공급자와의 관계에서 공평하고 공정한 대우를 받아야 함. 취약계층에 대한 특별한 관심과 배려가 필요함.
4	공시와 투명성	금융기관은 소비자에게 금융상품에 대한 핵심정보를 투명하게 제공하여야 함
5	금융교육에 대한 인식제고	금융소비자의 이해력을 향상시키려는 노력이 필요함.
6	금융회사의 책임있는 영업행위	금융회사는 고객이익을 최우선으로 영업활동을 해야 하며, 금융기관 직원 보수는 책임 있는 영업을 유도하도록 설계되어야 함.
7	사기와 남용으로부터 금융소비자 자산의 보호	소비자의 금융자산은 적절한 통제장치를 통해 사기, 횡령 등으로 보호되어야 함.
8	금융소비자의 정보 및 사생활보호	소비자의 금융·개인정보는 적절한 통제장치를 통해 보호되어야 함
9	금융소비자 불만족 처리 및 피해구제	금융회사는 금융소비자가 저비용으로 신속하게 불만처리 및 피해구제를 받을 수 있도록 제도를 확립해야 함.
10	경쟁적 환경조성을 통한 금융소비자 선택권 보장	경쟁촉진을 통해 금융소비자의 선택권이 보장되어야 함.

출처 : 성영애, 최현자(2020), 금융시장과 소비자, 학현사, p. 211.

(2) 세계은행의 금융소비자보호 모범규준

세계은행에서도 여러 국가에서 공통적으로 금융소비자보호에 적용될 수 있는 금융소비자보호 모범규준을 마련하였는데, 총 8개 부분의 39개 항목으로 구성되어 있다.

부문	항목
소비자보호제도	법, 각 금융분야별 행동강령, 건전성 감독과 소비자보호 감독기구의 설립, 금융기관에 대한 규제와 감독, 사법 시스템, 언론과 소비자단체
공시 및 판매관행	충분한 정보수집, 핵심설명서, 계약조건 사본, 청약철회기간, 개인 대출자의 사전조건, 정부 규제 공시, 금융기관 직원 훈련
고객 계좌의 관리 및 유지	거래조건 공지, 변경공지, 기록, 고객거래 청산, 채권추심
개인정보와 자료의 보호	정보공유 기본규칙에 관한 법률, 신용등록자의 권한, 신용평가 정보, 개인정보보호, 개인정보사용 및 공유정책, 신용기관의 감시
분쟁해결절차	소비자불만처리, 전문적 분쟁해결절차, 소비자불만의 공개, 소비자보호 관련 활동
보장 및 보상체계	보장, 금융보험 및 보증기금, 청산절차상 우선권
소비자역량강화	금융교육 및 정보제공 프로그램, 금융역량 프로그램 개발 및 실행, 금융역량 제고 발의, 금융역량 강화자문, 대규모 가계조사
공정경쟁	규제당국과 경쟁당국의 협력, 공정경쟁 정책, 공정경쟁 평가

출처 : 성영애, 최현자(2020), 금융시장과 소비자, 학현사, pp. 213-215의 내용을 재구성.

4) 금융소비자보호정책의 종류

금융소비자보호정책은 영업행위규제정책뿐만 아니라 금융소비자문제를 사전적으로 예방하는 정책과 문제발생 시 문제를 해결하고 피해를 사후적으로 구제하는 정책을 모두 포함한다.

그림 2-12. 금융소비자보호정책의 종류

출처 : 성영애, 최현자(2020), 금융시장과 소비자, 학현사, p. 221.

모바일 악성코드를 이용한 금융사기 읽을거리

최근 상품권 발송, 택배조회 등 신종 악성코드 유포로 금융소비자들이 사기를 당하는 일이 많아지고 있다. 국내 최초의 금융 모바일 악성코드는 2010년도에 발견된 윈도우 모바일 스마트폰에서 실행되는 WinCE/TerDial 악성코드로 인터넷 커뮤니티에서 공유되면서 유포되었고, 모바일게임 설치파일에 국제전화 발신 기능이 포함되어 과금 피해가 발생하도록 구현되어 있었다. 스마트폰이 본격적으로 보급되기 시작한 2010년 이후부터 모바일 악성코드는 사용자 PC를 대상으로 개발된 형태로 빠르게 변화하여 그 수가 폭발적으로 증가하였다. 흔히 보이스피싱으로 불리는 모바일 악성코드는 2010년 하반기에만 해도 전화번호를 가로채거나 문자메시지, 전화번호부, 스크린샷, 기기정보 등을 탈취하는 형태였지만 2020년 초에는 전화수신 위장, 라이브스트리밍, 명령어 실행 등 새로운 기능들로 발전되었다. 악성코드를 통해 잘못된 홈페이지 등으로 소비자 연결을 유도하고, 감염된 모바일 기기를 공격자가 원격에서 명령을 내리는 기능을 하며, 금융모바일 악성 앱은 주로 모바일 기기에 저장된 금융 데이터 및 사용자의 연락처, 문자 메시지, 중요 파일 등의 개인정보를 탈취하고, 피싱 페이지를 통해 아이디, 비밀번호, 카드 정보 등의 사용자 입력을 유도하거나 전화수신 및 발신 번호를 변조하여 보이스피싱 피해를 발생시키는 등 다양한 악성 행위들을 포함하고 있다. 금융 악성 앱의 주요 기능들은 크게 개인정보, 금융정보 및 인증정보 탈취와 스미싱 소액결제및 보이스피싱 사기로 나눠볼 수 있으며, 다수의 일반 악성 앱도 금융정보들을 탈취하는 기능이 일부 포함되어 있어 명확하게 금융 악성 앱을 구분할 수는 없다. 모바일 악성코드에 피해를 당하지 않기 위해서는 다음과 같은 조치를 취하고, 전자금융사기예방서비스를 이용하도록 한다.

- 출처가 불분명한 곳에서 다운로드 받지 않는다.
- 공식 마켓에이라고 하더라도 악성 앱이 포함되어 있을 수 있으니 다운로드를 받기 전 평판정보 등을 확인한다.
- 알 수 없는 출처(소스)에 대해서는 허용 금지로 설정하여 접근 자체를 차단한다.
- 모바일 전용 보안 앱이나 스미싱 탐지 앱을 설치하고 최신 버전을 유지·관리한다.
- 기기관리자 권한을 획득한 악성 앱이 설치된 경우에는 스마트폰을 안전모드로 부팅한 후 [설정] → [보안] → [기기관리자(디바이스 관리자 or 휴대폰 관리자)] 메뉴에서 기기관리자 권한을 비활성화한 후 해당 앱을 삭제할 수 있다.

* 출처 : 금융보안원(2022), 보이스피싱 악성 앱 유포조직프로파일링 보고서

토론학습

1. 주변에서 자주 발생하는 금융소비자피해를 조사해 봅시다.
2. 금융소비자피해를 예방하기 위해 소비자학 전공자로서 할 수 있는 일을 생각해 봅시다.
3. 금융소비자보호법을 시행하기 전과 후 금융소비자 복지에 어떤 변화가 있었는지 생각해 봅시다.
4. 소비자학 전공자로서 금융소비자보호를 위해 할 수 있는 역할에 대해 생각해 봅시다.

참고문헌

김민정, 박원주, 오종윤(2021), 재무설계개론, 한국FPSB.

성영애, 최현자(2019), 금융시장과 소비자, 학현사.

SERI 경제포커스(2011), 최근 금융소비자보호 정책의 동향과 시사점, 2011, 12, 13(제 361호).

성영애(2015), 금융소비자의 권리, 한국금융소비자학회 금융소비자보호를 위한 정책세미나.

금융보안원(2022), 보이스피싱 악성 앱 유포조직프로파일링 보고서.

제3장 소비자정책과 교육·상담

제1절. 소비자법과 정책

제2절. 소비자교육과 소비자주권

제3절. 소비자상담과 소비자만족

- 정확하고 유용한 정보의 부족, 구조적으로 불공정한 시장, 소비자의 비합리성 등의 이유로 소비자는 수많은 소비자문제를 경험한다. 소비자는 사업자와 비교하여 열등한 위치에 있고, 온라인 플랫폼과 모바일 시장 환경에서 소비자와 사업자 간 비대칭성은 더욱 커진다. 현대소비사회의 소비자문제는 시장의 구조적인 문제에서 기인하는 것으로 소비자문제를 원활하게 해결하기 위해서는 정부의 정책적 개입이 필수적이다. 이를 위하여 소비자법과 각종 제도를 통한 소비자정책의 수행과 소비자정보제공 및 교육, 소비자상담 및 피해구제, 분쟁조정 등이 병행되어야 한다. 이를 통해 소비자역량을 높이고, 취약 소비자를 보호·지원하여 소비자주권을 실현하고, 소비자만족을 높일 수 있다.

제3부에서는 현대소비사회에서 소비자문제를 해결하기 위한 제반 장치인 소비자법과 정책, 소비자교육, 소비자상담에 대한 기본 개념과 필요성, 과정과 방식, 사례 등을 소개한다. 이를 바탕으로 소비자학 전공자로서 가져야 할 컨슈머 마인드(consumer mind)를 함양한다.

제1절 소비자법과 정책

소비자문제는 크게 소비자정보문제, 소비자거래문제, 소비자안전문제로 나뉜다. 소비자문제를 해결하기 위하여 우리나라에는 소비자기본법을 비롯하여 소비자정보(소비자정보제공 및 부당표시·광고 규제), 소비자거래(시장의 불공정성과 불완전경쟁 규제), 소비자안전(소비자위해방지를 위한 사전·사후규제) 관련 법제들이 마련되어 있다. 소비자정책효과를 높이기 위해서는 각 주체인 정부, 사업자, 소비자는 각자의 역할에 충실하여야 한다. 다만, 소비자문제해결을 위한 과도한 정책적 개입이 이루어질 경우, 소비자편익보다 비용이 더 커질 수 있기 때문에 정교하고 세심한 정책적 접근이 필요하다.

제1장에서는 소비자문제가 어떤 특성을 가지고 왜 발생하는지, 그리고 이를 해결하기 위한 각 주체들의 역할을 살펴본다. 또한, 소비자문제해결을 위한 소비자정책의 개념과 목표, 그리고 우리나라 소비자정책이 그동안 어떻게 수행되었는지 그 역사적 흐름과 현재 소비자정책 추진체계를 소개한다. 마지막으로 소비자정책의 큰 축인 소비자정보, 소비자거래, 소비자안전 분야에서의 소비자법과 정책에는 어떠한 것들이 있는지 살펴본다.

1. 현대소비사회와 소비자문제

1) 소비자문제의 개념과 특성

(1) 소비자문제의 개념과 유형

소비자문제란, 소비자와 사업자 간 거래를 함에 있어 발생하는 소비자의 경제적, 시간적 손실과 신체적 위해 등과 관련된 모든 문제를 말한다. 즉, 소비자문제는 소비자가 사업자의 상품(서비스)을 구입(계약), 사용(이용)함에 있어 소비자의 권리가 사업자에 의해 침해되어 발생하는 문제이다.

한국소비자원에서 발표한 「2019 한국의 소비생활지표」에서 제시한 소비생활문제유형으로는 '품질불량,' '품질대비 비싼가격', '거짓·과장·기만표시광고', '소비자에게 불리한 거래조건', '사업자계약불이행·부당행위', '교환·취소·환불·배상 및 분쟁피해해결 어려움', '소비자안전불안(상품·서비스 이용 중 다침)', '개인정보 유출·사기 등 불안', '선택을 위한 비교정보 부족', '현명한 소비 위한 교육 부족' 등이 있다.

(2) 소비자문제의 특성

소비자문제는 현대소비사회의 우리 모두에게 발생하는 보편성이라는 특성을 가진다. 어느 누구도 소비자문제에서 자유로울 수 없다. 또한 소비자문제가 발생했을 때, 그 피해의 규모는 매우 크다고 할 수 있다(소비자문제·소비자피해의 광범위성). 대표적인 사례로 가습기살균제 사건이 있는데, 2011년 해당 제품 사용 및 판매 중지를 권고한 이후, 1,500여 명의 소비자가 사망하고 수많은 피해자가 양산되어 현재까지 고통을 받고 있다. 이처럼 많은 소비자피해의 경우, 가습기살균제 사건처럼 그 원인을 명확히 규명하고 피해보상을 받기는 쉽지 않으며 시간도 오래 걸린다. 상품과 서비스의 기획, 생산, 유통 과정이 복잡하고, 기술혁신 등으로 알려지지 않은 위해 요인이 다양해지면서 소비자문제와 피해의 원인 규명이 어렵기 때문이다. 이러한 소비자문제의 보편성, 광범위성(파급성), 원인 규명의 어려움의 특성으로 소비자 개인의 힘만으로는 그 해결은 쉽지 않다.

또한, 소비자문제의 큰 특성 중 하나인 '소액다수의 피해'의 이슈가 있다. 소비자문제로 인한 피해 규모가 개인 1명에게는 크지 않을지라도 보편적으로 많은 소비자에게 피해가 발생하기 때문에 전체 피해 규모는 크다. 예를 들면, ○○라면의 가격이 부당하게 100원이 인상될 경우, 사업자는 큰 이익을 얻지만, 소비자들은 100원 가격 인상 때문에 피해구제를 신청하거나 법적 소송을 취하지는 않는다. 즉, 소비자문제는 보편적인 소비자 개인의 문제이지만, 사회 전체의 문제이기도 하고, 소비자 개개인의 해결 의지가 낮고 중도 포기하는 경우가 많기 때문에 정부의 정책적 개입이 필요하다.

2) 소비자문제의 발생 원인

(1) 소비자문제의 발생 원인

① 소비자·사업자 간 비대칭성·비대등성

소비자는 사업자보다 정보, 기술조작·조직력에서 열위에 처해 있다. 정보의 비대칭성 차원에서 소비자는 사업자보다 적은 양의 정보와 중요한 정보가 누락된 정보, 그리고 부당표시·광고(예: 허위·과장·기만·오도 표시·광고)를 전달받을 가능성이 높다(정보의 비대칭성). 이는 기술 발달과 온라인·모바일 플랫폼, 인공지능(AI), 빅데이터 등이 시장에서 활용될수록 더욱 심해진다. 기술력 뿐 아니라 구매·계약·피해구제 과정에서의 조직력에서 소비자와 사업자는 대등하지 않다. 이는 소비자문제의 피해구제 과정에서 극명하게 나타나는데, 소비자는 개인적 해결이 어려워 한국소비자원 등 정부기관에 의지할 수밖에 없고 이것이 바로 소비자문제 해결을 위한 정부 개입의 근거이기도 하다(기술조작·조직력의 비대등성). 마지막으로 소비자문제가 발생했을 경우, 그 피해는 고스란히 소비자가 입게 된다. 왜냐하면 소비자가 최종 사용자로서 유통 단계의 가장 마지막에 위치하고 있기 때문이다. 예를 들면, 원가나 임금 상승으로 인해 상품 가격이 인상될 경우, 사업자는 이를 상품 가격에 반영하여 그 문제에서 벗어날 수 있지만, 이를 감당하는 것은 결국 소비자일 수밖에 없다(부담 전가에서의 비대등성).

② 시장의 불공정성·불완전 경쟁

시장은 공정하지 않고, 완전한 경쟁이 보장되지 않는다. 이는 시장의 구조적 문제로 인한 것인데, 소수의 사업자가 시장의 지배적 영향력을 행사하는 독과점 시장이 대표적인 예이다. 시장 지배적 사업자는 앞서 설명한 소비자와의 비대칭성·비대등성이 더 심각할 수 있고, 다른 사업자에 대해 불공정한 행위를 할 수 있다. 예를 들면, 가격 담합, 부당한 상품 출고 조절, 부당한 공동행위(카르텔), 경쟁사업자 배제 및 잠재적 신규 사업자 시장 진입 방해, 거래 거절 등이 있다.

③ 소비자의 제한된 합리성

소비자는 때때로 합리적이지 않다. 이는 사업자와 시장의 문제가 아닌 소비자 자신의 문제로, 소비자정책 뿐 아니라, 소비자교육의 기본 전제이기도 하다. 소비자는 미래의 보상보다 현재의 보상을 더욱 중시하여 비합리적 구매결정을 하기도 하고(현재선호), 정보처리용량 한계로 인해 단순하고 직관적으로 의사결정을 하기도 한다(휴리스틱). 또한, 더 나은 선택이 가능하더라도 현재 상황을 유지하고 싶어 하며(현상유지편향), 이익과 손실의 크기가 같더라도 손실을 더 심각하게 인식한다(손실회피 경향).

3) 소비자문제의 해결

(1) 소비자문제의 해결 주체와 역할

① 정부

정부는 법과 규제를 제정하고 시장의 규칙을 확립하여 사업자와 소비자에게 지켜야 할 의무를 부과한다. 또한, 사업자가 법·제도를 위배했을 때, 소비자에 대한 보상을 하도록 요구하는 수단을 마련한다. 궁극적으로 소비자의 이익을 보호하고, 소비자의 역량강화 등을 지원하는 역할을 한다. 즉, 정부는 규칙제정자, 소비자옹호자, 소비자문제해결을 위한 중재·조정자의 역할을 한다. 이에 추가하여 소비자문제해결과정에서 사업자와 소비자가 자체적으로 상호협력하여 해결할 수 있도록 촉진자의 역할을 하는데, 최근 이 촉진자의 역할이 커지고 있다. 예를 들면, 공정위 고시 「소비자분쟁해결기준」을 통해 사업자의 고객상담을 지원하고, 공정위는 1372 소비자상담을 운영한다. 그 외, 현대소비사회에서 이루어지는 다양한 서비스(예: 건강, 교육, 보험, 교통 등)를 제공하고, 소비자와 사업자, 지자체, 각 부처로부터 제공받은 정보를 공유, 제공하는 역할을 한다. 대표적인 예로 한국소비자원의 소비자위해감시시스템(CISS: Consumer Injury Surveillance System)이 있는데, 전국 63개 병원과 18개 소방서, 1372 소비자상담센터, 국내외 언론 등으로부터 위해정보를 실시간으로 수집하고 이를 관련 정부 부처, 소비자 등과 공유하고 있다.

② 사업자

사업자는 소비자문제를 가장 신속하고 효과적으로 해결할 수 있는 주체로 고객상담과 A/S, 상품·서비스 정보 제공, 올바른 구매·사용 지원 등의 서비스를 제공한다. 또한, 불공정한 시장의 문제에 대해 정부의 조정을 요구하고, 소비자문제해결을 위한 정부의 요구(정보제공, 시정조치 등)에 대응한다. 사업자가 소비자문제 해결에 적극적인 것이 가장 효율적이기 때문에 사업자의 역할은 매우 중요한데, 이를 촉진하기 위한 정부의 독려와 지원, 소비자의 올바른 선택이 필요하다.

③ 소비자

소비자는 소비자기본법에서 명시하고 있는 소비자권리와 책임을 인식하고 이를 실천한다[5]. 또한, 소비자문제가 발생했을 때, 이를 묵인하거나 수용하지 않고 사업자 혹은 정부를 상대로 적극적으로 문제해결을 요구한다.

---

5) 소비자기본법에 명시하고 있는 소비자 8대 권리와 5대 책임은 다음 장인 제2장 소비자교육과 소비자주권에서 자세히 소개함

2. 소비자정책의 이해

1) 소비자정책의 개념과 기능

(1) 소비자정책의 개념

소비자정책이란, 소비자문제를 해결하고 시장실패[6]를 교정하여 소비자권익을 증대하기 위한 정부의 공식적인 시장개입행위를 말한다. 즉, 소비자정책은 소비자문제를 해결하기 위해 정부가 관련 법과 제도를 정비하고 이를 기초로 하여 각종 관련 규제를 강구하는 일련의 과정이다. 구체적으로 살펴보면, 소비자정책은 소비자에게 정보와 교육을 제공하여 소비자의 선택권을 확보하고, 소비자역량을 강화하여 합리적 소비생활을 지원한다. 또한, 위해한 혹은 위해 가능성이 있는 상품과 서비스를 규제하여 소비자피해를 예방하고, 피해구제를 통해 소비자피해를 해결한다. 소비자정책은 이상적으로 바람직한 상황을 만들기보다는 현실에서 구체적인 소비자문제를 해결하고, 개선하는데 초점을 맞춘다는 특성을 가진다.

(2) 소비자정책의 기능

소비자기본법상 소비자정책의 주요 기능은 거래 적정화, 안전성 보장, 정보 제공, 소비자교육, 소비자피해구제, 개인정보보호 등이 있다(아래 표 3-1 참고). 이러한 소비자정책의 주요 기능은 공정위를 포함한 관련된 정부 소관 부처에서 수행하고 있다.

표 3-1. 소비자기본법상 소비자정책의 주요 기능

구 분	내용	관련 조항
거래 적정화	사업자의 불공정한 거래조건이나 거래방법으로 인해 소비자가 부당한 피해를 입지 않고 합리적 선택을 할 수 있게 함	제12조
안전성 보장	각종 위해로부터 소비자를 보호하고 사업자의 소비자안전에 대한 인식을 제고함	제8조
정보 제공	합리적 선택을 위해 물품 등의 거래조건·방법·품질·안정성·환경성 등에 대한 사업자 정보를 소비자에게 제공함	제13조 제2항
소비자교육	소비자가 올바른 권리행사를 하고 물품과 관련된 판단능력을 높이며 자신의 선택에 책임질 수 있도록 역량을 강화함	제14조
피해구제	소비자의 불만을 처리하고 관련 피해를 구제함	제31조
개인정보보호	개인정보의 분실·도난·누출·변조·훼손으로 인해 부당한 피해를 입지 않도록 함	제15조

자료출처: 여정성 외 (2020), p.10 재구성

6) 시장실패(market failure)란, 공공재, 외부효과, 독과점 등 여러 이유로 시장이 제대로 기능을 발휘하지 못해 시장에 의한 자원배분의 효율성이 확보되지 못한 상태를 말함

2) 우리나라 소비자정책의 흐름과 추진체계

(1) 우리나라 소비자정책의 역사적 흐름[7)]

① 소비자정책 태동기 (1968년~1970년대 중반)

우리나라 소비자정책은 1968년 10월 국무총리실 직속 '국민생활향상심사위원회' 산하 '소비자보호분과위원회'가 설치되면서 시작하였다. 1968년 12월, 우리나라 최초의 소비자보호 규범으로 「소비자보호요강」이 제정되어 소비자보호법이 정식으로 제정되기 전까지 정부의 소비자보호규제 시행의 기준이 되었다. 그 후, 물가안정의 정책 목표로 1972년 '물가안정국', 1977년 경제기획원 내 '공정거래과'가 설치되고 소비자행정담당관(1979년)의 역할이 시작되었다. 다만, 이 시기는 국가경제 발전이라는 큰 전제 하에 품질, 소비자안전, 소비자권익에 대한 사회적 관심은 높지 않았다.

② 소비자정책 형성기 (소비자보호법 제정 이후~1980년대)

「소비자보호법」이 1980년, 「소비자보호법 시행령」이 1982년에 제정되고, 1986년 개정되면서 소비자정책 효과가 본격적으로 나타나기 시작하였다. 「소비자보호법」의 개정(1986년)을 통해 1987년 한국소비자보호원(현재 한국소비자원)이 설치되면서 소비자정책 시행에 큰 역할을 하기 시작하였다. 1980년 「헌법」 124조에 사상 처음으로 소비자권리 보장 내용[8)]이 포함되었고, 1982년에 경제기획원 산하에 '소비자보호위원회'가 설치되어 각 부처별 수립한 소비자보호시책을 심의·결정하는 기구로서, 소비자정책 종합·조율하는 업무를 수행하였다. 이 기구는 1986년 '소비자정책심의위원회'로 명칭 변경되었다.

③ 소비자정책 성장기 (1990년대)

경제수준이 향상되면서 안전과 품질에 대한 소비자관심과 소비자문제해결에 대한 요구가 높아졌다. 1991년 7차 경제개발 5개년 계획에 '소비자부문 계획'이 독립된 안으로 채택되었고, 1996년 OECD에 가입함에 따라 국내 소비자보호제도가 OECD 국제적 규범에 맞도록 개선되기 시작하였다. 소비자안전 관련하여 리콜제도가 도입되었는데, 1996년 「소비자보호법」 개정을 통해 수거·파기명령제가 시작되었다. 특수거래에서 소비자보호를

---

7) 여정성 (2019)의 연구를 재정리하여 제시함

8) 헌법 제124조: '국가는 건전한 소비행위를 계도하고 생산품의 품질향상을 촉구하기 위한 소비자보호운동을 법률이 정하는 바에 의하여 보장한다.'

위해 「방문판매 등에 관한 법률」과 「할부거래에 관한 법률」이 1991년 제정되었다. 부당 정보 규제와 정보 제공을 위해 1986년 「약관의 규제에 관한 법률」과 1999년 「표시·광고의 공정화에 관한 법률」이 제정되었다.

또한, 이 시기에는 소비자정책추진 조직이 많이 신설되었다. 1994년에 경제기획원의 '유통소비과'가 '유통조정과'와 '소비자정책과'로 분리되면서 소비자보호를 주목적으로 하는 과 단위의 부서가 신설되었다. 1996년에는 공정거래위원회에 '소비자보호국'이 신설되었고, 같은 해 보건복지부에 '식품의약품안전본부(현재 식품의약품안전처)'가 신설되었다. 1997년에는 「금융감독기구의 설치등에 관한 법률」이 제정되어 4개 감독기관이 '금융감독원'으로 통합되었다. 이와 함께 지방자치단체에서도 소비자보호활동을 시작하면서 지방소비자보호조례를 제정하고, '지방소비자정책심의위원회' 운영을 활성화하고자 하였고, 서울시가 가장 먼저 '소비자보호과'를 신설하였다.

④ 소비자정책 발전기 (2000년대)

2000년대에는 복잡·다양해진 소비자문제에 대한 소비자정책이 강하게 추진되기 시작하였다. 2000년 소비자안전보호를 위해 「제조물책임법」이, 2002년 「전자상거래 등에서의 소비자보호에 관한 법률」이 제정되었다. 소비자정책 추진의 총괄부서로서 재정경제부의 소비자정책과와 공정거래위원회의 소비자보호국이 경합을 벌였고, 2006년 '소비자정책위원회(예전 소비자정책심의위원회)'의 공동간사를 맡았다. 2008년 공정거래위원회가 소비자정책의 총괄 부처가 되면서 한국소비자보호원(현재 한국소비자원)의 소관이 재경부에서 공정위로 변경되었다. 「소비자보호법」이 대폭 개정되면서(2006년) 소비자정책의 기조가 '소비자보호'에서 '소비자주권 실현(소비자역량 강화)'으로 변화하면서 「소비자보호법」이 「소비자기본법」으로, '한국소비자보호원'이 '한국소비자원'으로 명칭 변경되었고, 집단분쟁조정제도와 단체소송제도가 도입되었다.

⑤ 소비자정책 성숙기 (2010년대~현재)

2010년대부터 현재까지 이미 구축되어 있는 소비자정책 시스템을 정착시키고 효율적으로 운영하기 위한 다양한 정책 기제들이 작동하고 있다. 2017년 「소비자기본법」 개정을 통해 소비자정책위원회가 공정위 소속에서 국무총리 소속으로 격상되어 그 위상이 높아졌다. 소비자안전관리체계 강화를 위해 「제품안전기본법」(2010)년, 「어린이제품안전특별법」(2014년), 「전기용품 및 생활용품 안전관리법」전부 개정(2016년), 「생활화학제품 및 살생물제의 안전관리에 관한 법률」, 「식품 등의 표시광고에 관한 법률」(2018년)이 제정되었다. 또한, 소비자정책의 집행력 확보를 위해 「표시·광고의 공정화에 관한 법률」에 동의의결제도가, 2016년 「전자상거래 등에서의 소비자보호에 관한 법률」에 임시중지명령제도가, 2017년 「제조물책임법」에 징벌적 손해배상제도가 도입되고, 2021년 「전자상거래 등에서의 소비자보호에 관한 법률」 전부개정 입법(주요 내용: 온라인플랫폼 사업자 배상책임 강화, 맞춤형 광고 고지의무 강화 등)과 「소비자기본법」일부개정(주요 내용: 소비자정책위원회 기능 강화, 소비자권익증진재단 설립 등)이 예고되었다.

(2) 우리나라 소비자정책의 추진체계

우리나라의 소비자정책의 추진체계는 분산형이다. 즉, 소관 품목별 규제 체계의 특성상 거의 모든 정부부처에 의해 수립되어 시행되고 있다. 각 정부부처는 각자 소관 업무를 수행하고, 공정거래위원회가 소비자정책의 총괄·조정기구로서 소비자정책 전반을 조율한다(아래 그림 3-1 참고). 또한, 소비자기본법상 소비자정책 기능별 주관 정부부처와 정부기관은 다음 페이지 표 3-2와 같다.

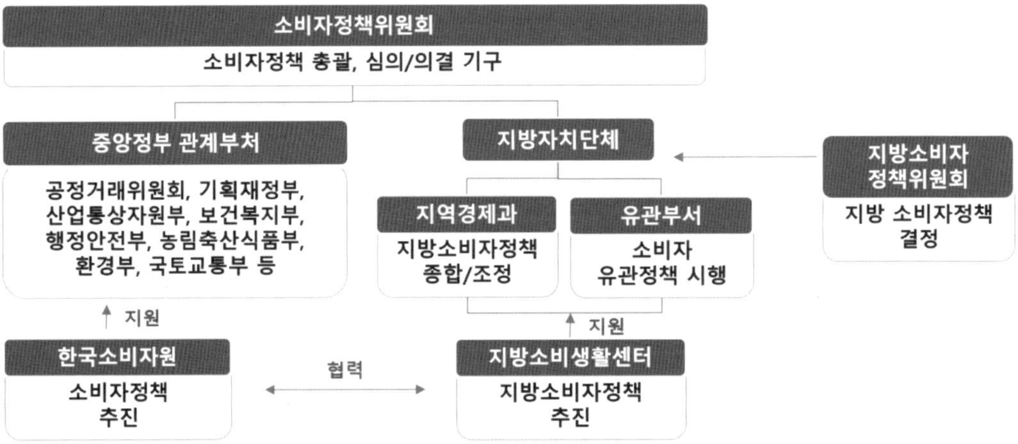

자료출처: 여정성 외 (2020), p.23

그림 3-1. 우리나라 소비자정책의 추진체계

표 3-2. 소비자기본법상 소비자정책의 주요 기능별 주관 정부부처

구 분	정부부처 (가나다 순)	공통
거래 적정화	과학기술정보통신부, 금융위원회, 기획재정부, 방송통신위원회, 산업통상자원부 등	공정거래위원회, 한국소비자원
안전성 보장	국토교통부, 농림축산식품부, 보건복지부, 산업통상자원부, 식품의약품안전처, 해양수산부, 환경부 등	
정보 제공	과학기술정보통신부, 국토교통부, 농림축산식품부, 문화체육관광부, 방송통신위원회, 보건복지부, 산업통상자원부, 식품의약품안전처, 환경부 등	
소비자교육	기획재정부, 교육부, 여성가족부 등	
피해구제	법무부 등	
개인정보보호	행정안전부 등	

※ 그 외, 지방행정조직과 소비자단체 지원은 행정안전부가, 국제소비자문제대응은 외교부가 주관하고 있음

3. 주요 소비자법과 정책

1) 소비자정보 관련 법과 정책

(1) 소비자정보정책의 필요성과 현황

소비자정보문제는 시장 내 필요한 정보의 양이 충분하지 않거나, 그 내용에 허위, 과장 또는 기만의 가능성이 있어 소비자들이 주어진 정보를 바탕으로 합리적인 선택을 내리기 어려운 문제를 말한다. 소비자정보문제 해결을 모든 소비자정책의 가장 근본적이고 강력한 해결 방안으로, 소비자 개인의 역량을 강화시켜 발생 가능한 소비자문제를 사전에 방지하고 효율적으로 사후 대응할 수 있게 한다. 최근 소비자교육 체계화 및 맞춤형 정보제공 강화와 디지털 역량 강화 및 정보격차 해소 등 정보 제공을 통한 '디지털 전환기 소비자역량 제고'가 주요 정책내용이다(공정거래위원회 소비자정책과, 2021).

(2) 소비자정보 관련 법률

소비자정보 제공을 위한 법률로는 「표시·광고의 공정화에 관한 법률」을 비롯하여 「식품 등의 표시·광고에 관한 법률」등 각 분야의 정보 관련 법률과 「방문판매 등에 관한 법률」, 「약관의 규제에 관한 법률」등 거래 관련 법률이 있다. 주요 내용은 부당한 표시·광고 금지와 중요정보공개제도, 표시·광고실증제, 임시중지명령제도, 동의의결제도, 단위가

격표시제도, 서비스 이용요금 표시제도 등이 있다. 부당한 표시·광고는 허위, 과장, 기만, 부당비교, 비방적인 표시·광고로, 이는 원칙적으로 금지된다. 중요정보공개제도는 백화점 할인율과 해외여행상품의 숙박 등급 등 소비자의 구매의사결정과정에 중대한 영향을 미치는 중요정보를 공개해야 하는 제도이다. 표시·광고실증제는 신속하고 효율적 광고심의를 위해 광고 집행 후, 문제의 소지가 있는 광고 내용에 대해서는 사업자가 독립적 기관의 시험·조사를 통해 입증할 수 있어야 한다. 임시중지명령제도는 부당한 표시·광고 행위를 일시 중지하도록 명령할 수 있는 제도로 소비자의 추가 노출을 막는 것이 목적이다. 동의의결제도는 법 위반 혐의가 있더라도 사업자가 자발적으로 시정 방안을 제시하고 이행할 경우 위법성을 따지지 않고 신속하게 종결하는 제도이다. 단위가격표시제도는 수량 또는 중량 단위로 판매가격을 표시함으로써 보다 정확하게 가격을 판단할 수 있게 지원한다. 서비스 이용요금 표시제도는 사업장 내외부에 가독성 높게 가격을 게시함으로써 음식점과 이미용업소를 시작으로 학원 등 교습소까지 확대되었다. 이처럼 소비자정보가 충분히 제공되지 않거나 중요 정보가 누락되거나, 부당한 정보가 제공된 경우 이를 사전 혹은 사후에 신속하게 시정·제공하는데 초점을 맞추고 있다.

2) 소비자거래 관련 법과 정책

(1) 소비자거래정책의 필요성과 현황

소비자거래문제는 가격 조작과 폭리·부당이익, 기만 상술 등 재산상의 손실이 주를 이루어 사회적 문제이자 보편적 공익의 문제로 정부 개입이 필연적이다. 소비자거래정책은 사업자의 불공정한 거래조건이나 거래방법으로 인한 소비자의 부당한 피해 방지가 그 목표로 시장 내 유효 경쟁을 확보하고 소비자와 사업자 간 지위 불균형을 시정하고자 한다. 소비자거래정책의 주요 내용은 투명성 확보(예: 계약 체결 전 정보 제공과 계약 체결 후 계약서 교부)와 공정성 보장(예: 청약철회 보장, 과도한 위약금 제한, 불공정 약관 조항의 무효 등)이다. 최근 온라인 플랫폼 등 비대면거래 소비자피해예방과 소비자데이터주권 강화, 소비자거래 시장개선 및 법 집행 강화, 금융 디지털 등 취약시장 분석과 개선, 사업자의 소비자중심경영문화 확산 등 '신뢰할 수 있는 거래환경 조성'이 주요 정책 내용이다(공정거래위원회 소비자정책과, 2021).

(2) 소비자거래 관련 법률

소비자거래 적정화를 위한 법률로는 「방문판매 등에 관한 법률」(범위: 방문판매, 전화권유판매, 다단계판매, 후원방문판매, 계속거래, 사업권유거래)과 「할부거래에 관한 법률」(범위: 직접할부계약, 간접할부계약, 선불식 할부계약), 「약관의 규제에 관한 법률」, 「전자상거래 등에서의 소비자보호에 관한 법률」 등이 있다. 주요 내용은 청약철회와 불공정약관 조항의 무효, 항변권 등이다. 청약철회란, 소비자가 상품을 구매한 후, 상품 자체에는 결함이 없더라도 단순 변심에 의해서도 환불 받을 수 있는 권리로, 소비자의 충동구매가 예상되는 특수거래형태(방문판매, 할부거래, 전자상거래 등)에서 인정된다. 통상적으로 청약 후, 7일(할부거래, 전자상거래) 혹은 14일(방문판매, 다단계판매, 선불식 할부거래) 이내 환불받을 수 있다. 불공정 약관의 무효란, 고객에게 불리하거나 고객이 예상하기 어려운 조항 등은 원칙적으로 무효라는 내용으로, 사업자의 부당한 면책, 고객에게 부당한 손해배상액 부과 등에 대해서는 소비자가 계약에 동의하였다 하더라도 무효가 된다. 항변권은 상품 혹은 서비스에 하자가 있어 지속적 이용이 어려운 경우, 잔여 할부금을 지급하지 않아도 되는 권리를 말한다[9]. 청약철회와 항변권은 내용증명을 사업자와 신용카드회사 등에 송부하여 행사할 수 있다. 이와 함께 「소비자분쟁해결기준」을 근거로 소송 없이 소비자상담, 소비자분쟁조정 및 중재 등을 통해 소비자문제를 효율적으로 해결할 수 있다. 최근에는 온라인 소비자분쟁해결제도(ODR: Online Dispute Resolution)를 통해 보다 신속하고 편리하게 소비자문제해결을 할 수 있다.

3) 소비자안전 관련 법과 정책

(1) 소비자안전정책의 필요성과 현황

소비자안전문제는 소비자의 생명과 신체의 위해와 관련된 문제로, 안전에 대한 보장은 헌법에 보장된 기본권이기도 하다. 소비자위해는 상품의 설계상의 결함, 제조상의 결함, 경고·표시상의 결함, 개발과정에서의 결함, 유통 과정상의 결함, 소비자 사용상의 잘못 등으로 인해 발생한다. 소비자안전문제는 소비자의 제한된 합리성(예: 전동 킥보드의 헬멧 미착용 등)과 안전취약계층의 높은 위험도(예: 안마의자의 노약자 끼임 사고 등) 등

9) 직접할부(사업자와 직접 계약)의 경우, 10만원 + 할부기간 2월, 할부횟수 3회 이상이어야 하고, 간접할부(신용카드회사 이용)는 10만원 + 할부기간 2월, 할부횟수 3회 이상이어야 함(예: 신용카드 20만원 3개월 이상 할부)

세심한 정책 시행이 필요하다. 소비자안정정책은 소비자위험을 평가하고 관리하며, 소비자위험정보를 소통하는 것으로 구분되고, 소비자위험관리는 사전예방(최소품질표준, 영업허가제), 시장감시(안전성 조사, 사업자의 결함정보보고제도, 소비자위해감시시스템), 사후규제정책(리콜, 사업허가취소, 업무정지, 판매금지, 소비자피해구제)으로 구성된다. 최근 소비생활 안전취약분야 대응 강화와 소비자위해 감시 및 대응 협력 강화, 소비자안전정보 공유를 통한 안전기반 확보 등 '국민체감 소비생활 안전 확보'가 주요 정책 내용이다(공정거래위원회 소비자정책과, 2021).

(2) 소비자안전 관련 법률

소비자안전성 보장을 위한 법률로는 「제조물책임법」과 「제품안전기본법」, 「전기용품 및 생활용품 안전관리법」, 「어린이제품 안전특별법」 등이 있다. 주요 내용은 제조물책임과 징벌적 손해배상제도, KC인증, 리콜제도, 소비자위해감시시스템 등이다. 제조물책임은 제조물의 결함으로 인해 소비자가 생명·신체·재산상 손해가 발생하면, 사업자의 과실 여부에 관계없이 그 손해를 배상해야 하는 것이고, 징벌적 손해배상제도는 제조업자가 제조물의 결함을 알면서도 필요한 조치를 하지 않아 소비자의 생명 또는 신체에 중대한 손해를 입으면, 발생한 손해의 3배 이내에서 배상 책임을 지는 것을 말한다. KC인증은 공산품 출시 사전에 안전인증을 받아야 하는 사전규제로, 사업자는 위해도 수준에 따라 안전인증, 안전확인, 공급자 적합성 확인 등의 절차를 거쳐야 한다. 리콜제도는 소비자위해가 발생 혹은 발생할 우려가 있는 제품 결함에 대해 사업자가 자발적으로 혹은 정부의 권유와 명령에 의해 이를 공개하고, 결함상품을 수거·회수·파기·수리·교환·환급하는 사후규제이다. 주요 리콜 품목은 공산품, 의약품, 의료기기, 자동차 등으로 15개 법률(예: 「제품안전기본법」, 「식품위생법」, 「자동차관리법」 등)에 근거한다. 소비자위해감시시스템(CISS)은 한국소비자원이 운영하는 시장감시제도로, 위해정보제출기관(병원, 소방서 등)과 소비자상담센터(1372), 국내외 언론, 소비자단체, 한국소비자원 핫라인 등으로부터 위해정보를 수집하고 이를 분석·평가·조사하여 주관 정부 부처에게 제도 개선을 건의하고, 해당 사업자의 시정을 권고하며, 소비자경보 발령과 사실공표 등을 한다.

가습기살균제 사건 읽을거리

가습기살균제 사건은 1994년 첫 출시된 가습기살균제를 많은 가정에서 사용하면서 이로 인해 발생한 폐질환으로 2011년 4명의 임산부의 사망을 시작으로 2021년 현재까지 공식 피해자 7,336명, 2020년 2월 기준 사망자 1,639명 등 대규모 피해자가 발생한 생활화학제품 관련 참사이다. 2020년 '사회적 참사 특별조사위원회'가 정밀 실태조사결과를 발표했는데, 실제 사망자 수는 1만 명이 넘을 것이라고 추산하였다.

문제의 가습기살균제는 SK케미칼의 '가습기메이트'와 옥시레킷벤키저의 '옥시싹싹 뉴가습기당번' 등으로 당시 해당 기업들은 제품 안전성 테스트(예: 호흡독성테스트)를 하지 않고 제품을 판매하였다. 2011년 정부의 역학조사 결과발표로 가습기살균제의 위험성이 처음 알려졌고, 같은 해 11월 흡입독성실험 결과가 나오자 6개 제품 강제회수명령(강제리콜)을 실시하고, 그 외 제품에 대해서는 생산 및 사용중단을 권고하였다. 이 후, 2014년 질병관리본부의 첫 피해 판정 결과가 나왔고, 국정조사와 청문회, 검찰조사가 이루어져 2018년 옥시 레킷벤키저 대표가 유죄 판결을 받았으나, 2021년 1월 서울중앙지방법원은 업무상 과실치사상 혐의로 기소된 SK케미칼, 애경산업, 이마트 등 관계자 13명에게는 1심 무죄를 선고하여 현재 항소심 재판이 진행 중이다. 2017년 「가습기살균제 피해구제를 위한 특별법」이 제정되고 같은 해 8월에 시행되어 피해자를 지원하고, 사업자에 대한 특별구제기금 분담금 및 과징금을 부과하는 등 조치가 이루어졌으나, 정부의 늑장 대처와 미흡한 피해구제에 대한 사회적 논란이 여전히 진행 중이다.

토론학습

1. 최근 온라인, 모바일 시장 환경에서의 소비자문제에 대해 이야기해봅시다.
2. 소비자문제해결을 위한 사전규제와 사후규제의 장단점을 이야기해봅시다.
3. 가습기살균제 사건처럼 대규모 소비자문제의 효과적 해결 방안을 논의해봅시다.

참고문헌

공정거래위원회 소비자정책과 (2021). 제5차 소비자정책 기본계획, 2021. 1. 11, 자료실 게시 https://www.ftc.go.kr/www/cop/bbs/selectBoardArticle.do?key=119&bbsId=BBSMSTR_000000002354&nttId=96803&bbsTyCode=BBST04.

여정성 (2019). 소비자정책의 새로운 지평과 과제, 소비자문제연구, 50(3), 210-223.

여정성, 신세라, 사지연 (2020). 소비자정책: 이론과 정책설계, 서울: 교문사.

제2절 소비자교육과 소비자주권

소비자교육은 소비자가 권리와 책임을 이행하고, 소비자주권을 실현하기 위해 필수적인 도구로, 소비자가 합리적인 구매를 하고, 소비자시민으로서의 역할에 충실하며, 바람직한 소비문화를 형성하는데 기여한다. 소비자교육은 소비자문제해결을 위한 가장 장기적이고 기본이 되는 방법으로, 소비자가 위해로부터 스스로를 보호하고, 공정하고 합리적 거래를 하며, 소속된 공동체 내에서 그 역할을 다 할 수 있도록 역량을 함양함으로써 올바른 선택을 할 수 있도록 지원한다(선택할 권리 실현).

제2장에서는 소비자교육이 무엇이고 왜 필요하며, 어떤 목적을 가지는지 설명한다. 또한, 소비자교육을 통해 함양할 소비자역량의 유형과 상세 내용을 살펴보고, 궁극적으로 실현할 소비자주권의 개념과 최근 이슈가 되고 있는 데이터 경제 내에서의 소비자 데이터 주권과 소비자 데이터 10대 권리를 소개한다. 다음으로 소비자교육의 대상과 대상별 특성을 제시하고, 교육 내용 선정 기준과 주요 내용, 교육 방법 선정 기준과 방법 유형을 설명한다. 마지막으로 소비자교육을 통해 소비자가 익혀서 실천해야 할 소비자권리와 소비자책임(소비자 사회적 책임 포함)을 살펴본다.

1. 소비자교육의 개념과 가치

1) 소비자교육의 개념과 필요성

(1) 소비자교육의 개념

소비자교육은 소비자가 소비자 역할을 수행하는데 필요한 소비자지식, 소비자태도, 소비자기능(혹은 소비자실천) 및 합리적 의사결정을 위한 소비자능력을 개발하는 도구를 말한다. 오늘날 소비자교육은 경제적 효용을 높이는 구매결정론적 관점에서 벗어나 소비자가 개인적·사회적 존재로서 자아실현하기 위한 소비생활방법을 추구하고, 결과적으로 새로운(바람직한) 소비문화를 형성하는데 필요한 소비자능력을 개발할 수 있도록 도와주는 것을 의미한다. 요약하면, 소비자교육은 경제적, 사회적, 문화적 관점에서 소비자능력을 함양하는 과정을 말한다.

(2) 소비자교육의 필요성과 목적

현대소비사회에서 소비자와 사업자 간 비대칭성과 비대등성이 크게 발생한다. 예를 들면, 시장 내 정보는 사업자에게 보다 집중되어 소비자는 정보의 비대칭성 문제를 경험한다. 사업자가 소비자보다 체계적이고 조직적으로 움직이기 때문에 거래 상 불공정성이 발생하기 쉽다. 소비자는 가계의 효용과 개인의 행복을 추구하는 반면, 사업자는 기업의 이윤을 추구한다. 이러한 차이로 인해 발생하는 소비자문제에 소비자가 적절하게 대응하기 위해서는 소비자교육이 필요하다. 다음으로 소비자의 가계소득 및 개인소득이 증가하면서 구입 품목이 많아지고 다양해졌다. 소비생활환경도 재택근무와 가사노동 대체품목 증가, 유통채널의 다양화(O2O, OTT, 모바일 결제, 무인점포 등), 사물인터넷을 이용한 커뮤니케이션 등 급격한 변화를 겪으면서 소비자가 합리적인 소비생활을 영위하기 위해서 소비자교육이 필요하다. 무엇보다 소비자는 개인 스스로의 비합리적 의사결정으로 인해 과소비와 중독소비, 모방소비, 과시소비, 충동소비 등의 비합리적 구매 선택을 할 수 있는데, 이를 방지하기 위해서도 소비자교육이 필요하다.

소비자교육의 목적은 소비자가 올바른 가치관을 가지고, 합리적으로 소비하여 공동체적인 삶을 지향하도록 지원하는 것과 함께 소비자 개인의 역량을 강화하는 것이다. 이를 위해 소비자교육은 소비자의 합리적인 구매 선택을 지원하고, 소비자가 유용한 최적의 정보를 수집하고 활용할 수 있도록 정보 선별력을 키우는 동시에 체계적으로 정보를 제공하며, 다양한 소비생활환경 변화에 능동적으로 적응할 수 있도록 지원한다. 궁극적으로 소비자교육은 소비자의식수준을 향상시키고, 소비자능력을 개발하여 올바른 소비문화와 소비자권리, 소비자책임 등의 이행을 통해 소비자주권 실현을 그 목적으로 한다.

2) 소비자역량과 소비자주권

(1) 소비자역량의 개념과 유형

① 소비자역량의 개념

소비자역량은 현명한 소비결정과 합리적 거래와 자원관리, 소비자권리와 책임의 완수, 지속가능한 소비생활 영위를 위해 소비자가 갖추어야 할 능력을 말한다. 역량이라는 개념은 인사조직 내 직무수행 관련 연구에서 처음 사용되었고, 소비자학에서는 소비자복지 향상 추구 차원에서 사용되기 시작하였다. 일반적으로 소비자역량은 소비자능력의 확대된 개념으로 보다 포괄적 개념이라고 할 수 있다. 즉, 소비자역량은 소비자로서의 역할을 제대로 수행하기 위해 갖추어야 할 지식, 태도, 실천[10](기능)의 총체라고 할 수 있다.

② 소비자역량의 유형

한국소비자원은 소비자역량을 소비자로서 역할을 효과적으로 수행하기 위해 갖추어야 할 소비자능력의 총체로 정의하고, 소비자재무역량, 소비자거래역량, 소비자시민역량의 3개 대영역과 7개 중영역으로 구성하였다(아래 표 3-3 참고).

표 3-3. 한국소비자원의 「2018 소비자역량지수」 내용영역

대영역	중영역	상세내용
소비자재무역량	재무설계역량	재무설계, 수입, 지출관리, 노후설계
	재무관리역량	저축·투자, 신용카드·부채관리, 보험관리
소비자거래역량	정보이해·활용역량	정보탐색·선별, 표시·정보 이해, 정보통신기술활용
	구매의사결정역량	가격, 계약·거래조건, 품질 비교
	사용·분쟁해결역량	분쟁해결, 안전한 사용
소비자시민역량	권리주장역량	소비자관련 법·제도의 이해, 소비자권리인식 및 권리사용
	책임수용역량	윤리적 소비, 녹색소비, 소비자참여

자료 출처: 오수진, 배순영 (2018) p.4 〈표 1〉 재구성

(2) 소비자주권의 개념

소비자주권(consumer sovereignty)이란, 소비자선택이 시장을 통해 사회 전체 자원 배분을 결정하여 자본주의 경쟁에서 생산을 결정하는 최종 권한이 소비자에게 있음을 의미한다. 즉, 소비자주권이란 시장경제체제 하에서 소비자가 갖는 경제적 주권으로 민주사회에서 투표를 통한 정치적 주권과 같은 맥락으로 설명할 수 있다. 소비자주권은 법률상 개념이 아닌 경제구조상 정해진 개념으로 '무엇을 얼마나 생산되어야 하는가'를 소비자의 화폐투표(dollar vote)로 결정됨을 말한다. 예를 들면, 소비자의 불매운동으로 인해 기업이 매각되거나 소위 '돈쭐'이라고 불리는 바이콧으로 인해 어려웠던 기업이 회생하거나 매출이 증가하는 경우가 소비자주권의 실현이라고 할 수 있다. 이러한 소비자주권 의식 함양을 위해 소비자교육이 필요하고, 소비자교육의 궁극적 목적이 바로 소비자주권 실현이다.

10) 지식은 구매선택 및 사용에 필요한 인지적 정보를 의미하고, 태도는 소비자역할에 대해 지속적으로 가지는 긍정적 또는 부정적 태도이며, 기능은 소비자지식의 응용 및 실제 행위를 말함

(3) 소비자 데이터 주권

데이터경제에서 기존 소비자 주권은 소비자 데이터 주권, 보다 구체적으로 소비자 데이터 권리로 확장되었고, 소비자 데이터 10대 권리가 제시되었다(아래 표 3-4 참고)

표 3-4. 소비자 데이터 10대 권리

구분	개념
데이터 이동권	데이터를 기계 판독이 가능한 디지털 형태로 제공받을 수 있는 권리
데이터 배당권	데이터를 직접적으로 활용하여 창출된 수익의 공유를 요구할 수 있는 권리
자동화 의사결정으로부터 차별 받지 않을 권리	데이터를 기반한 자동화된 알고리즘 분석 결과에만 의존하여 합리적 이유 없이 부당한 차별을 받지 않을 권리
데이터를 흐릴 권리	특정 목적으로 활용되는 데이터의 범위를 소비자 스스로 조정할 수 있는 권리
데이터 처리 제한권	특정 목적의 데이터 처리·전송·판매의 반대 및 중지를 요청할 수 있는 권리
데이터 접근권	데이터를 직접 열람하고 확인할 수 있는 권리
데이터 정정권	잘못되거나 부정확한 데이터를 수정할 수 있는 권리
데이터 삭제권	데이터를 삭제할 수 있는 권리
데이터 활용에 관한 정보를 제공받을 권리	데이터의 수집·이용·제공·활용 등 데이터 처리현황 및 관련 기술에 대한 정보를 제공받고 요구할 수 있는 권리
데이터 보호에 관한 정보를 제공받을 권리	데이터 보호를 위한 기업의 관리 체계 및 상세보호조치에 대한 정보를 제공받고 요구할 수 있는 권리

자료 출처: 윤수영 (2021) p.120 〈표 4-12〉 재구성

2. 소비자교육의 내용과 방법

1) 소비자교육의 대상과 특성

(1) 소비자교육 대상

소비자교육의 주요 대상은 연령대를 기준으로 아동, 청소년, 성인, 노인 소비자로 구분할 수 있다. 아동 소비자는 유소아와 초등학생이고, 청소년 소비자는 중고등학생이다. 성인 소비자는 청년층과 중장년층이고, 노인 소비자는 60세 이상(최근 65세 이상) 소비자를 말한다.

(2) 소비자교육 대상별 특성

아동 소비자의 경우, 가계소득이 증가하고 자녀수가 줄어들면서 자유재량 소비액이 증가하였다. 그러나 아동 소비자는 나이가 어리고 부모의 과잉보호와 허용적 양육태도로 인하여 소비욕망에 대한 절제력이 부족하다. 또한, 유튜브와 온라인 게임, TV광고 등에 대한 과다한 노출과 인지발달 부족으로 광고와 현실을 구분하지 못하는 특징을 보인다. 그럼에도 아동 소비자의 가계구매행위에 대한 영향력 행사는 커지고 있어 이들에 대한 소비자교육은 매우 중요하다. 아동 소비자의 경우, 가정소비자교육이 가장 효과적이고, 취학 후에는 유치원·학교 소비자교육도 병행되어야 한다.

청소년 소비자의 경우, 부모로부터 독립된 소비행동을 하는 첫 시기로, 또래집단이나 준거집단의 영향을 많이 받는다. 성인 소비자로의 이행이 이루어지는 과정으로 학교 소비자교육을 통해 합리적이고 바람직한 소비 가치관 형성이 중요하나, 입시위주교육 등의 이유로 부족함이 크다. 전 연령대 중에서 충동소비, 모방소비, 동조소비 등 비합리적 소비행동을 가장 많이 하는 경향을 보인다.

성인 소비자는 가계소득의 주 획득자이면서 가계소비지출의 주 관리자이다. 구매 품목이 많고 다양하기 때문에 소비자문제와 피해에도 많이 노출되어 있다. 자녀와 노부모의 소비자사회화에 큰 영향을 미치기 때문에 이들의 올바른 소비 가치관과 소비행동이 중요하다. 그러나 '교육' 자체에 대해 부정적인 반응을 보이는 경우가 많아 성인 소비자의 자율적 참여와 자기주도적 교육 방안 수립이 필요하다.

노인 소비자는 노화에 따른 신체 및 인지기능 저하로 신체적 위해와 방문판매 등 특수거래에서의 소비자문제에 직면하게 된다. 특히, 디지털 환경에서 많은 어려움을 겪는 대표적 디지털 소외 계층에 속한다. 노인 소비자는 그 동안의 인생 경험으로 인해 보수적 성향을 가지고, 소극적이며, 사기성 상술에 취약하다. 그래서 최근 소비자교육의 주요 대상이기도 하다.

2) 소비자교육의 주요 내용

(1) 소비자교육 내용 선정 기준

소비자교육내용을 선정할 때에는 교육 대상자의 요구분석을 바탕으로 부족한 소비자역량을 강화를 목적으로 하여야 한다. 이 과정에서 교육 내용의 중요성, 교육 내용의 흥미성과 참신성, 교육적 효용성과 실용성, 내용 수준의 적절성, 현실성과 지도 가능성 등을 고려하여야 한다. 또한, 소비자교육 프로그램을 설계할 때에는 반복적인 학습 경험이 제공되어야 하고(계속성), 단순한 내용에서 복잡한 내용으로/구체적 개념에서 추상적 개념으로 이어져야 하고(계열성), 각 학습내용이 보강되도록 종합적으로 구성되어야 한다(통합성).

(2) 소비자교육 주제와 내용

효과적인 소비자교육을 위해서는 소비자역량강화를 위한 기초적 지식과 소비자의 요구가 반영된 내용이 필요하다. 각 교육대상별로 그들의 소비생활에 필요한 다양한 내용이 실생활 문제 중심, 학습자 중심으로 체계적으로 제시되어야 한다. 소비자교육 내용은 소비생활의 거래, 재무(금융), 시민 부문에서 소비자역량 증대를 위한 주제로 구성되고, 개인 소비자의 복지 향상과 개인의 선택이 사회에 미치는 영향, 미래를 고려한 소비자행동도 내용에 포함된다(아래 표 3-5 참고).

표 3-5. 주요 소비자교육 주제와 내용

교육 주제	교육 내용
재무관리	소득과 지출의 균형 맞추는 방법, 장기적 생활설계(필요자원 예측)
소비자정보의 유형과 내용 및 획득방법	정보탐색과 획득에 대한 확고한 가치관, 정보탐색 자신감 (예) 광고, 표시, 약관, 가격비교, 상품정보 등
합리적 소비	효율적 소비(한정된 소득으로 최대의 욕구 충족, 효용 극대화를 위한 적합한 재화와 서비스의 획득)
의사결정과정	구매의사결정 단계 (예) 문제인식, 정보탐색, 대안평가, 의사결정과 선택, 구매 후 평가
가치선택	사회적으로 요구되는 바람직한 가치교육(소비자 내면화/실천 유도)
소비자시민의식	연대의식과 조직적 참여, 소비자책임 의식
환경친화적 소비	자원의 고갈문제, 환경오염, 동물권 관련 이슈
온라인·모바일 거래	ICT 혜택, 정보화된 소비자 권리, 책임, 온라인 소비자피해구제
안전의 확보	스스로 자신의 안전을 지키기 위한 방법 (예) 리콜, 품질인증

3) 소비자교육의 방법 유형

(1) 소비자교육 방법 선정 기준

소비자교육방법은 교육목표와 주제, 교육 대상자의 특성, 교육 시설과 이용 가능한 자원 등을 고려하여 선택하여야 한다. 소비자교육방법 선정할 때는 유관적합성(교육 목표와 교육 내용에 적합해야 함), 다양성(교육 내용에 따라 다양한 교육방법이 균형을 이루어야 하고, 교육 대상자의 흥미와 동기를 유발할 수 있어야 함), 적절성(교육 대상자의 학습능력 수준과 발달 단계를 고려하여야 함), 효율성(시간상 제약과 교육 여건을 고려하여야 함), 현실성(구체적으로 실생활에 적용할 수 있도록 하여야 함) 등을 기준으로 교육 방법을 선정하여야 한다.

(2) 소비자교육 방법 유형

소비자교육방법에는 강의법, 교수매체 활용법, 사회조사기법, 사회적 상호작용기법 등이 있고, 교육대상자의 특성과 교육목표와 내용, 교육 환경 등을 고려하여 사용하되, 2~3개의 교육방법을 혼용하여 사용할 수도 있다. 구체적 내용은 아래 표 3-6과 같다.

표 3-6. 소비자교육 방법 유형

구분	내용	예시
강의법	언어를 이용한 설명에 의한 전통적 교수 방법으로 문제의 형식으로 제시된 사항, 관념들을 이해시키는 교수 기술의 한 방법임	대면 강의, 비대면 강의(화상, 이러닝 등)
교수매체 활용법	교수자와 학습대상자 사이를 연결시켜 학습내용 전달과 의사소통을 가능케 하는데, 적절한 교수매체를 사용하면, 학습동기 부여에 유리하고, 학습효과를 높일 수 있음	인쇄매체, 시각매체, 시청각매체, 컴퓨터, 실물제시법, 실험실습법
사회조사기법	단순 지식 주입에서 벗어나 학습대상자가 새로운 사실을 직접 찾아내어 확인하는 방법으로 학습대상자가 사회조사기법을 정확히 숙지하여야 활용 가능	설문조사, 면접조사, 실태조사, 사례연구
사회적 상호작용기법	학습대상자들의 상호작용을 토대로 하고, 의사소통이 중요한 역할을 하며, 학습자에게 행동적 교육을 통해 사회적 기능을 학습시키는 효과가 있음	게임, 토의나 논쟁, 역할놀이, 시뮬레이션

3. 소비자권리와 책임

1) 소비자권리의 개념과 유형

(1) 소비자권리의 개념

소비자권리란, 소비자주권 실현을 위해 법적, 도덕적으로 보장되어야 하는 이상적 상태를 말한다. 최초의 소비자권리는 1962년 미국의 케네디 대통령이 명시한 안전할 권리, 알 권리, 선택할 권리, 의사를 반영할 권리이고, 이 후, 1980년에 국제소비자기구(Consumer

International, CI)가 소비자 7대 권리(안전할 권리, 알 권리, 선택할 권리, 의사를 반영할 권리, 보상을 받을 권리, 교육을 받을 권리, 쾌적한 환경을 누릴 권리)를 제시하였다.

(2) 소비자권리의 유형

소비자기본법 제4조(소비자의 기본적 권리)에 따르면 소비자 8대 권리는 다음과 같다. 첫째, 위해로부터 보호받을 권리, 둘째, 지식 및 정보를 제공받을 권리, 셋째, 자유로이 선택할 권리, 넷째, 의견을 반영시킬 권리, 다섯째, 신속·공정한 절차에 따라 적절한 보상을 받을 권리, 여섯째, 교육을 받을 권리, 일곱째, 단체를 조직하고 활동할 권리, 여덟째, 안전하고 쾌적한 환경에서 소비할 권리이다(아래 표 3-7 참고).

표 3-7. 소비자 8대 권리

	소비자권리	특성
1	물품 또는 용역으로 인한 생명, 신체, 재산에 대한 위해로부터 보호받을 권리	가장 기본적 인간권
2	물품 등을 선택함에 있어서 필요한 지식과 정보를 제공받을 권리	선택권 선결조건
3	물품 등을 사용함에 있어 거래상대방·구입장소·가격·거래조건 등을 자유로이 선택할 권리	소비자정책수행의 주된 권리
4	소비생활에서 영향을 주는 국가와 지자체의 정책과 사업자의 사업활동 등에 의견을 반영시킬 권리	소비자주권실현의 선결조건
5	물품 등의 사용으로 인해 입은 피해에 대해 신속·공정한 절차에 따라 적절한 보상을 받을 권리	초기 소비자운동의 핵심내용
6	합리적 소비생활을 위하여 필요한 교육을 받을 권리	소비자주권실현/역량강화와 연계
7	소비자 스스로의 권익을 증진하기 위하여 단체를 조직하고 이를 통해 활동할 수 있는 권리	의견 반영권과 연계
8	안전하고 쾌적한 소비생활 환경에서 소비할 권리	미래소비자의 기본권

2) 소비자책임의 개념과 유형

(1) 소비자책임의 개념

소비자책임이란, 법적 의무는 아니지만 소비자 가치관과 윤리적 문제로 지켜져야 할 상태를 말한다. 초창기 소비자책임은 소비자역할과 기능의 인식, 자원 보전, 도덕성, 단결, 저항, 합리적 정보 이용, 안전하고 올바른 상품 사용 등으로 구성되었고, 이 후, 1980년 국제소비자기구(CI)가 5대 소비자책임(비판적 시각을 가질 책임, 적극적 참여·능동적 행동의 책임, 환경적 책임, 다른 시민 혹은 국제사회에 미칠 소비의 영향력에 대한 사회적 책임, 단결과 연대의 책임)을 공표하였다.

(2) 소비자책임의 유형

소비자기본법 제5조(소비자의 책무)에 따르면 소비자책임은 다음과 같다. 첫째, 자유시장경제를 구성하는 주체임을 인식하고 물품 등을 올바르게 선택할 책임, 둘째, 소비자의 기본적 권리를 정당하게 행사할 책임, 셋째, 스스로의 권익 증진을 위해 필요한 지식과 정보를 습득할 책임, 넷째, 자주적이고 합리적인 행동을 할 책임, 다섯째, 자원절약적이고 환경친화적인 소비생활을 할 책임이다. 최근에는 기업의 사회적 책임(Corporate Social Responsibility, CSR)과 같은 맥락으로 소비자의 사회적 책임에 대한 논의도 활발하다. 소비자의 사회적 책임 범위를 경제적 책임, 정치적 책임, 사회·환경적 책임, 정보·기술적 책임으로 구성된다(표 3-8 참고).

표 3-8. 소비자의 사회적 책임

대영역	중영역	세부 책임 예시
경제적 책임	합리적 자원 배분의 책임	수입과 지출 균형을 고려한 소비
	합리적 구매의 책임	양질의 적당한 가격의 상품 선택
	올바른 사용의 책임	사용상 주의사항 유의하여 제대로 사용
정치적 책임	소비자문제제기 및 해결시도의 책임	문제발생 시, 피해구제 요청
	참여 및 연대의 책임	소비자단체/기업/정부활동에 참여
사회·환경적 책임	올바른 선택의 책임	사회적 책임에 충실한 기업 제품 구입
	상생의 책임	지역상권 이용, 노동권/동물권 고려
	올바른 처분 및 환경보호의 책임	자원절약/재활용 적극 참여
정보·기술적 책임	적극적이고 충분한 정보탐색의 책임	가격/품질비교정보 이용
	올바른 정보 생성 및 소통의 책임	정직한 구입/이용후기 작성 및 공유
	올바른 정보사용 및 관리의 책임	주기적 비번 변경 및 보안프로그램 설치

자료 출처: 전상민(2020) p.6 〈표 1〉 재구성

디지털 소외를 보듬는 '따뜻한 디지털' 읽을거리

디지털 소외 문제는 주로 노인 소비자와 저소득층 소비자 등 사회배려계층에서 발생한다. 인공지능(AI), 빅데이터, 사물인터넷 등 4차산업혁명 기술들은 시공간 제약 없이 보다 편리하게 세상을 연결하고 있지만, 이러한 급격한 변화에 적응하지 못한 소비자에게서 디지털 소외 문제가 발생하고 있다.

그 대표적인 예로 노인 소비자의 키오스크 소외 문제가 있다. 요즘 패스트푸드점, 식당, 은행, 관공서, 대형마트 등 많은 소비환경에서 키오스크는 주문과 결제에 있어 필수품으로 자리 잡았다. 이와 관련하여 과학기술정보통신부는 2021년 6월 무인단말기 정보접근성 개선을 논의하는 학술대회를 개최하여 고령자 전용 모드(음성안내, 터치펜)가 탑재된 키오스크, 저시력 화면모드가 탑재된 키오스크 등을 제안하였다. 또 하나의 대안은 노인 소비자교육이다. 한국소비자원은 노인 소비자 키오스크 사용법에 대한 영상과 안내정보를 제공하고 있고, 대학생 소비자교육 서포터즈와 소비자교육 전문강사 등을 통해 소비자교육을 진행하고 있다. 지역 사회에서도 노인 소비자교육에 동참하고 있는데, 일례로 2020년 충청북도 노인종합복지관은 충북대학교 소비자학과와 협업하여 은행, 관공서, 마트, 상점·휴게소 등에서 활용할 수 있는 '언택트 키오스크 활용법'에 대한 교육안과 동영상을 제작하여 교육에 활용하고 있다.

토론학습

1. 대학생 소비자의 디지털 역량 증대를 위한 소비자교육 주제를 탐색해봅시다.
2. 노인소비자의 키오스크 사용법 소비자교육을 위한 내용을 구성해봅시다.
3. 소비자 데이터 10대 권리의 중요성과 실현 가능성의 순위를 논해봅시다.

참고문헌

윤수영 (2021). 데이터경제에서 확장된 소비자주권과 소비자 데이터권리 연구, 서울대학교 대학원 박사학위논문.

오수진, 배순영 (2018). 2018 한국의 소비자역량지수, 한국소비자원 정책연구 18-13.

전상민 (2020). 소비자 사회적 책임의 실천 실태 및 증대 방안 연구, 소비자정책교육연구, 16(2), 1-26.

제3절 소비자상담과 소비자만족

소비자상담은 구매 전 정보 수집과 의문점 해소, 그리고 구매 선택 등 구매과정 전체를 지원한다. 또한, 구매 후 발생하는 불만, 상품 결함, 소비자 위해, 불공정 거래 등 다양한 문제를 해결하는 첫 관문이다. 사업자는 VOC를 활용하여 고객의견을 반영, 개선방안을 도출·시행함으로써 소비자중심경영을 실현한다. 정부는 소비자와 사업자의 문제를 중재하고 해결함으로써 신뢰할 수 있는 사회를 구현하고, 소비자문제를 예방하여 소비자안전을 확보한다. 소비자상담은 일반 상담과 달리, 객관적인 입장에서 소비자문의와 건의, 불만, 피해를 해결하는 목적을 가진다.

제3장에서는 소비자상담이 어떠한 특성을 가지고, 왜 필요한지 살펴본다. 원활한 소비자상담을 진행하기 위한 소비자상담사의 필요역량과 역할을 소개한다. 소비자상담의 유형을 상담 매체를 기준으로 구분하고, 각 유형의 특성과 그에 맞는 상담 기술을 제시한다. 다음으로 소비자상담이 실제로 이루어진 기업과 정부기관, 소비자단체의 상담 현황과 활용, 특성, 역할 등에 대해 살펴본다. 마지막으로 소비자상담을 통해 수집한 VOC를 바탕으로 추구할 수 있는 소비자만족과 관련 이론, 소비자중심경영인증제도, ESG경영을 소개한다.

1. 소비자상담의 개념과 기술

1) 소비자상담의 개념과 필요성

(1) 소비자상담의 개념

소비자상담이란, 소비자의 상품 및 서비스의 구매와 사용으로 인한 피해구제 뿐만 아니라, 소비자의사결정 전 과정에 걸쳐서 소비자가 필요로 하는 조언 및 정보를 체계적으로 제공해주는 활동을 말한다. 소비자상담은 일반 상담과 달리, 소비자가 상담 대상자로 객관적 입장에서 상담한다는 특성을 가진다. 이 때, 소비자 불만과 피해의 책임 소재를 정확히 해야 하고, 문제해결이 주목적이다.

(2) 소비자상담의 필요성

최근 기술혁신 상품과 서비스의 등장, 온라인/모바일 플랫폼의 확대, 국가 간 전자상거래(해외직구 등)의 활성화, 인공지능(AI)과 사물인터넷의 확산으로 인해 소비자문제가 예측불가한 차원에서 양적, 질적으로 심화되고 있다. 이 때문에 사후 구제 뿐 아니라, 사전 정보 탐색 과정에서도 소비자문제가 발생하고 있고, 사업자의 고객친화적 경영활동과 신속하고 원만한 소비자피해구제에 대한 요구도가 높아지고 있다. 또한, 정부의 소비자지향적 소비자정책 수행 차원에서 소비자피해구제, 분쟁해결에 대한 사회적 요구도가 높아지면서 소비자상담은 소비자가 사업자와 정부에 요구하는 가장 일차적인 접점에서의 문제해결요구, 문제제기라고 할 수 있다. 소비자와 사업자, 정부 입장에서의 소비자상담 필요성을 정리하면 아래 표 3-9와 같다.

표 3-9. 소비자, 사업자, 정부 입장에서의 소비자상담 필요성

	소비자상담 필요성
소비자 입장	• 상품·서비스의 정보 부족 • 사업자와의 정보 비대칭성, 거래 비대등성 • 불량품/결함상품 증가 및 소비자 피해 증가
사업자 입장	• 피해 구제 및 고객만족 회복 필요 • 무리한 피해보사용구에 적절한 대응 가능 • 수집된 소비자정보를 확대, 재생산하여 활용 • 고객지향적 마케팅활동 전개 가능
정부 입장	• 안전, 신용사회 구축 및 소비자보호 필요 • 소비자피해 감소 및 신속하고 타당한 보상제도 구축 필요

2) 소비자상담사의 역할과 필요역량

(1) 소비자상담사의 역할

소비자상담사는 소비생활에 필요한 다양한 정보와 소비자에게 필요한 서비스(예: 구매지원, 사용방법 설명, A/S 지원 등)를 제공하며, 소비자피해구제와 불만해결 등 문제를 해결한다. 이 과정에서 소비자교육의 기능을 부분적으로 수행하고, 기업과 고객 사이의 의사소통을 담당하여 고객이 요구하는 내용을 기업에 반영하는 창구 역할을 한다. 또한, 정부에 소비자행정과 제도상의 문제에 대한 정보를 수집하여 이를 정부 정책 수립과 개

선·보완에 반영한다. 이 외, 판매촉진과 홍보 활동 등 마케터/영업사원의 역할도 일부 수행하며, 시장에서의 조사와 감시활동도 수행한다. 기업의 소비자상담사의 경우, 정부 혹은 소비자단체 등 타 소비자상담기관과 업무 연락을 취하고 그들의 요구에 대응한다. 소비자상담사의 역할을 사적 영역(기업 등)과 공적 영역(정부기관·소비자단체)으로 구분하여 정리하면, 사적 영역에서의 역할은 정보제공, 의사결정지원, 자사제품 관련 피해구제, VOC(Voice of Customer) 수집과 분석을 통한 고객정보·아이디어·경영개선방안 반영, 고객유지 및 재구매 유도 등이다. 공적 영역에서의 역할은 소비자피해구제, 소비자정보제공·소비자경보발령, 기업과 소비자 간 의사소통 지원, 소비자행정 문제점에 대한 정보 수집 및 정책수립 가이드라인 제공, 소비자교육을 통한 바람직한 소비생활 유도, 소비자분쟁 조정 및 전문기관 이관 등이다.

(2) 소비자상담사의 필요역량

소비자상담사가 그 역할을 성공적으로 수행하기 위해서는 많은 역량이 필요하다. 우선, 상품과 기업에 대한 지식과 판매·광고·프로모션 관련 지식, 소비자문제해결을 위한 법적 지식이 필요하다. 또한, 의사소통기술과 교섭 능력이 필요한데, 양 당사자 간의 조정 및 중재 역할 수행이 필요할 수 있다. 업무 수행 과정에서 소비자지향적이고 고객만족경영을 추구하는 태도를 갖추고 있어야 하며, 기본적으로 정보수집 및 조사수행, 통계분석, 문서화 작업을 할 수 있는 기술이 요구된다. 현재 한국산업인력공단에서 「소비자전문상담사」자격증(국가기술자격시험)을 시행하고 있다(관련부처: 공정거래위원회). 본 자격증은 2003년 신설된 국가자격제도로 소비자가 제기하는 다양하고 복잡한 문제들을 상담으로 원활히 해결하는 전문인력 양성을 위해 운영 중이다. 소비자상담사의 수행직무는 '기업 및 소비자단체, 행정기관의 소비자 관련부서에서 물품과 용역 등에 관한 소비자 불만 및 피해상담, 모니터링, 소비자교육프로그램의 기획 및 실시, 소비자조사 등 소비자복지향상 유도하는 직무수행(한국산업인력공단 홈페이지, www.q-net.or.kr 참고)'으로, 관련 직로 및 전망은 기업의 고객상담원과 한국소비자원·소비자단체·행정기관의 소비자상담 관리자 등이다.

3) 소비자상담의 유형과 기술

(1) 소비자상담 유형에 따른 상담처리

소비자상담은 크게 4가지 유형으로 문의·건의와 피해구제처리, 조정요청, 처리불능으로 구분할 수 있다. 문의·건의 상담은 정보를 제공하고, 불만/피해에 대한 구제방안을 제시하며 이 때 필요한 시험·검사를 의뢰한다. 피해구제처리는 수리·교환·환불을 처리하고, 손해금 발생 시 보상하며, 소비자가 피해구제를 포기하거나 사전 해결된 경우 취하하게 된다. 조정요청은 사업자의 귀책사유 또는 개연성이 인정되는 경우 한국소비자원과 각 전문기관에서 조정을 진행하도록 이관할 수 있다. 처리불능은 상담 청구인 또는 피청구인의 소재파악이 불가능하거나 당사자 쌍방의 귀책사유 규명이 불분명한 경우, 그리고 전문가 자문 결과에서 사업자 귀책사유라고 판단하기 곤란한 경우에 해당하며, 상담이 불가능하여 절차가 종료된다.

(2) 소비자상담 매체별 상담 특성과 상담 기술

소비자상담은 전화상담, 온라인상담, 방문상담, 문서상담으로 수행될 수 있고, 전화상담과 온라인상담 활용비율이 높다. 각 매체별 상담특성과 필요 기술은 아래 표 3-10과 같다.

표 3-10. 소비자상담 매체별 상담 특성과 상담 기술

	특성	상담 기술
전화상담	• 시간절약, 신속해결 가능 • 상담내용이 복잡할 경우 상담진행이 어려움	• 음량, 톤, 발성이 정확하고 유연해야 함 • 전달할 내용의 우선순위 사전 선정 필요 • 전화예절(첫인사/전화돌리기/종료) 중요
온라인 상담	• 이메일, 게시판, DB, 채팅상담으로 구성 • 편리/효율/익명성확보/정보축적/복수상담 가능 • 최근 주된 상담형태임	• 상담DB, 고객-상담사 간 웹 쉐어링(web-sharing) 등 인프라 구축·활용 필요 • FAQ를 DB화하고, 지속적 업데이트 필요 • 이메일/게시판 상담답변 처리기한 및 환류시스템 구축 필요
방문상담	• 상세 경위 전달 가능 • 소비자와의 즉각적 소통과 많은 내용의 상담이 가능 • 시공간 제약이 있음	• 간결하고 정확한 질문과 경청·비언어적 표현이 필요 • 열린 자세로 최대한 의견을 수용하고, 소비자 말에 추가 부연하는 설명 필요
문서상담	• 내용을 간단명료하게 접수·정리 가능, 보존 편리 • 전화/이메일에 비해 접수기간이 오래 소요됨	• 기록을 체계적으로 정리하여야 함 • 상담 시 필요하거나 부족한 부분을 확인하고 다음 상담에 활용 • 상담처리기한 및 소비자연락주기 설정

2. 소비자상담의 실제

1) 기업의 소비자상담

(1) 기업의 소비자상담 업무 내용

국내 기업에서의 소비자상담은 1980년대부터 본격적으로 시작되어 고객상담실, 소비자상담실, 고객불만센터, 고객센터, 콜센터 등의 명칭으로 업무를 수행하고 있다. 기업의 소비자상담은 정보제공과 소비자불만의 접수와 해결, 소비자상담자료의 정리·분석·보고, 소비자만족도 조사 수행 및 결과 공유, 고객 관련 정보 수집 및 분석, 고객관리와 사내외 소비자교육 담당, 소비자단체·소비자정책 동향의 파악과 대응 등의 업무를 수행한다. 이들을 인바운드 상담(고객으로부터 걸려온 상담: 방문, 전화, 메일 등)과 아웃바운드 상담(기업 상담사가 기존 고객이나 잠재고객에게 연락을 취하는 상담)으로 구분할 수 있고 구체적 내용은 아래 표 3-11과 같다.

표 3-11. 인바운드 상담과 아웃바운드 상담 내용

구분	인바운드 상담	아웃바운드 상담
판매활동·마케팅	• 상품 정보 문의 • 구매 요청 • 재고 문의	• 상품 발주 권유 • 판매 지원, 직접 판매 • 신상품 안내
고객서비스	• 각종 문의/정보제공 • 독촉 • 클레임 제기(불만, 피해)	• 확인/감사 전화 및 사후 관리 • 상품 도착 및 불만 확인 • 서비스 전화 • 정보 제공
시장조사	• 소비자 의견 수집 • 상품과 서비스에 대한 의견 조사 • 구매 성향 조사	• 소비자 의견 수집 • 광고 효과 측정 • 구매 예측 조사
고객관리	• 고객 리스트 관리 • 고객 정보 파악 • 구매 통계 관리	• 주소 및 전화번호 확인 • 휴먼 고객 활성화 • 정기적 고객정보 갱신

(2) 기업의 소비자상담 활용

최근 기업의 소비자상담은 고객서비스의 접점으로 전략적 중요성이 부각되면서 조직 내 위상 강화와 효율적 운영이 강조되고 있다. 대면/비대면 채널을 병행하고, CTI(Computer Telephony Integration: 컴퓨터 기반 통신 통합시스템) 기반의 상담이 이루어지고 있다.

예전에는 소비자불만과 피해에 대응하는 시스템이었다면, 현재는 고객 중심, 마케팅·영업 업무의 핵심적 역할을 수행하고 있다.

2) 정부기관의 소비자상담

(1) 공정거래위원회의 1372 소비자상담센터

공정거래위원회는 2010년부터 전국 단일 대표번호인 1372번의 전화상담과, 1372 소비자상담센터 홈페이지(www.ccn.go.kr)를 통해 소비자상담 서비스를 통합적으로 제공하고 있다. 1372 소비자상담센터는 한국소비자단체협의회(10개 단체)와 지자체, 한국소비자원이 함께 서비스를 제공하고 있다(아래 그림 3-2 참고). 현재 소비자단체가 다수의 상담을 처리하고 있고, 해결이 쉽지 않은 전문상담은 주로 한국소비자원에서 처리한다. 1372 소비자상담센터는 모범상담 DB와 소비자상담포털, 인터넷/자동상담 기능을 제공하고, 사업자와의 신속한 연결을 수행하여 효율적으로 상담을 처리한다.

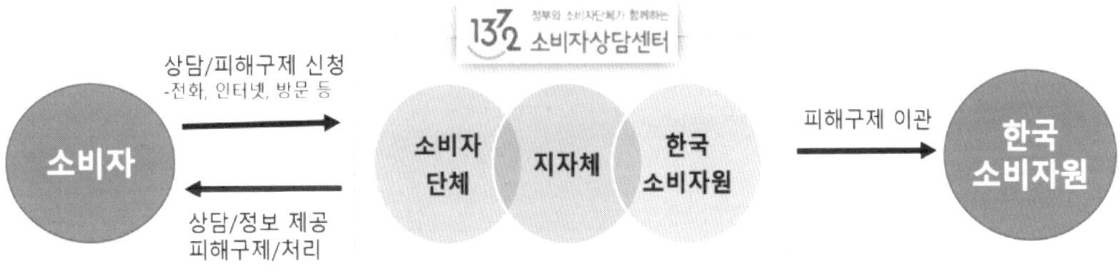

자료 출처: 1372 소비자상담센터 홈페이지(www.ccn.go.kr)

그림 3-2. 1372 소비자상담센터 업무 프로세스

(2) 소비자피해구제와 소비자분쟁조정

1372 소비자상담센터에서 소비자문제해결이 이루어지지 않으면, 그 다음 단계로 한국소비자원의 소비자피해구제, 소비자분쟁조정 단계로 이어진다. 소비자상담과 피해구제는 그 결과에 법적 구속력이 없고, 소비자분쟁조정은 조정결과에 대해 양 당사자 수락 시, 재판상 화해효력이 발생하여 법적 강제력을 가진다. 소비자24(예전 행복드림 열린소비자 포털, 공정위 운영, www.comsumer.go.kr)에서 피해예방을 위한 자기진단과 관련사례 검색, 민원다발쇼핑몰·특수판매 법위반사업자 검색, 빅데이터 트렌드 메뉴를 이용할 수

있다. 또한, 소비자일반과 보건/의료, 금융/보험, 주택/환경, 전자거래/콘텐츠 등 분야의 전문 소비자상담/피해구제 기관 총 22개에 대한 상담/피해구제 신청을 한 화면에서 할 수 있는 통합상담신청 시스템을 갖추고 있다. 소비자24에서 이용 가능한 상담/피해구제 기관은 한국소비자원을 비롯하여 의료분쟁조정중재원, 금융분쟁조정위원회, 국토교통부 하자심사분쟁조정위원회, 전자거래분쟁조정위원회, 콘텐츠분쟁조정위원회, 방송통신위원회, 국제거래 소비자포털 등이다.

3) 소비자단체의 소비자상담

(1) 소비자단체 소비자상담 현황

현재 1372 소비자상담에 참여하고 있는 소비자단체는 한국소비자단체협의회에 소속되어 있는 10개 단체(전국 182개 지역 지부 포함)이다. 이들 10개 소비자단체는 소비자상담과 함께 소비자정보제공, 소비자교육, 정책건의 등의 관련 업무를 수행하고 있다. 10개 소비자단체에 대한 간단한 소개는 아래 표 3-12와 같다.

표 3-12. 한국소비자단체협의회 회원단체 현황

단체명	단체 특성
소비자시민모임	전문 소비자단체로 안전성, 공정한 거래, 지속가능한 발전을 위해 자발적, 비영리적으로 소비자운동을 전개
소비자연맹	한국 최초의 소비자운동 전문단체로 소비자권리 향상과 이익 증진을 위하여 소비자상담, 교육, 상품테스트, 조사연구 등을 수행
녹색소비자연대	환경을 고려하는 소비생활을 함께 실천함으로써 생태환경을 보전하고 소비자권리를 보호하는 활동 전개
한국여성소비자연합	여성·사회·환경·소비자·민간단체로서 건전하고 바람직한 가정을 유지, 발전시킬 수 있도록 지원
소비자교육중앙회	소비자 권익증진과 소비자사회환경개선, 소비자역량강화를 위한 정보제공, 교육활동, 환경실천운동 등을 수행
소비자공익네트워크	급속한 사회환경의 변화에 대처할 수 있는 소비자의식개발과 소비자문제해결, 건전한 소비실천확산 전개
한국소비자교육원	소비자의식 확립, 정보와 지식의 순환, 소비자참여를 독려하여 합리적 소비생활을 안내하는 활동 운영
한국YMCA전국연맹	기독교청년회로서 지역공동체 형성과 시민참여를 강화하고 청소년, 환경, 시민권익 보호운동을 수행

단체명	단체 특성
한국YWCA연합회	여성 능력개발, 지역사회 주민의 건강한 삶 지원, 소비자교육, 취약계층 사회적응 등 다양한 프로그램 운영
한국부인회	여성의 능력을 개발하여 사회 여러 분야에서 정의사회와 양성평등을 이룩하며 합리적인 소비생활로 복지사회 실현에 기여하는 활동 전개

자료 출처: 1372 소비자상담센터 (www.ccn.go.kr) 참여기관안내 재구성

(2) 소비자단체 소비자상담 특성과 역할

소비자단체는 소비자들이 스스로의 권익 보호를 위해 자주적으로 결성된 비영리단체로, 소비자 대리인(옹호자)의 입장에서 소비자불만과 피해 해결에 적극적으로 대응한다는 특징을 가진다. 소비자단체 소비자상담은 소비자문제 발생 시, 여론화를 통한 사회적 제재를 가하고, 소비자의 교섭력을 확보하여 피해보상권리를 실현한다. 이와 함께 소비자교육과 소비자정보를 제공하고, 상품 테스트를 시행하며, 위해 상품/부당한 서비스·거래/부실 제도 등의 문제점에 대한 정보수집과 분석을 통해 정부에 시정을 요청하는 역할을 수행한다.

3. 소비자만족의 개념과 증대 노력

1) 소비자만족의 개념과 관련 이론

(1) 소비자만족의 개념

소비자만족이란, 소비자가 사업자와 거래, 소통하는 과정에서 느끼는 인지적 평가와 정서적 감정의 복합적 개념으로, 소비자가 경험하는 종합적인 심리상태라고 볼 수 있다. 통상적으로 소비자가 사업자에게 기대했던 수준이 실제 구매·이용 과정에서 얻은 성과보다 같거나 큰 경우 만족하게 된다(기대불일치 이론 기준). 소비자만족은 신규고객이 고정고객이 되고, 고정고객이 충성(애호)고객이 되는데 결정적인 영향을 미치기 때문에 사업자의 경영성과 창출을 위해 필수적인 요소라고 할 수 있다.

(2) 소비자만족 관련 이론

① 기대불일치 이론

소비자의 기대와 성과(품질 등)를 비교하여 성과가 기대 이상이면 만족한다고 전제한다.

소비자의 기대는 제공되는 상품과 서비스의 속성이나 소비자 개인의 특성에 따라 달라지기 때문에 동일한 성과가 있더라도 소비자의 만족이 달라질 수 있다.

② 형평 이론(공정성 이론)

소비자와 사업자 간 투입과 성과 간의 비율이 동일하면 만족하고, 소비자의 비율이 더 낮으면 불만족을 경험한다고 설명한다. 사업자와의 비교가 아닌 다른 소비자와의 비교를 통해서도 만족도가 결정되기도 한다. 예를 들면, 사업자가 제품 개발에 투자를 많이 했거나, 다른 소비자보다 더 싸게 구입하면 소비자는 만족하게 된다. 다만, 형평성은 자기중심적으로 해석되기 때문에 객관적인 공정성이 담보되지는 않는다.

③ 귀인이론

상품이나 서비스에 대한 평가의 원인이 내부(소비자), 외부(사업자, 환경)냐에 따라 만족도가 달라진다고 설명한다. 즉, 상품의 문제가 소비자의 잘못된 사용이냐, 혹은 사업자의 잘못된 설계냐, 혹은 배송 과정에서의 문제이냐에 따라 소비자의 만족도가 결정된다. 사업자에게 원인이 있는 결함이 방치된 채 자주 일어나면 소비자만족도가 매우 낮게 나타난다.

2) 소비자중심경영과 고객만족

(1) 소비자중심경영 개념과 제도

소비자중심경영은 전사적으로 모든 임직원이 제품과 서비스의 기획부터 개발, 생산, 판매에 이르는 전 과정에서 소비자의 니즈(needs)와 원츠(wants)를 예측하고 탐구하여 제품과 서비스에 그 가치를 담아 소비자만족도를 지속적으로 향상시킴으로써 궁극적으로 기업의 경쟁력을 높이고, 소비자효용을 극대화시키는 경영 활동을 의미한다. 즉, 소비자중심경영은 사업자의 가치 창출의 주요 활동들이 소비자 관점에서 이루어지는 경영활동으로 경영 패러다임이 과거 제품, 마케팅 중심에서 고객만족으로 이동하였음을 보여준다. 사업자의 입장에서도 경쟁력을 강화하고 기업에 대한 사회적 기대를 충족시키며, 타 회사와의 경쟁에서 우위를 점하기 위하여 소비자중심경영은 필수적이다. 이와 관련하여 공정거래위원회는 소비자기본법 제20조의 2(소비자중심경영의 인증)에 근거하여 소비자중심경영인증을 부여하고 있고, 운영은 한국소비자원이 담당하고 있다. 소비자중심경영인증제도는 2005년 공정위와 기업의 '소비자피해 자율관리위원회' 구성을 통한 소비자불만 및 피해처리의 사회적 비용을 경감하고, 자율처리의 경제성을 높이기 위해 도입되었다. 이 후, 2007년 7월 최초의 평가를 시작으로 2018년 5월 법제화되어(2017년 「소비자기본법」 개정) 운영 중이다.

소비자중심경영인증제도의 주요 심사기준은 리더십(최고경영자의 리더십, 전략, 사회적 가치실현), 소비자중심경영 체계(조직/자원/교육/문서관리)와 운영(소비자정보제공, 불만사전예방, VOC운영절차), 성과관리(소비자중심경영 운영성과, 유지개선)로 구성되어 있다.

(2) ESG 경영

최근 시장에서의 가장 큰 화두 중 하나로, ESG 경영에 대한 관심이 높다. ESG 경영이란, 환경(Environmental), 사회(Social), 지배구조(Governance)를 통칭하는 기업의 비재무적 성과평가기준을 말한다. 즉, 기업의 활동이 자연환경에 미치는 영향(탄소배출, 기후변화 대응 등)과 기업의 이해관계자·사회와의 관계 관리(기업의 사회적 책임, 인권, 제품안전, 개인정보보호, 근로기준 등), 그리고 기업이 운영되는 목적·원칙·방식·문화(예: 투명한 공시, 주주권리, 이사회 독립성 등)를 기업 경영 전반에 반영하고자 하는 경영 원칙이다. 이러한 ESG 경영은 미래사회의 소비자만족으로 연결될 것으로 기대되고, 외부 투자자에 대한 대응으로 시작하여 새로운 자본주의의 패러다임이 될 것으로 예상된다. 소비자는 개인 투자자, 임직원, 시민으로서 ESG의 중요한 축으로 그 역할을 다할 수 있다. 현재 미국과 유럽이 주도하고 있으며, 우리나라는 금융위원회 주도로 공시 의무화가 추진되고 있다.

소비자상담과 빅데이터 읽을거리

한국소비자원은 1372 소비자상담센터(전국 10개 소비자단체, 지역자치단체, 한국소비자원 공동 운영)에서 수집한 소비자상담 데이터를 빅데이터 분석을 통해 도식화하여 제공하고 있다. 구체적으로 기간별 접수현황과 광역시도별 접수현황, 시군구별 접수현황과 함께 소비자상담 TOP 10 품목에 대한 정보를 제공한다. 2020년 1월부터 집계된 코로나19 소비자상담 데이터를 분석한 결과, 소비상담 TOP 10 품목은 2021년 8월 기준, 헬스장(28,461건)이고, 그 다음으로 국외여행(11,059건), 항공여객운송서비스(10,437건), 예식서비스(7,935건), 기타숙박시설(6,757건), 외식(5,492건), 펜션(4,742건), 호텔(3,359건), 국내여행(889건), 각종공연관람(769건)의 순이다.

내용 출처: 한국소비자원 홈페이지, 코로나19 소비자상담 맵 (2021.08.30.)[11].

이러한 분석을 통해 공정거래위원회는 공정위 고시인 「소비자분쟁해결기준」을 신속하게 개정하고 있는데, 코로나19와 관련하여 2020년에 2차례에 걸쳐 '감염병' 관련 내용이 추가되었다. 추가된 내용은 숙박업, 국내 및 국외 여행업, 예식업, 항공(국내 및 국제여객), 외식서비스업(연회시설 운영업)의 계약해제, 계약내용 변경 시 계약금 환급, 계약변경, 위약금에 대한 내용이다.

토론학습

1. 소비자상담의 효용을 소비자와 사업자, 정부 입장에서 비교해봅시다.
2. 국가 간 소비자문제 해결을 위한 효과적인 소비자상담 방법을 논의해봅시다.
3. 데이터베이스(DB)를 활용한 소비자상담기법에 대해 알아봅시다.

11) 한국소비자원 코로나19 소비자상담 맵, https://public.tableau.com/app/profile/kcabig/viz/19_15826193726210/19.

제4장 소비자정보와 창업

- 소비자들에게 정보는 소비자가 재화와 서비스를 선택하는 전체 과정에서 결정적 역할을 한다. 소비자가 보유하고 있는 정보 또는 접근 가능한 정보의 양과 질에 따라 소비자의 선택이 달라지고, 이는 곧 소비의 삶 전반에 지대한 영향을 미친다. 한편, 미디어의 발달은 소비자들의 일상생활을 근본적으로 변화시키고 있다. 이제 소비자들은 스스로 다양한 정보를 생산하고, 유통하며, 소비할 수 있게 되었다. 바야흐로 디지털 정보사회가 도래한 것이다.

- 시장경제가 산업중심에서 정보중심으로 전환되면서 소비자들의 선택의 기회가 이제는 현실세계를 넘어 가상세계로 확장되고 있다. 이와 동시에 소비자들은 일상생활 속에서 개인 미디어를 통해 스스로 생산한 정보들이 다양한 경로를 통해 유통되고 소비되고 있다. 이러한 정보는 빅데이터 알고리즘을 통해 소비자 니즈를 분석하고 개인맞춤형 서비스를 제공하는 등 중요한 마케팅 수단으로 활용되고 있다. 이렇듯 빠르게 변화하고 확장되는 디지털 정보사회에 능동적으로 대처하기 위해서 소비자는 새로운 사회가 요구하는 능력을 갖추어야 한다. 또한 정보취약계층이 소비자로서 시장에서 소외되지 않기 위해서 다방면의 노력이 필요하다.

- 이번 장에서는 디지털 정보사회에서 소비자와 변화하는 시장을 이해하기 위해서 소비자정보의 개념을 이해하고, 디지털 미디어 속에서 소비환경의 변화된 모습을 탐색하며, 소비자 빅데이터 정보의 개념과 활용사례를 알아보고자 한다.

제1절 소비자와 소비자정보

- 우리는 일상생활 속에서 다양한 정보에 노출되고 그중 일부 정보에 주의를 기울인다. 소비자정보는 소비자 의사결정과정뿐만 아니라 일상생활 곳곳에서 다양한 형태와 방식으로 영향을 미친다. 따라서 소비자정보는 소비자의 만족스러운 삶과 바람직한 소비생활의 토대가 된다. 그러므로 우리는 소비자정보의 개념과 관련 이론을 고찰하고 이해할 필요가 있다.
- 제 10절에서는 소비자정보의 개념과 유형을 이해하고, 유용한 소비자정보의 평가기준이 무엇인지 알아본다. 또한 현대사회 소비자들이 소비자정보와 관련하여 겪는 소비자문제에는 무엇이 있는지 고찰해 본다.

1. 소비자정보의 중요성

모든 인간은 태어나면서부터, 혹은 태어나기 전부터 소비활동을 해왔다. 그러나 현대와 같은 대규모 소비현상이 사회의 기본적인 특징으로 나타나기 시작한 것은 20세기에 들어와서이다(Corrigan, 1997). 전통적으로 소비는 모든 생산의 목적이자 목표였다. 그러나 산업혁명으로 소비의 패러다임은 극명하게 전환되었다. 대량생산이 가능해지면서 소비가 폭발적으로 늘어나게 되었고 재화와 서비스는 단순히 일상생활을 영위하기 위해서만이 아닌 사회적 지위를 표현하거나 사회정의 실현과 같은 다양한 기능을 수행하게 되었다. 즉 산업혁명과 자본주의로 인하여 소비는 더이상 생산의 목적이 아닌 소비 자체가 의미를 갖는 소비중심적 관점으로 변화하였다. 이를 두고 학자들은 생산자 중심적 시장경제에서 소비 중심적 시장경제로 변화했다고 정리한다.

현재는 당연시되는 소비자의 권리가 과거 생산자 중심 시장경제에서 그렇지 못했다. Wilson(2008)은 우리가 어떻게 소비자 기본권을 갖게 되었는지를 다음과 같이 정리하고 있다. 1950년대 이전에는 세계 시장에서 소비자 보호에 대한 논의나 근거가 거의 없었다. 1962년 3월 15일 미국의 제35대 대통령인 존 F. 케네디는 소비자들의 권리와 책임에 대한 이해를 돕기 위해 "소비자 권리장전(Consumer Bill of Rights)"을 내놓았다. 이때 케네디가 제시한 소비자기본권은 ① 선택할 권리(The right to choose), ② 안전할 권리

(The right to safety), ③ 정보를 제공받을 권리(The right to be informed), ④ 의사를 반영할 권리(The right to be heard)이다. 이후 피해를 보상받을 권리(The rights to redress or remedy), 쾌적한 환경에서 소비할 권리(The right to environmental health), 적절한 서비스를 받을 권리(The right to service), 교육을 받을 권리(The right to consumer education)이 추가된 8개의 소비자기본권[12]이 1985년 유엔총회에서 채택되면서 전 세계적으로 강력한 소비자 보호 정책을 갖게 되었다.

"*If consumers are offered inferior products, if prices are exorbitant, if drugs are unsafe or worthless, if the consumer is unable to choose on an informed basis, then his dollar is wasted, his health and safety may be threatened, and the national interest suffers.*"

만약 소비자에게 질이 낮은 제품이 제공된다면, 가격이 터무니없이 비싸거나, 마약이 안전하지 않거나 가치가 없다면, 그리고 소비자가 정보에 기초해서 선택할 수 없다면, 소비자의 돈은 낭비되고 건강과 안전이 위협받을 수 있으며, 국익은 위협받을 것이다.

▲ 존 F. 케네디 대통령 연설 내용 중 일부

소비자 권리의 초석이 된 케네디 대통령의 "소비자권리장전"에서 소비자가 정보를 제공받을 권리가 포함된 만큼 소비자들에게 정보란 매우 중요한 요소이다. 정보를 제공받을 권리란 소비자가 구매의사결정에 기초가 되는 제품 또는 서비스에 대한 적절한 정보를 신뢰할 만한 정보원천으로부터 제공받을 수 있는 권리이다. 즉, 소비자정보란 소비자가 제품 혹은 서비스를 구매할 것인가 구매하지 않을 것인가를 결정하거나 구매를 고려하는 여러 제품이나 서비스 대안들 중에서 어떤 대안을 최종 선택할 것인지를 결정하는데 중요한 단서가 된다. 따라서 소비자정보는 소비자가 올바른 구매의사결정을 내리는데 지대한 영향을 미치며, 나아가 소비자만족을 통해 바람직한 소비생활을 영위하는 근간이 된다. 이러한 측면에서 우리는 소비자정보의 개념과 연관된 이론을 이해할 필요가 있다.

---

12) 유엔총회에서 채택된 8대 소비자권리는 우리나라의 소비자기본법에서 보장하고 있는 권리와는 다소 차이가 있다.

2. 소비자정보의 이해

1) 소비자정보의 개념

우리는 일상생활 속에서 다양한 소비자정보에 노출되고 그중에서 일부 정보에는 주의를 기울인다. 그리고 소비자정보를 다양한 방법으로 활용하고 있다. 편의점에서 우유를 고를 때 생각해보자. 우리는 같은 상표의 우유들 속에서도 무심코 제일 앞에 진열되어 있는 제품을 고를 때도 있지만 조금 시간의 여유가 있을 때는 유통기한을 확인하고 유통기한이 조금 더 긴 우유를 선반 뒤에서 꺼내 계산한 경험이 있을 것이다. 유통기한이라는 소비자정보를 활용한 것이다.

또 다른 사례를 찾아보자. 언제부터인가 '쇼루밍(show-rooming)'이라는 신조어가 생겨났다. 쇼루밍이란 소비자들인 오프라인 매장에서 제품을 구경한 후에 실제 구입은 온라인 사이트를 통하여 구매하는 것을 말하고, 이러한 소비행태를 보이는 사람들을 '쇼루밍족'이라고 한다. 이와 반대로 온라인 채널에서 제품을 살펴본 후 실제 구매는 오프라인 매장에서 하는 웹루밍(web-rooimg) 혹은 역쇼루밍 현상도 나타나고 있다. 소비자들의 쇼루밍 행동의도를 연구한 임호택과 염민선(2016)은 소비자들이 쇼루밍의 경제적 가치를 높게 평가하고, 온라인 정보탐색 수준이 높을수록 쇼루밍 의도가 높아진다고 하였다. 정보통신 기술이 발달하면서 다양한 스마트 기기들이 등장했고 전자상거래 시장 내에서 멀티채널 리테일링(multi-channel retailing)이라는 새로운 쇼핑 패러다임이 만들어졌다(Kumar & Venkatesan, 2005). 즉, 이제 우리는 온라인에서 너무나도 다양한 쇼핑플랫폼이 있는 것을 알고 있고 나의 온라인 정보탐색능력은 더 저렴한 제품을 발견함으로써 경제적 가치로 환산될 수 있다는 것을 알고 있다. 따라서 제품의 실제 형태를 확인하고 온라인에서 저렴한 제품을 탐색하여 구매하는 쇼루밍족은 제품 실체에 대한 정보와 가격정보를 충분히 활용하는 스마트한 소비자라 할 수 있겠다. 그 외에도 다양한 광고와 캠페인, 상품의 라벨 등에서 우리는 소비자정보를 접하고 있다.

위 두 사례를 살펴보면 알 수 있듯이 우리는 제품을 구매하거나 일상생활을 속에서 다양한 소비자정보에 노출된다. 소비자정보에 대해 연구한 선행 연구자들은 소비자정보를 다음과 같이 정의하고 있다. 김영신 외(2015)는 소비자정보란 구매의사결정 시의 불확실성 정도를 감소시켜주는 것으로 소비자의 욕망 충족 및 목표달성에 유용하고 유의성 있는 가치를 가지는 것이라고 정의하였다. 이은희(1993)는 소비자정보란 소비자가 환경에 적응하는데 필요한 시장 상황의 인지 내용으로써 현재와 미래의 의사결정에 있어서 불확실성의 정도를 감소시켜주며 소비자 자신의 욕망 충족 및 기타 목표달성에 유용하고 유의성이 있는 가치지향적인 것으로 정의하였다. 김용자(1996)는 소비자 정보가 최종소비자가 재화와 용역을 구매, 사용, 그리고 폐기하는데 필요한 지식이며 선택에 영향을 주는 객관적인 자료라고 하였다. 이들의 정의를 살펴보면 소비자들의 욕망을 충족하는데 유용한 가치를 지닌 정보로 소비자의 선택에 영향을 미치는 요소라는 점을 알 수 있다. 즉 소비자정보는 소비자가 소비생활을 영위함에 있어서 제품 또는 서비스를 선택하고 사용하고 처분하는 일련의 과정을 바람직하게 이끄는 것으로 소비자가 현명하게 의사결정을 내리기 위해 반드시 필요한 요소이다.

2) 소비자정보의 유형

소비자들은 구매 후에 발생할지도 모르는 후회를 줄이고 소비의 만족도를 높이기 위해서 소비자가 소비자정보를 활용하는 것은 필수적이다(송유진, 2016). 많은 선행연구자들은 소비자가 소비생활 중에 활용하는 또는 활용할 수 있는 정보의 유형을 다음과 같이 구분하였다. Dunn과 Ray(1980)는 소비자정보의 유형을 소비자의사결정과정의 순서에 따라 문제인식차원의 정보, 대체안 탐색 차원의 정보, 선택 및 실행 차원의 정보로 구분하였다. 먼저 문제인식차원의 정보는 상품과 서비스에 대해 기대하는 특성을 확인하고 정보 획득방법을 수정하고 확인하는 차원의 소비자정보이다. 대체안 탐색 차원의 정보는 정보원들을 비교하고, 비교를 촉진시키는 방법에 관한 정보를 제공받고자 하는 차원의 소비자정보이다. 마지막으로 선택 및 실행 차원의 정보는 구매 선택과 실행에 실질적인 도움을 주는 정보를 말한다. 이와 같이 소비자들이 의사결정의 전 단계에 걸쳐서 소비자정보를 필요로 하고 있다.

소비자들이 필요로하는 정보의 내용은 매우 다양하다. 유현정(1994)은 소비자정보의 내용을 상품정보, 가격정보, 시장정보, 품질정보, 서비스정보로 구분하였는데 여기서 품질정보에는 품질표시와 품질테스트 결과 등에 관한 정보가 포함된다. Maynes(1976) 역시 소비자가 필요로 하는 정보는 상품, 품질, 시장, 가격에 관한 정보라고 하였으며(김영신 외, 2015, 재인용) 최근에는 소비재와 관련하여 다양한 안전사고가 발생하면서 소비자 위해정보 혹은 소비자 안전정보에 대한 논의도 다양한 소비분야에서 이루어지고 있다. 이득연과 최선경(1994)은 소비자정보의 유형의 구매전 단계와 구매후 단계로 구분하고 구매전 단계에서 소비자가 필요한 정보는 일반 정보(일반생활 정보, 정책제도관련 정보)와 구매관련 정보(구입처 정보, 상품속성 정보, 상품 비교정보, 위해안전정보, 거래조건 정보 등)로 구분하였으며, 구매 후 단계의 정보유형을 사용관련 정보(상품사용정보, 피해

보상 및 A/S)라 하였다.

소비자정보는 소비자들이 그들의 욕구를 충족시켜주는 상품과 서비스의 종류나 성능에 대한 정보를 포함하고 있으므로 소비자들의 선택의 기회를 확대하고 소비자들의 만족을 극대화 시킨다. 또한 상품이나 서비스를 결제하는 방법이나 시장정보, 사용이나 처분에 대한 정보, 품질보장내용 등을 포함하고 있기 때문에 소비자 피해를 사전에 예방하는 한편 소비자 피해가 발생했을 때 소비자가자 스스로를 보호하고 피해로부터 구제받을 수 있는 수단이자 힘으로써의 의의가 있다.

표 4-1. 소비자정보의 내용

구분	내용
상품정보	소비자의 특정한 욕구를 충족시키는 상품의 종류나 브랜드 등에 관한 정보
품질정보	제품의 품질이나 성능을 결정하는 제품의 속성에 관한 정보
시장정보	대형마트, 백화점, 온라인 쇼핑몰, 홈쇼핑, 방문판매 등 제품을 구매하는 시장에 관한 정보
가격정보	상품이나 서비스를 구매 또는 이용하는 대가로 소비자가 지불하게 되는 금액에 대한 정보로 같은 상품이라 하더라도 시장에 따라 가격이 달라질 수 있음

3) 소비자정보의 원천

소비자들은 다양한 곳에서 소비자정보를 접하게 된다. 소비자들은 때로는 스스로의 필요에 의해 적극적으로 정보를 탐색하기도 하고, 때로는 의도하지 않게 정보에 노출되기도 한다. 소비자가 얻게 된 정보의 출처를 우리는 소비자정보원천이라고 하는데, 일반적으로 상업적 정보원천, 개인적 정보원천, 중립적 정보원천으로 구분된다.

(1) 상업적 정보원천

상업적 정보원천은 제품의 판매원으로부터 듣게 된 정보나 미디어 채널을 시청하는 중에 접하게 되는 영상광고, 홍보용 전단지, 기업의 홈페이지나 온라인 쇼핑몰에서 제공하는 제품정보 등이 해당된다. 이러한 정보는 소비자가 필요할 때 점원에서 제품에 대해 질문을 하거나 즐겨보는 TV프로그램이나 SNS 채널을 시청하는 중에 접하게 되는 광고, 혹은 귀갓길에 현관에 붙어 있는 불특정 다수에게 전달되는 광고성 전단지를 통해 접하는 정보들로 소비자들은 적은 노력으로 즉시 정보를 얻을 수 있다는 장점이 있다. 또한 기업에서 소비자를 대상으로 적극적으로 제품 광고를 함으로써 소비자는 자신의 욕구를 충족시킬 수 있는 최적의 대안을 탐색할 수 있다는 점에서 의미 있다. 그러나 정보가 제품을 생산하거나 판매하는 자를 통해 제공되기 때문에 부정적인 정보는 축소하거나 제공하지 않고 긍정적인 정보는 확대하여 전달되는 등 제공되는 정보가 부분적이라는 단점이 있다. 이에 소비자들이 반드시 알아야 하는 정보가 누락되지 않도록 중요한 소비자정보를 반드시 소비자에게 제공하도록 법적으로 강제하고 있다. 그 대표적인 사례가 「표시광고의 공정화에 관한 법률」이다. 동법 제4조 중요정보의 고시 및 통합공고에 따르면 공정거래위원회는 상품 등이나 거래 분야의 성질에 비추어 소비자 보호 또는 공정한 거래질서 유지를 위하여 필요한 사항으로 (1) 표시광고를 하지 아니하여 소비자 피해가 자주 발생하는 사항과 (2) 표시광고를 하지 아니하면 소비자가 상품 등에 중대한 결함이나 기능상의 한계 등을 정확히 알지 못하여 구매 선택을 하는 데에 결정적인 영향을 미치게 되거나, 소비자의 생명·신체 또는 재산에 위해를 끼칠 가능성이 있는 경우, 그 밖에 소비자의 합리적인 선택을 현저히 그르칠 가능성이 있거나 공정한 거래질서를 현저히 해칠 수 있는 정보를 중요정보라 명명하고 이를 반드시 표시·광고에 포함하도록 규정하고 있다.

(2) 개인적 정보원천

개인적 정보원천은 소비자 개인의 가족, 친지, 친구, 동료 등으로부터 접하게 되는 정보이다. 예를 들어 태블릿PC를 구매하고자 하는데 몇몇 고려상품군 중에서 어떤 상품을 최종 선택해야 할지 망설여질 때 고려상품군에 해당하는 제품을 사용하고 있는 친구에서 제품에 대한 사용경험을 물어볼 수 있다. 이렇게 친구로부터 얻게 된 정보가 개인적 정보원천으로부터 얻은 정보라 할 수 있다. 그러나 최근에는 인터넷이나 소셜네트워크의 발달로 소비자정보를 공유하는 플랫폼이 다양해지고 정보도 양적으로 많아지고 있다. 이렇게 요즘 소비자들은 그들이 현실세계에서 직접적으로 관계를 가지고 있지 않더라도 온라인 네트워크나 온라인 정보탐색을 통해 기업이나 특정기관에서 제공하는 소비자정보 뿐만아니라 소비자개인이 생산한 소비자정보에 접근할 수 있다. 또한 최근 이와 같은 타인의 소비자 제품사용 후기와 같은 경험 정보는 소비자들에게 제품 선택에 있어 중요한 정보로 영향을 미친다. Decker(2007)의 연구에 따르면 소비자 온라인 리뷰를 볼 수 있는 쇼핑몰을 볼 수 없는 쇼핑몰보다 더 선호한다고 하였다. 또한 특정 제품을 사용한 경험이 있는 소비자가 제공하는 제품사용 정보는 동일 모델을 구매하고자 하는 다른 소비자들의 구매의도(Chatterjee, 2001; Park and Kim, 2008)나 그 제품에 대한 태도(Park and Lee,

2008; Schlosser, 2011)에 유의미한 영향을 미친다. 또한 안아림과 민동원(2013)은 소비자의 온라인 리뷰가 소비자를 설득할 수 있음을 시사하였다. 이렇게 온라인상에서 제공되고 있는 소비자들의 정보가 추가되면서 개인적 정보원천을 소비자 정보원천이라 명명하리고 한다. 한편, 온라인 소비자정보를 포함하는 소비자 정보원천은 제품을 생산·유통·판매하는 자의 직접적인 통제하에 있지 않기 때문에 신뢰할 수 있고 소비자의 욕구(제품에 대해 궁금한 점)에 맞추어 정보가 제공될 수 있으며 정보탐색의 비용이 낮다는 장점이 있다. 그러나 정보제공자의 주관을 배제할 수 없고 정보가 간헐적으로 제공된다는 단점이 있다.

(3) 중립적 정보원천

중립적 정보원천은 정부산하 기관이나 언론기관에서 발행하는 간행물이나 소비자나 생산자, 유통업자, 판매자가 아닌 제3자 또는 제3의 기관에서 제공하는 소비자정보를 말한다. 객관적인 평가지표를 개발하고 이에 따라 제품을 비교 평가하기 때문에 다른 정보원이 비해 편견이 개입되지 않은 정보로 신뢰성이 높다. 다만 정보 비용이 높고, 최신성이 결여되는 경우가 많으며, 정보를 이해하기 위한 지적능력이 요구된다.

4) 소비자정보의 평가

산업혁명으로 말미암아서 소비재가 시장에 공급되는 양이 수요량을 뛰어넘으면서 생산판매자 입장에서는 소비자의 선택이 무엇보다 중요해졌다. 산업혁명은 소비자주권실현의 단초가 된 것이다. 생산판매자 입장에서는 소비자들의 욕구를 파악하여 제품을 생산하고 그들이 생산한 제품은 물론 제품을 판매와 연관된 모든 이해관계자들에게 좋은 이미지를 입혀야 했으며 소비자들이 미처 인식하지 못하는 욕구를 미리 찾아내어 이 제품이 소비자들에게 얼마나 필요한지를 설명하고 소비자들의 동선은 물론, 날씨, 매장의 향기, 직원 유니폼의 정갈함은 물론 소비자들의 무의식까지 신경을 써가며 그들에게 선택받아야만 살아갈 수 있는 약육강식의 시장에서 끊임없이 생존경쟁을 하고 있다. 시장구조가 사업자 중심에서 소비자 중심으로 전환된 것이다. 이러한 시장경쟁구조속에서는 생산자와 소비자가 힘의 균형을 갖추기 위해서는 소비자정보가 원활하게 제공되어야 한다. 그러나 앞서 설명한 바와 같이 소비자정보원천별로 제공하는 정보에는 장단점이 있다. 즉 어떤 정보는 소비자에게 유용하기도 하고 때로는 잘못된 정보로 소비자문제가 발생하기도 한다. 따라서 소비자정보가 유용성을 갖기 위해서는 여러 요건을 갖추어야 한다.

(1) 정보의 적시성

정보는 소비자가 필요할 때 맞추어 시의적절하게 제공되어야 한다는 것이다. 예를들어 A군은 2021년 11월 18일에 수능을 치고 친구들과 함께 오랜만에 애슐리퀸즈에서 식사를 하려 계획하고 있다. 친구들과 약속을 잡다 11월 30일에 만날지 12월 1일에 만날지 고민하다 12월 1일에 만나기로 했다. 그리고 약속한 날 1일에 25,900원을 내고 맛있게 저녁 식사를 하고 친구들과 즐거운 시간을 보내고 집으로 돌아왔다. 그리고 그날 밤 A군과 친구들은 그날 11월 19일부터 11월 30일까지 수능을 본 학생들은 수험표를 가지고 오면 25,900원인 던 뷔페 가격이 17,900원으로 할인해 준다는 사실을 알게 되었다. 우리는 흔히 내가 특정 제품을 구매하고 난 다음날 그 제품의 할인이 시작되었다는 사실을 알게 되거나, 어떤 제품을 구매한 후에 더 저렴하게 판매하는 온라인 매장을 알게 된 경우를 접하게 된다. 만약 그 정보를 내가 구매하기 전에 알았더라면 소비의 효율성이 높아졌을 것이다. 이런 측면에서 정보는 소비자에게 시의적절하게 제공되어야 한다.

(2) 정보의 명료성

소비자에게 제공되는 정보는 소비자가 쉽게 이해할 수 있는 형태로 뚜렷하고 명료하게 제공되어야 한다. 소비자가 제대로 이해하지 못하는 형태로 제공된다면 정보가 아무리 다양한 방법으로 제공된다 하더라도 소비자는 그것을 활용하지 못하기 때문이다. 2022년 1월 1일부터 시행되는 나트륨 함량 비교표시가 여기에 해당한다. 나트륨 함량 비교 표시는 「식품 등의 표시·광고에 관한 법률」 6조에 따라 소비자가 동일하거나 유사한 식품을 구분하고 나트륨 함량을 비교하여 선택하는데 도움을 줌으로써 우리 국민의 나트륨 섭취를 줄이는데 기여함을 목적으로 개발되었다. 그런데 종전의 나트륨 함량 비교 표시는 나트륨 함량 비교 표시 대상 식품의 세부분류별 비교표준값에 대한 비율(%)로 산출한 비교표준값을 기준으로 비교단위 당 영양성분 표시 상의 나트륨 함량을 백분율로 산출한 후 이를 소수 첫째자리에서 반올림하여 정수로써 해당하는 구간범위에 음영으로 표시하여 제공해 왔다. 또한 세부분류별 나트륨 비교표준값에 대한 비율(%)을 QR코드와 연계하여 제공할 수 있었다. 즉, 나트륨 함량 비교 표시를 제품의 포장이나 용기에 인쇄할 수도 있고 그 내용을 QR코드로만 제공할 수 도 있었다. 그러나 소비자들의 표시 활용도와 표시 문해력이 낮다는 문제가 발생하였고 이에 표시구간을 나트륨의 절대적 함량으로 구분하고 1일 섭취권장량을 초과할 경우에는 8구간에 적색으로 표시하도록 하며, QR코드 표시가 가능하다는 조항을 삭제하였다.

표 4-2. 개선 전과 후의 나트륨 함량 비교 표시 구간

<table>
<tr><th>구분</th><th colspan="11">사례</th></tr>
<tr><td rowspan="4">개선 전</td><td colspan="11">$$\text{세부분류별 비교표준값에 대한 비율(\%)} = \frac{\text{[비교단위 당 영양성분 표시 상의 나트륨 함량]}}{\text{[세부분류별 비교표준값]}} \times 100$$</td></tr>
<tr><td>구간</td><td>1번째</td><td>2번째</td><td>3번째</td><td>4번째</td><td>5번째</td><td>6번째</td><td>7번째</td><td>8번째</td><td>9번째</td><td>10번째</td></tr>
<tr><td rowspan="2">비율(%)</td><td rowspan="2">≤25</td><td>〉25</td><td>〉50</td><td>〉70</td><td>〉90</td><td>〉110</td><td>〉130</td><td>〉150</td><td>〉175</td><td rowspan="2">〉200</td></tr>
<tr><td>≤50</td><td>≤70</td><td>≤90</td><td>≤110</td><td>≤130</td><td>≤150</td><td>≤175</td><td>≤200</td></tr>
<tr><td rowspan="3">개선 후</td><td>구간</td><td>1번째</td><td>2번째</td><td>3번째</td><td>4번째</td><td>5번째</td><td>6번째</td><td>7번째</td><td>8번째</td></tr>
<tr><td>함량</td><td>0≤</td><td>800 〈</td><td>1,000 〈</td><td>1,200 〈</td><td>1,400〈</td><td>1,600 〈</td><td>1,800 〈</td><td>2,000 〈</td></tr>
<tr><td>(mg)</td><td>≤ 800</td><td>≤ 1,000</td><td>≤ 1,200</td><td>≤1,400</td><td>≤ 1,600</td><td>≤ 1,800</td><td>≤ 2,000</td><td></td></tr>
</table>

표 4-3. 개선 전과 후의 나트륨 함량 비교 표시

구분	사례	
개선 전	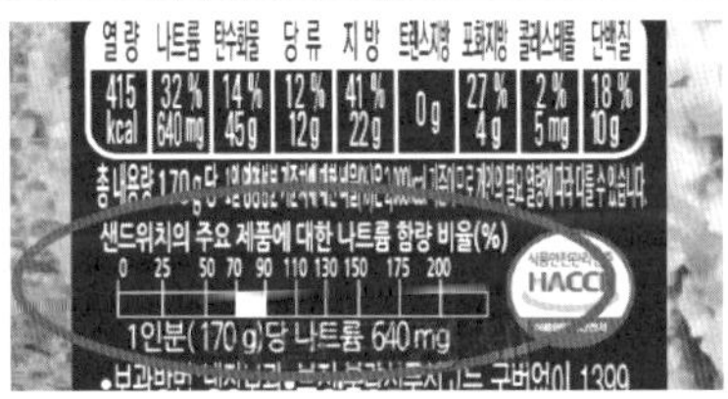 또는	
개선 후	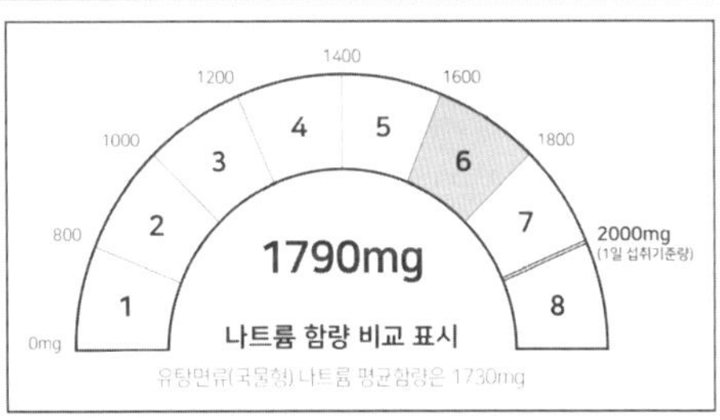 ▲ 1일 섭취 권장량 이내인 경우	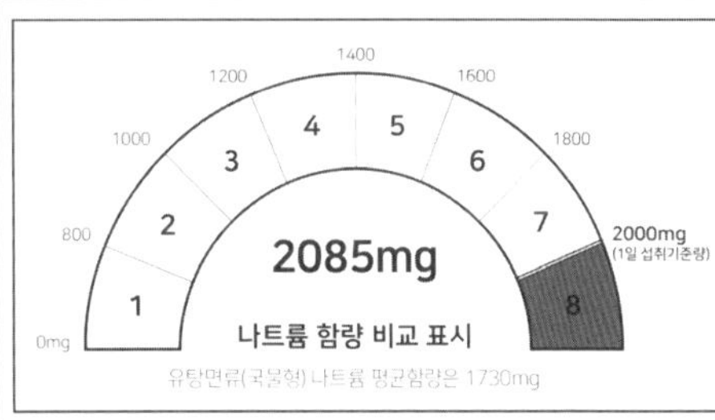 ▲ 1일 섭취 권장량 이상인 경우

(3) 정보의 적합성

소비자정보는 소비자가 필요로 하는 정보의 내용과 일치해야 한다. 제주여행을 준비하는 사람에게 서울 숙박업소의 할인정보는 쓸모가 없다. 또한 앞서 언급했었던 2021년 수험생을 대상으로 한 할인정보는 수험생이 아니거나 주변에 수험생이 없는 경우에는 필요가 없다. 즉, 소비자정보가 정보로서 유용성을 갖기 위해서는 소비자가 처한 상황에 맞게 적절하게 제공되어야 한다.

(4) 정보의 신뢰성

소비자에게 제공된 정보는 신뢰할 만한 정보여야 한다. 이는 해당 제품에 대한 정보의 출처가 제품에 대해 진실한 내용을 전달하는가 하는 문제이다. 최근 인플루언서가 특정 업체로부터 대가를 받고 유투브 등의 SNS에 콘텐츠를 제작하여 업로드한 후에 유료광고임을 표기하지 않은 뒷광고 논란이 대표적일 사례이다. 소비자들은 인플루언서나 다른 소비자들이 제공하는 제품 사용경험을 참고하여 제품을 구매하는데 이러한 뒷광고는 자신이 직접 구매한 물건인 것처럼 콘텐츠를 제작하여 소비자들이 오인하도록 하였다. 뒷광고 문제가 연이어 생기면서 온라인 상에서 제공되는 소비자 사용경험정보에 대한 신뢰성의 문제가 제기되기도 한다.

(5) 검증가능성

소비자에게 제공되는 정보는 검증 가능해야 한다. 이는 정보의 신뢰성과도 연결되는데, 정보의 정확성이 검증가능해야 신뢰할 수 있으며, 아무리 소비자에게 적합한 정보가 명료하고 시의적절하게 제공된다 하더라도 정보가 검증 가능해야지만 신뢰할 수 있다. 정보의 검증가능성은 공신력있는 기관에서 제공하는 정보와 비교하거나 전문가에 의해 확인될 수 있다.

(6) 접근용이성

소비자에게 제공되는 정보는 소비자가 쉽게 접근할 수 있어야 한다. 아무리 좋은 정보가 생성되었다 하더라도 소비자가 쉽게 활용할 수 있도록 제공되어야 한다. 소비자가 정보를 활용하는데는 비용이 발생한다. 앞서 설명한 나트륨 함량 비교 표시는 명료하게 제공되는 문제를 개선하기 위하여 구간을 상대적 기준에서 절대적 기준으로 변경하였다. 또한 QR코드를 사용하여 정보를 제공해도 된다는 조항은 소비자의 접근용이성과 연관된다. 즉 종전의 나트륨 함량 비교 표시는 제품의 용기나 포장에 QR코드로 인쇄하고 소비자가 스마트폰 등의 전자기기를 활용하여 QR코드를 찍었을 때 해당 정보를 확인할 수 있도록 하는 것을 허용하고 있었다. 그러나 소비자가 전자기기를 준비하고 관련 프로그램을 실행하여 QR코드를 찍어야 하는 수고 즉 시간과 노력이라는 비용이 발생한다. 따라서 포장이나 용기에 인쇄된 표시를 소비자가 직관적으로 확인하는 것에 비해 접근용이성이 떨어진다. 이러한 이유로 정보 접근용이성이 떨어질 경우에는 소비자정보가 활용되지 못하고 사장될 수 있다.

그림 4-1. 소비자정보의 유용성 조건

3. 소비자정보역량과 소비자정보문제

1) 소비자정보역량

소비자정보가 유용성을 갖기 위한 조건을 충족하여 제공된다면 소비자는 합리적으로 의사결정을 내리고 소비생활에 만족할 수 있을까? 소비자문제는 그리 간단하지가 않다. 소비자들이 정보를 활용하기 위해서는 정보가 특정 요건을 갖추는 것도 필요하지만 소비자 스스로가 정보를 탐색하고 활용할 수 있는 능력을 갖추어야 하는데 이것을 소비자정보역량이라 한다. 소비자정보역량은 정보탐색능력과 정보리터러시로 구성된다(황혜선, 김기옥, 2012).

소비자의 정보탐색능력은 소비자지식과 인지적 능력을 포함한다(Bettman, Park, 1980; Brucks, 1985; Schnidt, Spreng, 1996; 황혜선, 김기옥, 2012, 재인용). 먼저 소비자지식은 정보탐색에 영향을 미치는 능력 중 하나로 소비자가 특정정보를 필요로할 때 그간의 소비경험과 정보탐색결과를 통해 축적된 사전지식과 향후에 정보 탐색을 수월하게 할 수 있는 기억구조로서의 지식으로 구분된다. 여기서 축적된 사전지식은 객관적으로 알고 있는 수준을 의미하며, 기억구조로서의 지식은 객관적 지식이 다른 정보처리나 지식생성을 지원하는 능력으로 활용되는 것을 의미한다. 다음으로 인지적 정보처리능력은 소비자가 정보를 탐색하고 처리하는 인지적 능력을 말한다. 이는 제품과 관련된 정보를 소비자가 구분하고 분석하는 능력과 제한된 정보로부터 정확하게 추론해내고 정교화하는 능력은 제품과 관련된 활동을 성공적으로 수행하도록 돕는다(Alba, Hutchinson, 19887). 그런데 이 능력은 소비자의 교육수준에 깊이 영향을 받는다.

소비자가 정보를 탐색하여 적합한 정보를 수집하게 되면 그 정보를 이해하고 활용할 수 있어야 하는데 이것을 정보리터러시라고 한다. 소비자는 자신이 가진 문제 즉 욕구를 충족시켜 만족에 이르기 위해 문제를 해결하기에 적합한 정보를 인식한 후에 정보를 수집하고 이를 선별하여 필요한 정보만을 추출해내고 여러 정보원천으로부터 추출한 정보를 체계화하고, 재구성하는 활동에 충실하여야 한다.

2) 소비자정보문제

소비자정보는 소비자가 스스로를 보호하고 올바른 의사결정을 하는데 중요한 역할을 한다. 그러나 사회가 변하고 과학기술이 발전하고 있음에도 불구하고 소비자와 생산판매자간 정보비대칭문제, 소비자간 정보격차 문제, 정보과부하, 역선택, 개인정보유출 혹은 개인정보침해 등의 소비자정보와 관련된 문제가 지속적으로 발생하고 있다.

제품이 개발되고 생산되어 시장에 출시되는 과정에서 생산자와 판매자는 제품에 대한 완전정보를 소유하고 관리하게 되며 이중에서 일부의 정보만이 소비자에게 제공된다. 따라서 소비자와 생산판매자간에는 필연적으로 정보비대칭문제가 발생하게 된다.

한편, 일시에 너무 많은 정보가 소비자에게 제공되어도 소비자들은 모든 정보를 수용하지 못하는 정보과부하라는 인지적 장애를 경험하게 된다. Jacoby, et al.(1974)은 소비자가 과도하게 많은 정보에 노출될 경우에 소비자 선택의 질이 낮아진다고 하였다. 따라서 앞서 살펴본 바와 같이 소비자들은 넘쳐나는 정보의 홍수 속에서 자신에게 필요한 정보를 적절히 추출하고 종합하여 활용할 수 있는 소비자정보역량이 중요하다.

소비자정보역량은 또다른 소비자정보문제와 연관된다. 바로 소비자간 정보격차문제이다. 소비자들은 제각각 처해있는 상황이 다르고, 교육수준에도 차이가 있다. 또한 지역에 따라 경험할 수 있는 소비경험에도 차이가 있을 수 있다. 경제수준에 따라 다양한 시장환경 경험이나 미디어 활용경험에 차이가 발생한다. 이러한 이유로 소비자들은 원천적으로 소비경험에서 축적되는 정보에 차이가 있고, 정보를 처리하는 능력에도 차이가 발생한다. 이러한 이유로 소비자 간에 정보격차 문제가 발생한다.

그 외에도 정보문제로 인해 소비자가 잘못된 선택을 하게 되어 장기적으로 시장에서 품질이 낮은 제품이 선택되고 품질이 좋은 제품이 선택되지 못하여 시장에서 도태되는 역선택과 레몬문제가 발생하는 등 소비자정보문제는 건강하고 공정한 시장환경을 저해한다.

행동경제학과 소비자정보

읽을거리

생활과학은 인간의 전 생애 과정에서 인간 생활의 질적 향상을 위해 생활환경을 과학적으로 탐구하는 실용학문이다. 인간의 생활환경 전반을 다루다보니 다학제적 접근이 필수적이다. 그렇다보니 생활과학분야를 뛰어넘는 경영학이나 심리학, 사회학은 물론 경제학의 선행이론을 통해 인간의 행동을 탐구하기도 하는데, 행동경제학도 그 중의 하나이다. 행동경제학은 인간의 실제 행동을 심리학, 사회학, 생리학적 견지에서 바라보고 그로 인한 결과를 규명하려는 경제학의 한 분야이다. 행동경제학은 주류경제학에서 내세우는 '인간은 합리적인 경제인'이라는 전제를 부정한다. 인간은 제한적으로 합리적이며 때로는 감정적으로 선택하는 경향이 있다고 주장한다.

소비자의 정보탐색 활동에서도 행동경제학의 이론이 적용되곤 하는데, 여기서는 행동경제학의 수많은 이론 중에 하나인 '휴리스틱'에 대해 간략히 소개하고자 한다. 휴리스틱(heuristic)은 문제를 해결하거나 불확실한 사항에 대해 판단을 내릴 필요가 있지만 명확한 실마리가 없을 경우에 사용하는 편의적 판단방법이다. 즉 휴리스틱 정보처리방식은 인간이 소수의 정보 단서만을 가지고 정보를 판단하며, 정보의 내용보다는 정보원의 신뢰나 정보의 길이 등과 같이 부차적인 것들로 정보를 처리하는 방식이다. 반면 체계적 정보처리방식은 판단대상이 되는 정보를 이해하려는 노력과 분석적 검토가 이루어지며 이 과정에서는 정보를 평가하고 이해하려는 시도가 적극적으로 이루어진다. 그렇다면 우리는 어떤 방식으로 정보를 처리할까? 이에 대해 김서용과 유연재(2014)는 사람들은 일반적으로 환경적·인지적 제약 상황에서 정보를 처리하며, 이러한 이유로 충분한 동기와 인지적 자원이 존재할 때에만 인지적 노력을 기울이는 경제적 존재라는 하였다.

휴리스틱의 대표적인 사례를 살펴보자. 매장에 진열되어 있는 상품의 가격표시정보에서 흔하게 사례를 찾아볼 수 있다. 상품의 정상가격 15,000원에 줄을 긋고 아래로 화살표를 하여 할인가격 또는 판매가격 13,500원이라는 가격표시가 그것이다. 「행동경제학」의 저자 도모노 노리오(2008)는 소비자는 물건을 구매할 때 상품 가치를 기초로 한 정정한 가격을 알 수 없다. 대부분은 정가나 정찰가격 표시를 보고 타당한 가격을 판단한다고 하였다. 이에 상품의 할인가격표시는 정상가격이 기준점이기 때문에 판매가격을 싸게 느낀다. 이와 유사하게 우리는 거래과정에서 협상을 할 때 팔고자 할 때는 타협할 수 있는 가격보다 높은 금액을 제시하고, 사고 싶을 때는 타협할 수 있는 금액보다 낮은 금액을 제시하는데 이것 역시 기준점 효과 때문이다.

일반인뿐만 아니라 전문가도 기준점에 의해 판단이 좌우되기도 한다. Northcraft & Neale(1987)은 주택에 대한 상세정보와 주택의 가격을 포함한 10페이지 자료를 부동산 매매 아마추어와 전문가들에게 주었다. 그리고 실험대상자를 4개 그룹으로 나누어 각 그룹마다 각기 다른 희망 판매가격(Listing price)을 제시하였다. 그리고 실험대상자에게 부동산의 적정 평가액(Appraisal value), 적절한 광고 판매가격(Listing price), 적절한 구입가격(Purchase price), 판매자가 받아들 수 있는 가장 낮은 금액을 제시하도록 하였다. 그 결과 각 그룹에게 주었던 자료에 제시된 가격과 크게 다르지 않게 금액이 책정되었었다. 이는 첨음 제시된 가격이 앵커링(닻 내리기) 되어 나타난 결과라 하겠다.

토론학습

1. 시장에서 유용성이 낮은 소비자정보를 탐색하고 개선방안을 제안해 봅시다.
2. 리서슈머(researsumer)에 대해 알아보고, 현대소비시장에서 리서슈머의 역할에 대해 토론해 봅시다.

참고문헌

김서용·유연재 (2014), 후쿠시마 원전사고에 대한 한국민의 위험판단 과정에 대한 분석: 휴리스틱-체계적 모형(HSM)에서 정보수신정보수신자의 관여와 능력의 역할을 중심으로. 정부학연구, 20(3), 315-343.

김영신, 이희숙, 김시월, 옥경영, 서인주 (2015), 핵심 소비자정보관리, 교문사.

김용자(1996), 소비자정보제공 체계에 관한연구, 소비자문제연구, 18, 1-35.

도모노 노리오 (2008), 행동경제학, 이명희 옮김, 지형: 서울.

송유진 (2016), 위험커뮤니케이션 노출 유형에 따른 소비자위험정보 수용모델 개발, 충북대학교 일반대학원 박사학위논문.

안아림, 민동원 (2013), 소비자 온라인 리뷰(OCR)가 제품에 대한 태도와 구매 의도에 미치는 영향: 성별과 OCR 유형의 조절 효과를 중심으로, 소비자학연구, 24(3), 23-50.

유현정(1994), 정보원속성과 정보내용의 측면에서 평가한 소비자정보원의 질 수준, 성균관대학교 석사학위 논문.

이득연·최선경(1994), 소비자의사결정과정에서의 소비자 정보활용도 평가, 한국소비자보호원 정책연구보고서.

이은희(1993), 소비자정보의 요구에 관한 연구, 서울대학교 박사학위논문.

임호택, 염민선 (2016), 의류구매 시 쇼루밍(Show-rooming) 결정요인에 대한 연구. 서비스경영학회지, 17(4), 65-88.

황혜선, 김기옥 (2012), 현대 소비자의 소비자정보역량: 전자제품 구매 시 정보탐색 효율성 및 효과헝에 미치는 영향, 대한가정학회지, 50(6), 99-117.

Alba, J. W., & Hutchinson, J. W. (1987), Dimensions of consumer expertise. Journal of Consumer Research, 13, 411-454.

Bettman, J. R., Park, C. W. (1980), Effects of prior knowledge and experience and phase of the choice process on consumer decision processes: A protocol analysis. Journal of Consumer Research, 7(December), 234-248.

Brucks, M. (1985). The effect of product class knowledge on information search behavior. Journal of Consumer Research, 12, 1-15.

Chatterjee, Patrali (2001), Online Reviews: Do Consumers Use Them?, Advances in Consumer Research, 28(1), 129-133.

Corrigan, Peter. (1997) The sociology of consumption, 이성용, 유홍준, 이정환, 고성호, 정기선, 정태인 옮김, 도서출판 그린, 서울.

Kumar, V. and Venkatesan, R. (2005), Who are the multichannel shoppers and how do they perform? Correlates of multichannel shopping behavior, Journal of Interactive Marketing, 19(2), 44-62.

Maynes, E. Scott(1976), The Concept and Measurement of Product Quality, Household Production and Consumption, NY: National Bureau of Economic Research, 529-560.

Northcraft, G. B., and Neale, M. A. (1987), Expert, amateurs, and real estate: and anchoring-and-adjustment perspective on property pricing decisions, Organizational Behavior and Human Decision Processes, 39, 84-97.

Park, Do-Hyung and Sara Kim (2008), The Effect of Consumer Knowledge on Message Processing of Electronic Word-of-Mouth via Online Consumer Reviews, Electronic Commerce Research and Applications, 7(1), 399-410.

Schmidt, J. B., & Spreng, R. A. (1996), A proposed model of external consumer information search. Journal of the Academy of Marketing Science, 24, 246-256.

Schlosser, Ann E. (2011), Can Including Pros and Cons Increase the Helpfulness and Persuasiveness of Online Reviews?: The Interactive Effects of Ratings and Arguments, Journal of Consumer Psychology, 21(1), 226-239.

Wilson, B. B. (2008), Get to Know Your Basic Consumer Rights: How Do They Work for You? the Alabama Cooperative Extension System(available online: https://ssl.acesag.auburn.edu/pubs/docs/U/UNP-0040/UNP-0040-archive.pdf)

제2절 소비자정보와 미디어

- 미디어는 소비자들에게 정보를 전달하고 확산시키는 중요한 역할을 하며, 시장을 구성하는 주체들 간의 의사소통의 장이 되기도 하며, 소비자들 간에 거래가 이루어지는 새로운 시장이 되기도 한다.
- 최근 인터넷의 확산과 디지털기기의 발전으로 미디어가 소비자에게 미치는 영향이 지대해 지고 있다. 이번 장에서는 오래전 과거에서부터 현대에 이르기까지 소비자들 일상생활 속에 자리잡고 있는 미디어와 미디어와 관련된 이론을 고찰한다. 또한 소비자가 미디어를 통해 소비생활에 큰 영향을 받는 것 중에 하나인 광고에 대해 알아본다.

1. 정보사회와 미디어

소규모 집단이 식량을 찾아 이동하며 생활하던 인류는 약 1만 년 전에 곡식을 재배하고 가축을 사육하는데 성공하면서 농경이라는 새로운 차원의 생산양식을 발명해 냈다. 이를 우리는 신석기혁명 혹은 농업혁명이라 한다. 이전까지 자연환경에 순응하면서 살아온 인류는 농경의 성공으로 기존의 생산과 생활 방식을 도전적으로 바꾸고 부락을 이루고 경작지를 만들면서 정착생활을 하는 등 새로운 문화를 정착시켰다. 농경사회가 시작된 것이다.

18세기 말에 이르러 제임스 와트가 증기기관을 발명하고, 이 기술을 이용하여 방적기를 발명한 것을 필두로 산업을 위한 다양한 기계들이 계속 발명되면서 가내수공업으로 생산되던 재화들이 기계를 통해 생산되는 공장제도가 정착된다. 더불어 기계를 가동하기 위해 대량의 석탄 개발사업이 함께 성장하게 된다. 공업사회가 시작된 것이다. 공업사회는 핵가족, 도시화와 같이 농업혁명과는 다른 새로운 생활방식을 만들어 냈다. 즉, 산업혁명은 농경사회에서 공업사회로 이 일어나면서 인류는 두 번째 큰 변화를 경험하였다.

화석연료를 기반으로 기계가 가동되는 공업사회는 석유파동이라는 두 번의 큰 고비를 맞게 된다. 석유파동은 화석연료를 기반으로 하는 많은 국가들에게 '에너지 위기'에 대한 우려를 초래하였다. 석유가격 상승은 원재료가격을 상승시켰고 이는 곧 제품가격상승으로 이어지면서 세계적인 불황과 인플레이션을 가져왔다. 석유파동을 통해 많은 인류는 자원의 유한성을 절실히 체감하게 되고, 먼 미래가 아닌 21세기 어떻게 될 것인가 하는 문제가 관심사로 대두되었다. 21세기론이 등장하면서 희소성과 유한성에 기반을 둔 자원 중심 시장경제에 대한 관심이 무한 창조가 가능한 정보에 대한 관심으로 전환되기 시작했다. 이와 더불어 인터넷환경의 확장과 미디어의 발전은 정보사회로의 패러다임 전환을 가속하였다.

정보사회란 정보의 생산과 유통에 가치를 두는 사회로 정보가 가장 중요한 자원이 되는 사회를 말한다. 비단 정보가 정보사회라 명명되는 현대사회에서만 중요한 자원은 아니다. 그러나 정보 자체가 갖는 가치와 효과에 초점을 두고 이를 산업의 다양한 분야에 적용하거나 정보 자체가 주요 자원으로 여겨지는 사회가 바로 정보사회이다.

정보사회에서는 정보를 전달하는 수단인 미디어가 중요한 역할을 한다. 마샬 맥루한은 미디어가 인간에게 유용한 기술적 도구가 아니라 인간의 확장이라고 하였다. 인간은 미디어를 통해 자신의 감각 능력을 극대화한다고 하였다. 또한 현대사회의 미디어는 집단지성과 같은 사회적 자원을 만들어 내기도 한다. 미디어를 통해 생산, 유통, 소비, 재생산된 다양한 형태의 정보는 집단지성을 만들어 내고, 기업의 신제품 생산의 방향이나 경영 방향을 제시하기도 한다. 또한 소비자들에게는 소비자정보를 전달하고 확산시키는 중요한 역할을 하며, 시장을 구성하는 주체들 간의 의사소통의 장이 되기도 하며, 소비자들 간에 거래가 이루어지는 새로운 시장이 되기도 한다. 이번 장에서는 오래전 과거에서부터 현대에 이르기까지 소비자들의 일상생활 속에 자리매김하고 있는 미디어에 대해 알아보고자 한다.

2. 미디어의 개념과 유형

미디어(Media)란 어떤 작용을 한쪽에서 다른 쪽으로 전달하는 역할을 하는 것으로, '대중 매체', '매개체', '매체'로 순화하여 표현되고 있다(네이버 국어사전, 국립국어원). 인간 사회에서 자신의 의사나 감정 또는 객관적 정보를 서로 주고 받을 수 있도록 마련된 수단으로 의사소통을 위해 사용하는 목소리, 얼굴표정, 몸짓, 문자, 메시지, 동영상 등 모든 수단을 포괄적으로 미디어라고 한다.

마샬 맥루한(1997)은 '미디어는 메시지다'라고 하여 현대사회에 있어 미디어는 인간의 상호관계와 행동의 척도를 만들어내고 제어하는 것으로서 인간에게 심리적, 사회적 영향을 미치는 것으로 존재한다 하였다. 구자경과 김희진(2018)은 미디어는 단순히 메시지를 전달하는 매개체에서 나아가 메시지를 수용하는 사람들에게는 하나의 정보원으로 인식되는 중요한 요소라고 하였다.

미디어를 구분하는 기준은 〈표 4-4〉와 같이 학자들마다 다양하다. 대표적으로는 전파미디어, 인쇄미디어, 뉴미디어의 세 가지 유형으로 구분하거나 전통매체와 뉴미디어로 구분하는 경우가 많은데, 여기서 전파미디어에는 라디오, 텔레비전 등이 있고, 인쇄매체는 신문, 잡지 등이 있으며, 뉴미디어는 독립적으로 존재하던 기존의 미디어들의 특성이 새로운 기술과 결합하여 더 편리하고 진보된 기능을 가진 미디어로 온라인뉴스, 블로그, 비디오게임, SNS 등이 포함된다.

표 4-4. 학자들에 따른 미디어 유형 분류

구분	미디어유형
이희정, 차문경(2018)	- SNS유형: 관계형vs표현형 - 관계형: 페이스북, 카카오스토리 - 표현형: 인스타그램, 트위터
구자경, 김희진(2018)	- 먼 거리 미디어: 신문 - 가까운 거리 미디어: SNS
김수진, 차희원(2017)	- 전통매체: 지상파TV뉴스, 종합편성채널, 중앙일간지, 경제지, 라디오방송 등 - 비통제매체: 인터넷포털사이트, 소셜미디어 - 조직보유매체: 국민안전처-홈페이지, 블로그, 페이스북

3. 미디어의 변화

1) 미디어의 변화

Werner Faulstich가 주장한 미디어의 변화과정을 기초하여 미디어 변천사를 살펴보면 다음과 같다. 1500년 이전은 말이나 문자로 메시지를 전달하였던 인간미디어 시대였다. 구텐베르크에 의해 인쇄술이 개발되면서 인쇄문화가 발달하게 되고, 니에프스에 의해 사진 촬영 기술이 개발되면서 인쇄미디어가 발달하게 되었다. 1900년대에는 라디오와 텔레비전의 보급으로 전자미디어가 급속히 보급되었다. 2000년대부터는 인터넷이 상용화되면서 디지털 미디어 시대가 도래했다. 학자들에 따라 미디어의 시대를 구분하는 기준에는 차이가 있지만 큰 틀에서 미디어는 구두미디어에서 문자미디어, 인쇄미디어, 전자미디어, 디지털미디어 순으로 발달되어왔다는 점에서는 공통된 의견을 보이고 있다.

2) 미디어 생태계: 적소이론

인간사회와 과학기술이 발전함에 따라 사회구성원이 사용하는 주요 미디어의 종류도 변화한다. 이렇게 사회변화에 따라 도태되거나 확대발전하는 미디어를 하나의 살아 있는 생태계로 보고 미디어간의 경쟁관계와 향후 발전양상을 알아보기 위해 개발된 이론이 적소이론(Nich Theory)이다. 예를 들어 1차 세계대전을 전후하여 세계적으로 무선전문가들이 등장하고 무선을 세계적 미디어로 활용하려 했지만 라디오 방송이 자리잡으면서 무선은 이제 특수한 목적이외에는 사용하지 않게 되었다. 이와 같이 새로운 미디어의 등장과 발전, 쇠퇴를 분석하기 위해 고안된 것이 적소이론이다.

적소이론은 생태학에서 생태계 내 개체군(population) 간의 경쟁관계를 설명하기 위해 개발된 이론이다. 특정 집단이 거주하는 공간에 새로운 개체가 유입될 때, 원래 집단이 소비하던 자원을 새로운 개체군이 같이 소비하려고 하면서 경쟁이 발생하게 된다는 점에 주목한다. 경쟁은 산업이나 조직이 동일한 자원을 사용하는 환경을 의미하며, 이는 생태학적인 유사성과 연관된다. 즉, 경쟁은 자원이 제한되고 생태학적인 유사성이 존재할 때 나타난다(Dimmick, 1997). 예를 들어, 미디어 산업에서 TV, 신문, 인터넷, 모바일 등 개체들은 광고 수입이나 사용자의 시간과 돈이라는 동일한 자원을 둘러싸고 경쟁하는 개체들이다.

적소이론은 미디어 연구에 적용되어 미디어 간 경쟁, 대체, 보완 관계를 설명하는 유용한 분석틀로 자리매김해 왔다. 미디어 조직에서 미디어가 경쟁을 통해 얻고자 하는 자원(resource)들로는 '획득된 충족(gratifications obtained)' '충족 기회(gratification opportunities)' '이용자 지출' '미디어 이용시간' '미디어 콘텐츠' '광고비' 등을 들 수 있다. 이 중 획득된 충족이란 "특정 미디어를 사용함으로써 실질적으로 얻은 만족"을 의미하며, 충족 기회는 "미디어 이용자가 특정 장소나 시간에 특정한 미디어를 이용할 수 있는지의 이용과 관련된 편의성"을 의미한다. 다시 말해, 미디어는 이용자들의 충족감, 이용자들이 지불하는 시간과 비용, 이용자들을 유인할 콘텐츠, 광고비 등을 확보하기 위해 서로 경쟁한다는 것이다.

적소이론은 새로운 개체가 생태환경에 유입되면서 발생하는 경쟁관계를 파악하기 위한 개념으로, 적소폭(Niche Breadth), 적소중복(NicheOverlap), 경쟁우위(Competitive Superiority)로 측정가능하다.

(1) 적소폭

적소폭(niche breadth)은 특정 미디어가 자원을 얼마나 폭넓게 활용하고 있는지를 의미한다. Dimmick은 적소폭이 좁은 미디어를 '전문 개체군(specialist)', 적소폭이 넓은 미디어를 '일반 개체군(generalist)'이라고 지칭했다. 적소폭의 값이 크다는 것은 자원 차원의 공간에 대한 분포도가 넓다는 것 즉, 제공하는 상품이나 서비스의 다양성이 크다는 것을 의미한다. 적소폭의 값이 클수록 미디어의 생존율과 적응력이 높다고 볼 수 있으며, 따라서 적소폭이 넓은 미디어는 경쟁이 심화되더라도 생존가능성이 높아지게 된다. 반면, 적소폭이 좁은 미디어는 경쟁이 심화되면 주어진 환경에 적응할 가능성이 낮아진다. 그러나 다채널 환경이 확대되면서 이용자들이 다양한 미디어를 이용하고 있기 때문에, 특정 영역에서만 충족을 제공하는 적소폭이 좁은 미디어라 할지라도 그 특정 충족에 대한 만족도가 높으면 경쟁력을 가질 수도 있다. 가령, 경제 신문이나 스포츠 채널이 기존 미디어의 틈새(niche) 영역을 충족시킴으로써 심화된 경쟁 환경에서 적응하고 살아남는 전략을 구사하는 것과 같은 것이다(Dimmick, 2003). 이처럼 적소폭은 특정 개체가 자원을 얼마나 폭넓게 활용하고 있는지에 대한 개념으로, 아래의 식으로 설명할 수 있다.

$$B = \frac{\sum_{n=1}^{N} \left[\frac{\sum_{k=1}^{K} GO_n - KI}{K(u-1)} \right]}{N}$$

u, l= 문항의 최고점수와 최저 점수(5점 척도의 경우 5와 1)
GO = 각 문항에서 획득된 충족 점수
N = 매체를 이용하는 응답자 수
n = 응답자
K = 각 하위 차원에 해당하는 문항 수
k = 문항

(2) 적소중복

적소중복(niche overlap)은 제한된 자원 활용 환경에서 나타나는 개체군 간의 유사성 정도이다. 다시 말해 공통의 자원에 의존하는 정도를 의미한다. 적소중복은 미디어 간 경쟁관계가 어느 정도인지를 보여 주는 개념으로, 적소중복이 커지면 두 미디어가 활용하는 자원이 유사한 상황으로 경쟁관계가 형성된다. 따라서 적소중복은 미디어 간 대체성이나 보완성을 파악할 수 있는 지수로 간주되는데, 이 값이 클수록 경쟁 매체의 대체성이 큰 것으로 평가할 수 있다. 이용자 충족 차원에서 적소중복은 비교 대상 미디어 간 '기능적 유사성'을 말해준다(Dimmick, 2003). 적소중복은 복수의 개체가 자원을 활용하는 패턴의 유사성의 정도에 대한 개념으로 아래의 식으로 측정할 수 있다.

$$Oi, j = \frac{\sum_{n=1}^{N} \sqrt{\sum_{k=1}^{K} \frac{(GOi - GOj)^2}{K}}}{N}$$

i, j = 매체 i, 매체 j
GO = 각 문항에서 매체 i와 매체 j의 획득된 충족 점수
N = 매체 i와 매체 j를 모두 이용하는 응답자 수
n = 응답자
K = 각 차원에 포함된 문항 수
k = 문항

(3) 경쟁우위

경쟁우위(competitive superiority)는 자원 활용에서 어떤 미디어가 경쟁에서 더 우월한 위치에 있는가를 파악하는 개념이다. 즉, 적소이론이 제시하는 핵심 개념인 적소중복과 경쟁우위는 미디어 간 경쟁관계를 파악할 수 있게 해주는 분석 도구다. 적소중복과 경쟁우위를 통해 비교 대상 미디어가 '경쟁적 대체' 관계에 있는지 혹은 '경쟁적 배제' 관계인지를 파악할 수 있다(Dimmick, 2003).

미디어 간 대체 양상은 구체적으로 두 가지로 나타난다. 특정 미디어가 다른 미디어를 완전히 대체하는 것은 배제(exclusion), 부분적으로 대체하는 것은 경쟁적 대체(competitive displacement)다. 이렇게 미디어 간 대체 유형은 적소중복과 경쟁우위에 의해 결정되며, 자원 중복이 부분적이면 우위에 있는 미디어에 의한 경쟁적 대체가 발생하지만, 중복이 전반적이라면 배제가 발생한다. 디믹은 어떤 미디어가 다른 미디어를 완전히 대체하기 위한 조건을 다음 두 가지로 설명했다. 우선 적소중복의 정도가 높아야 하는데, 이것은 비교 대상이 되는 다른 미디어가 제공하는 기능을 모두 충족시켜야 한다는 것이다. 또 비교 대상 미디어보다 모든 충족 차원에서 우월해야 한다는 것이다(Dimmick, 2003). 경쟁우위는 자원의 활용측면에서 어떠한 개체가 더 우월한 입장인지에 대한 개념으로, 다음의 식을 통해 측정할 수 있다.

매체 i의 매체 j에 대한 우위:

$$Si > j = \frac{\sum_{n=1}^{N} \sum_{k=1}^{K} (m = i > j)}{N}$$

매체 j의 매체 i에 대한 우위:

$$Sj > i = \frac{\sum_{n=1}^{N} \sum_{k=1}^{K} (m = j > i)}{N}$$

i, j = 매체 i, 매체 j
Mi 〉 j= 매체 i가 매체 j보다 더 높게 평가된 문항들의 점수 합
Mj 〉 i= 매체 j가 매체 i보다 더 높게 평가된 문항들의 점수 합
N = 매체 i와 매체 j를 모두 이용하는 응답자 수
n = 응답자
K = 각 차원에 해당하는 문항의 수
k = 문항

3) 미디어 이론

미디어를 이해하기 위해서는 그동안 미디어관련 이론이 어떻게 발전해왔는지를 살펴보아야 한다. 미디어 이론은 미디어 기술의 변화와 발전으로 새로운 미디어가 등장함에 따른 대중의 반응에 대한 연구로 이루어졌다. 어떤 전문가들은 새로운 미디어의 등장으로 장밋빛 미래를 예견하기도 하고, 어떤 전문가들은 정반대로 대중에게 미칠 부정적 영향(예를 들어 폭력, 단절)에 집중하기도 하면서 두 세기 동안 다양한 미디어 이론를 탄생시켰다. Baran과 Davis(2019)는 미디어가 개인 혹은 대중에게 미친 영향에 대해 정리하였는데 주요내용을 살펴보면 다음과 같다.

① 대중사회이론

19세기 후반, 산업화로 인하여 도시화가 진행되고 다양한 사회문제가 발생한 대규모 사회변화 시기였다. 이 시기에 새롭게 부상한 미디어와 사회에 대한 지배적인 관점은 대중사회 이론이다. 1830년대에 광고와 가판대 판매가 주요 수입원이었던 페니 프레스(Penny Press)와 1890년대의 노동계층을 비롯한 사회저층을 독자로 둔 대개는 단순하고 선정적인 내용을 담고 있는 황색 저널리즘(Yellow journalism), 1920년대의 영화, 1930년대의 라디오, 1950년대의 텔레비전은 엘리트층의 주요 비판대상이었다. 대중사회 이론의 주요주장은 미디어가 기존의 사회질서를 무너뜨리고 파괴하지만 반대로 기존의 질서를 회복하거나 새로운 질서를 도입하는 강력한 도구로도 사용될 수 있다는 것이다. 다만 이 강력한 도구인 미디어 권력 즉, 미디어 통제권을 정부가 가질 것인지, 민간의 자유에 둘 것인지에 대한 뜨거운 논쟁이 뒤따랐다.

② 제한효과이론

1930년대 후반에 들면서 사회과학적 연구방법에 대한 이해가 높은 라자스펠트는 경험적 사회연구방법을 활용하여 미디어가 사회에 미친 영향력을 분석하고자 하였다. 그는 선거 기간 동안의 미디어 영향력에 대한 분석을 시도하고자 하였지만, 결과적으로 미디어의 영향력에 찾기 어려웠고, 1950년대에 들면서 그동안 축적한 연구데이터를 해석하는 과정에서 미디어는 그동안에 사회가 우려했거나 기대했던 것만큼 그 효과가 강력하지 않다는 결론에 이르렀다. 라자스펠트와 그의 동료들은 사람들은 미디어의 영향력에 저항하는 여러 방식을 가지고 있으며 그들의 태도는 가족, 친구, 종교 집단 등 여러 경쟁요인들에 의해 형성된다고 하였다. 그리고 미디어는 대개 사회를 파괴하는 힘으로 작용하기 보다는 기존의 사회적 동향을 강화하고, 현재의 상황을 위협하기 보다는 견고히 하는 것으로 보았다. 라자스펠트와 그의 동료들은 이 이론을 '제한효과이론'으로 명명하였고, 이후 이 이론은 학계에서 지속적으로 받아들여지면서 1950년대와 1960년대에 지배적인 미디어 이론으로 자리잡았다.

③ 비판적 문화이론

제2차 세계대전이 끝나고 난 후에 미국의 영향력에 강력히 저항한 유럽사회이론가들 중에는 신마르크스주의자들이 있었다. 이 이론가들은 미디어가 지배적인 사회 엘리트의 경제적 권력을 견고히 유지하게 한다고 주장하였다. 1960년대 영국의 일부 신마르크스주의자들은 매스 미디어를 비롯해 사회의 다양한 하위집단에서 지배적인 세계관과 문화를 고취하는 매스 미디어의 역할을 집중적으로 연구하였고, 이 이론을 바탕으로 비판적 문화이론이 만들어졌다. 이들은 미디어를 사용하는 집단에 관심을 두었고, 미디어는 사회에 대한 협의가 이루어지는 장으로서의 역할을 한다는 관점을 만들어 내는데 기여했다.

③ 의미구성이론

이 이론은 미디어 콘텐츠를 이용하는 능동적 수용자에 대한 관심에서 시작되었다. 사람들은 개인적으로 혹은 집단적으로 미디어를 특정한 목적을 위해 이용하는데, 수용자가 미디어를 이러한 목적을 위해 이용할 때 그들은 의미 있는 경험을 이끌어내고자 의도한다는 것이다. 이 이론은 미디어가 미치는 영향이 강력할 수도 있지만 그렇지 않을 수도 있다는 가능성을 열어두었다. 즉, 미디어를 이용하는 능동적 수용자가 처한 사회적 상황에 따라 그 효과가 달라질 수 있다는 것이다. 이러한 관점을 대표하는 예로 프레이밍 이론과 미디어 리터러시가 있다.

4. 광고와 미디어

소비자는 미디어를 통해 다양한 정보를 확인하고 일상생활에서 활용한다. 소비자가 미디어를 통해 소비생활에 큰 영향을 받는 것 중에 하나가 바로 광고이다. 우리는 일상생활에서 수많은 경로를 통해 다양한 광고에 노출되고, 그중에 일부에 주의를 기울이며, 때로는 광고를 통해 새로운 욕망이 분출되기도 한다. 한편, 미디어가 변화하면서 광고도 변화하게 되었다. 지금부터는 광고가 소비자를 어떻게 설득하는지 알아보고, 미디어 기술발전으로 인한 광고의 변화를 간단히 살펴보고자 한다.

1) 광고와 설득

광고는 사람들로 하여금 제품이나 서비스, 혹은 아이디어를 채택하도록 설득하기 위해 대가를 지불한 대중 매체를 이용해 메시지를 전달하는 계획된 커뮤니케이션 활동이다(Bovee, Arens, 1992; 이혜갑, 2016, 재인용). 설득이란 사람들의 신념이나 태도에 영향을 미쳐 궁극적으로 행동을 변화시키는 과정이다. 이런 측면에서 광고는 광고대상에 대한 소비자의 신념이나 태도를 긍정 혹은 부정적으로 변용하여 대상을 선택하거나 혹은 선택하지 않도록 하는 것이다. 예를 들어, 기업에서는 광고가 소비자들이 자사의 상품에 대해 좋은 이미지와 태도를 갖도록 설득하여 구매하도록 설득하거나, 자사의 상품을 선택하지 않았을 때 부정적 결과가 초래될 수 있음을 암시하여 선택하도록 설득할 것이다. 반대로 금연광고와 같은 공익광고는 흡연의 부정적 결과를 보여줌으로써 흡연 혹은 담배 구매를 선택하지 않도록 설득할 것이다.

광고의 설득을 이해하기 위해서는 먼저 태도에 대해 살펴볼 필요가 있다. Fishbien과 Ajen(1975)는 태도는 어떤 대상에 대해 일관성 있게 호의적 또는 비호의적으로 반응하게 하는 학습된 선유경향이라 하였다. 태도는 우리가 무엇을 좋아하는지, 또는 그렇지 않은지에 관한 것으로 사람의 행위는 종종 태도에 의해 결정된다. 다시 말해, 어떤 소비자가 '스타벅스'를 좋아하여 '스타벅스'에서 커피를 자주 산다면 그것은 커피를 구매하는 결정을 내리고 실행하기 전에 이미 스타벅스에 대해 좋은 태도를 가지고 있기 때문이라 할 수 있다. 소비자들은 개인적 사건이나 사회적 이슈로 인하여 특정 대상에 대한 태도를 변화시키기도 하는데, 예를 들어, 사회적으로 물의를 일으킨 기업의 제품을 불매하는 것이 이에 해당한다. 이렇게 소비자가 특정 대상에 대한 태도를 바꾸는 것을 태도 변용이라 한다. 태도변용은 소비자들은 특정 대상에 대해 본래부터 지니고 있던 기존의 태도가 선호에서 불호로 혹은 불호에서 선호로 그 방향을 변화시키는 것뿐만 아니라 기존의 태도를 더 강화되거나 새로운 태도가 형성되는 것을 포함한다.

광고의 설득과정은 인지적 반응 모형, 정교화가능성모델, 일관성 모형, 다속성태도모형 등 다양한 이론을 통해 설명된다. 여기서는 다양한 이론들 중에서 일관성 모형에 해당하는 균형이론과 인지부조화이론에 대해서 다뤄보고자 한다.

① 균형이론

균형이론은 Heider(1946)가 제안한 이론으로, 사람들이 인지적으로나 감정적으로 불일치를 경험하면 심리적 긴장 상태에 이르게 되고, 심리적 균형을 회복하기 위해 노력을 하는데 이 과정에서 특정 대상에 대한 태도를 변경한다는 것이다. 예를 들어 어떤 주류업체가 새로운 주류브랜드(O)에 대해 소비자(P)들로 하여금 좋은 이미지를 갖도록 하기 위해서 유명인플루언서(X)를 광고모델로 기용했다고 하자. 이때 기업이 목표하는 태도변용과정은 그림 4-2와 같다. 그러나 때로는 기업이 목표하는 상태에 도달하지 못할 수도 있는데, 소비자가 심리적 균형을 찾는 상태가 기업이 목표하는 상태와 차이가 있을 수도 있기 때문에다. 그림 4-3은 균형상태와 불균형상태의 경우의 수를 잘 보여주고 있다. 마약 두 번째 균형상태(균형상태 좌상 위치)나 네 번째 균형상태(균형상태 좌하 위치)로 소비자태도가 변용된다면 기업의 광고는 실패할 것이다. 간혹 광고의 내용이 사회적 물의를 일으키는 경우에는 소비자의 태도가 두 번째 균형상태에 도달하기도 한다.

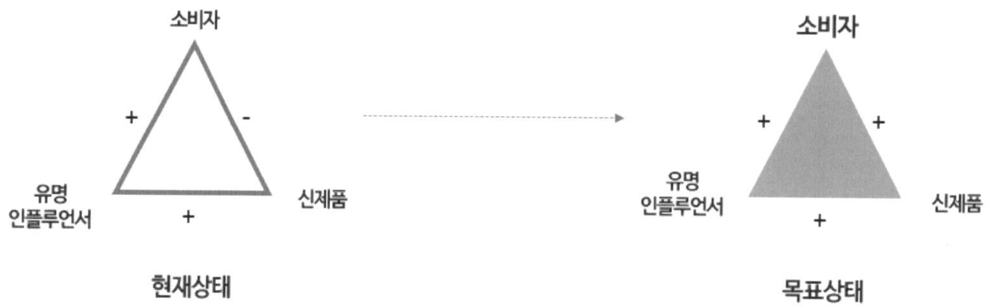

그림 4-2. 균형이론에 따른 광고목표 전략

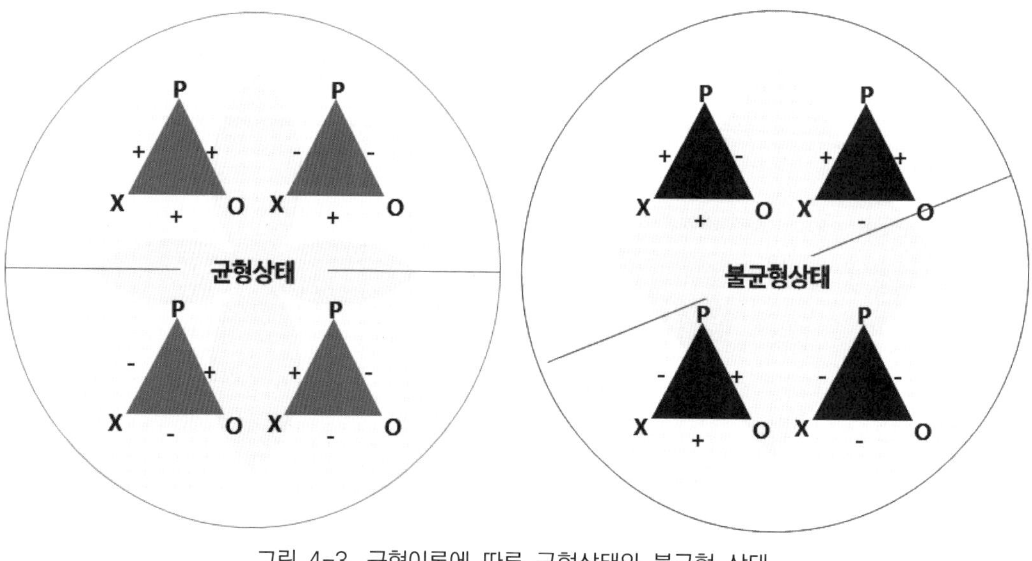

그림 4-3. 균형이론에 따른 균형상태와 불균형 상태

② 인지부조화이론

인지부조화이론은 심리학자 Festinger(1957)가 제안한 이론이다. 인지부조화는 특정상황이나 대상에 대한 두 가지 이상의 인지가 일치되지 않는 상황을 말한다. 사람들은 인지부조화를 경험하게 되면 심리적 불편함을 느끼기 때문에 조화상태로 변용하기 위한 동기를 가지게 되고 자신의 선택을 합리화하는 과정을 찾는다. 예를 들어, 어떤 소비자가 태블릿PC를 구매하고자 한다고 가정해보자. 이 소비자는 다양한 브랜드의 태블릿 PC 모델을 탐색하고, 각 모델의 제품속성을 비교하여 최종 구매를 하게 된다. 이때 소비자는 태블릿 PC의 브랜드, 디자인, A/S여부, 셀룰러 기능 포함 여부, 메모리 용량, 가격, 기업 이미지 등 다양한 제품속성을 비교분석하지만 마지막 선택단계에서 소비자가 선정한 핵심속성 몇 가지에 큰 비중을 두고 선택을 하게 된다. 만약 디자인과 가격을 핵심속성으로 어떤 제품을 선택했는데, 구입한 경로 외 다른 경로에서 동일한 모델을 더 저렴하게 판매하고 있다는 정보를 알게되거나 마음에 드는 다른 모델을 발견하게 되면 인지부조화를 경험하게 된다. 이때 소비자는 다양한 유형으로 인지부조화를 경감시키기 위해 (1) 핵심선택속성의 중요성을 최소화하거나(예: 디자인은 그리 중요하지 않아) (2) 선택한 제품의 긍정적 혹은 우호적 정보를 추가해서 찾거나(예: 이 제품을 사면 저소득층에게 하나를 기부할 수 있잖아) (3) 선택하지 않은 제품의 긍정적인 정보를 부정하거나 회피하는 등의 노력을 하게 된다. 인지부조화이론에 따르면 광고는 소비자가 제품을 구매하기 전에도 영향을 미치지만 제품구매 후에도 인지부조화를 경감시키기 위한 노력의 일환으로 광고를 찾아보고 합리화의 과정에서 활용되기도 한다(이혜갑, 2016).

2) 광고의 변화

미디어 환경이 변화하면서 광고에도 큰 변화가 찾아왔다. 이시훈 외(2009)는 그들의 저서 「미디어 소비자 광고의 변화」에서 제시한 인터넷의 확산과 디지털 기기의 발전으로 인한 광고의 변화의 주요 사항을 정리하면 다음과 같다.

① 상호작용 광고의 등장

미디어의 발달로 소비자와 기업 간에 즉각적인 커뮤니케이션이 가능하게 되었다. 과거 인쇄광고가 성행하던 시기에도 소비자가 신문광고를 보고 기업에 카탈로그를 요청하거나 쿠폰을 요청하는 상호작용이 있었지만 실시간으로 상호교류할 수 있는 환경은 되지 못했다. 인터넷과 디지털 기기의 발전으로 기업은 소비자와 즉각적으로 상호작용할 수 있게 되면서 광고 자체가 판매장이 되었다. 인터넷 광고에서 몇 번을 클릭이나 터치로 손쉽게 쇼핑몰로 연결되기도 하고 TV홈쇼핑을 넘어 이제는 모바일을 통한 라이브방송을 통해 제품을 판매하면서 실시간으로 소비자와 소통한다.

② 한 명의 고객을 위한 광고

고객은 다른 고객과 달리 자신만의 서비스를 받았을 때 감동한다. 누구에게다 동일하게 제공되는 것이 아닌 자신이 선호하는 서비스를 그에게만 특별히 제공했을 때 그 기업에 감동하게 된다. 기업은 온라인을 통해 누적된 소비자들의 소비정보를 통해 최근 관심을 가지는 제품을 선별할 수 있게 되었고, 개인 이메일이나 쇼핑몰 내 메시지 전달 기능을 통해 적절한 제품을 광고하고 할인쿠폰을 제공할 수 있게 되었다.

③ 소비자가 직접 만드는 광고

디지털 기기의 발전은 영상전문가가 아닌 일반소비자들도 영상을 쉽게 촬영하고 편집할 수 있도록 하였다. 현대 소비자들은 적극적으로 자신이 구매하고 사용해본 제품을 소개하는 영상으로 만들어 Youtube와 같은 온라인 영상 공유 플랫폼이나 소셜네트워크를 통해 공유한다. 미국의 도리토스(Doritos)는 UCC광고를 매우 적극적으로 활용하는데, 제품광고 UCC 공모전을 개최하고 그중 가장 훌륭한 광고를 슈퍼볼 광고로 집행하기로 한다. 슈퍼볼 광고는 광고 가격이 비싸지만 슈퍼볼에 광고했다는 사실만으로 기업과 제품에 대한 가치와 신뢰도를 제고시킨다. 도리토스의 슈퍼볼 광고가 궁금한 독자는 Youtube에서 검색해 보기를 바란다.

최근에는 소셜네트워크나 Youtube를 통해 유명해진 인플루언서들이 그들의 창작물 내에서 지원받은 제품에 대해 이야기하기도하고 중국 왕홍은 실시간으로 미디어 청취자(=소비자)와 소통하면서 쇼핑몰 내에서 제품을 소개하고 판매 중개를 하기도 한다.

VR, AR, MR....그리고 XR

읽을거리

최근 가상세계가 주목받고 있다. 과거에 우리는 미래사회에 대해 상상의 나래를 펼치면서 타임머신의 개발이나 시간여행에 대한 상상의 나래를 펼치곤 했다. 현재를 살아가고 있는 인간이 미래나 과거의 어떤 시점으로 이동하는 것을 시간여행이라 하는데, 이는 세계를 구성하는 시간과 공간의 축 중에서 공간의 축은 그대로 두고 시간의 축을 이동한 것이다. 시간여행은 아인슈타인의 상대성이론에 따라 이론적으로는 가능할 수 있다고는 하지만 2022년을 사는 우리에게 가능성은 매우 희박해 보인다. 반대로 가상세계는 시간의 축은 그대로 두고 공간의 축을 이동하는 것을 말한다. 현실공간 외에 새로운 가상공간을 무한히 생성하고 그 공간에서 새로운 삶의 방식을 즐기는 가상세계는 이미 우리 현실에 깊숙이 들어와 있다.

가상현실과 관련된 용어로 흔히 사용되는 용어가 VR, AR, MR, XR인데 각 개념을 살펴보면 다음과 같다. 먼저 현실세계(Real Environment)의 반대개념이 바로 가상현실(Virtual Reality)이다. VR은 일반적으로 오큐러스와 같은 HMD(Head Mount Display) 디바이스를 착용하고 눈앞에 펼쳐진 새로운 가상의 공간에 사용자가 몰입하도록 만들어 현실감을 극대화하는 것이다. VR은 현실세계와 완전히 차단되어 있는 별개의 공간을 시각과 청각의 감각을 활용해서 받아들이게 된다. 다음으로 증강현실(Augmented Reality)는 디지털 방식으로 제작한 콘텐츠를 현실세계에 덮어씌운 기술로 현실세계위에 증강되는 가상의 오브젝트와 상호작용하는 것을 말한다. 전세계가 한동안 열광한 '포켓몬 고'가 바로 AR을 바탕으로 한 것이다. 혼합현실(Mixed Reality)은 VR과 AR의 기능을 합한 것이다. AR는 모바일 디바이스를 활용하여 2D 화면에 가상의 오브젝트를 연동하는 것이라면, MR은 가상의 오브젝트를 현실공간에 올려 놓거나 현실공간의 오브젝트를 가상공간와 연동하는 것을 말한다. 우리가 흔히 영화에서 보는 홀로그램 기술이 현실화된다면 그것이 MR이 되겠다. 마지막으로 확장현실(eXtended Reality)는 VR, AR, MR을 합친 개념으로 여기서 X는 extened의 X이기도 하고 미지수 X이기도 하다. HMD디바이스를 쓰지 않고도 가상체험을 할 수 있으며, 시청각적으로 가상의 공간을 자연스럽게 실제공간으로 인지하는 '가상이지만 그래도 실감나는 세계'를 말한다.

토론학습

1. 소비자와 미디어와의 관계에 대해 생각해 봅시다.
2. 뉴미디어 속의 소비자광고는 어떠한지 조사해보고 이야기해봅시다.
3. 미래 소비사회의 모습에 대해 각자의 의견을 이야기해봅시다.

참고문헌

구자경, 김희진 (2018), 미디어유형과 메시지 유형이 CSR 공익캠페인 참여 의도에 미치는 영향: 해석수준 이론과 자기 해석의 조절 효과를 중심으로, 홍보학연구, 22(6), pp.75-104.

김수진, 차희원 (2009), 공중유형과 메시지 프레이밍이 건강위험 커뮤니케이션 태도에 미치는 영향, 한국언론학보, 53(2), 231-253.

차문경, 이희정 (2018), SNS 브랜드 성격이 모바일 네이티브 광고 태도에 미치는 영향, 한국콘텐츠학회논문지, 18(1), 452-464.

이시훈, 성열홍, 손영화 (2009), 미디어 소비자 광고의 변화, 한경사.

이혜갑 (2016), 광고의 이해, 이화여자대학출판부.

Bran, S. J., Davis, D. K. (2019), 매스커뮤니제이션 이론, 김훈순, 김경희, 정선호 역, 이화여자대학출판부.

Bovee, C. L., Arens, W. F. (1992), Contemporary Advertising, 4th edition, Irwin.

Dimmick, J. W. (1997), The theory of the niche and spending on mass media: The case of the "video revolution". Journal of Media Economics, 10(3), 33-43.

Dimmick, J. W. (2003), Media competition and coexistence: The Theory of The niche. Mahwah, NJ: Lawrence Erlaum Associates.

Festinger, L. (1957), The Theory of Cognitive Dissonance, Stanford University Press.

Heider, F. (1946), Attitudes and Cognitive Organization, Journal of Psychology, 21, 107-112.

제3절 소비자빅데이터정보분석과 창업

- 매년 스위스 다보스에 열리는 세계경제포럼에서 빅데이터를 주목하였다. 또한 2008년 유명 과학저널 Nature는"빅데이터가 인터넷 이후 기업에 가장 큰 영향을 미칠 것"이라고 하였다. 정보가 사회를 이끄는 현대사회에서 빅데이터의 역할은 점점 중요해 지고 있다. 빅데이터는 산업을 이끄는 원동력이 되기도 하고, 미래 산업의 방향을 지시하기도 한다. 또한 소비자의 불만과 위험을 감지하고 선제적으로 대응하는데 중요한 자료를 제공하기도 한다.
- 이번 절에서는 빅데이터가 무엇인지 알아보고, 산업분야와 공공분야에서 빅데이터가 활용되고 있는 사례를 알아보며, 널리 활용되고 있는 빅데이터 분석법 중 하나인 텍스트분석의 절차에 대해 알아본다. 또한 빅데이터가 창업이나 신상품 개발 과정에서 어떻게 활용되는지 알아본다.

1. 빅데이터의 이해

1) 빅데이터와 빅데이터분석의 개념

빅데이터는 미디어의 발전으로 생겨난 신조어이다. 스마트폰이 보급되면서 일반대중에 의해 엄청난 양의 데이터가 생산, 유통, 소비, 재생산되었고 이들이 생산해낸 데이터들 속에서 우리 사회가 가지고 있는 문제를 해결할 실마리를 찾는다는 관점에서 빅데이터 분석이 시작되었다.

빅데이터는 데이터의 양이 거대하고, 데이터의 형태가 다양하며, 빠른 속도로 생성, 유통, 소비되는 데이터로 전통적인 방식으로 다루거나 분석하기에는 어려운 형태의 데이터를 말한다. 보통 웹이나 앱에서 생산되는 문자, 위치기록, 사진 및 동영상 자료, 웹사이트 방문기록 등 온라인이나 소셜네트워크 상에 존재하는 모든 것들이 빅데이터를 구성하는 단위자료이다. 예를 들어 특정 이슈가 생겨났을 때 대중들은 그 이슈에 대한 개인의 견해를 인스타그램이나 트위터에 포스팅할 수 있고, 그 이슈에 관한 뉴스기사 하단에 자신의 생각을 댓글로 작성할 수 있다. 또한 관련 글을 다른 사람에게 전달할 수도 있다. 아래 그림은 2020년 2월 스타벅스와 관련이 있는 인스타그램에 포스팅된 글을 분석한 결과를 시각화한 것이다. 당시 텍스트 속에서 방탄소년단과 BTS가 스타벅스와 비슷하게 빈번하게 출현했는데, 이는 2020년 2월에 스타벅스에서 방탄소년단 콜라보레이션 굿즈가 판매되었기 때문이라 해석된다. 이와 같이 특정 기간에 스타벅스에 대한 소비자들의 주요관심분야를 찾는데 이러한 분석은 매우 유용하다. 즉, 빅데이터는 온라인상에 존재하는 무수한 형태를 데이터를 말하며 그 데이터를 분석하여 어떠한 방향성을 찾는 것을 빅데이터분석이라 한다.

그림 4-4. 2020년 2월 스타벅스와 관련된 인스타그램 텍스트 분석결과 및 관련 제품 사진[13)]

우리가 빅데이터를 접하게 되면 Big이라는 단어가 주는 느낌 때문에 데이터의 용량이 크다는데 그 의미가 집중된다. 그러나 우리는 단순히 데이터의 규모가 큰 것을 빅데이터라고 하지는 않는다. 특정 신용카드회사 회원들이 이용한 신용카드 내역이나 이동통신사의 휴대전화 이용내역 데이터는 그 규모가 크다. 매일 천만 명이 넘는 가입자들이 수억 통이 넘는 전화를 주고받을 것이고, 이동통신사는 이 가입자들에게 이용요금을 청구하기 위해 통화시간은 물론 데이터 이용시간, 부가결제 내역 등을 면밀하게 기록하고 저장하고 관리하고 있다. 이것이 가능한 것은 회원명, 통화날짜, 통화시간, 통화량, 데이터사용량과 같은 데이터를 잘 짜여진 구조 안에 자동으로 입력되도록 프로그래밍 되어 있기 때문이다. 이동통신사나 신용카드회사, 그리고 그 외 소비자들을 대상으로 하는 많은 기업이 보유하고 있는 데이터의 양은 적게는 몇 TB에서 많게는 EB에 달하게 크다. 그러나 우리는 이러한 데이터를 빅데이터라고 하지는 않는다.

13) 사진출처: https://www.starbucks.co.kr/

2) 빅데이터가 갖추어야 할 요건

일반적으로 빅데이터는 규모(Volume)와 속도(Velocity) 그리고 다양성(variety)의 3V의 요건을 갖추었을 때 우리는 빅데이터라고 명명한다. 최근에는 3V에 가치(Value)와 복잡성(Complexity)을 추가하기도 하는데, 본 장에서는 3V를 중심으로 빅데이터가 갖추어야 할 요건을 알아보고 이를 토대로 빅데이터의 개념을 정리해보고자 한다.

(1) 데이터의 규모

빅데이터는 말 그대로 데이터의 규모가 방대해야 한다. 빅데이터는 기본적으로 데이터 집합의 크기가 커야 한다. 인터넷 공간에서 생성되고 유통, 소비되는 데이터의 규모는 매년 증가하고 있다. 글로벌 데이터 기술 자문 회사인 International Data Corporation (IDC)은 전 세계 인터넷 및 비디오 트래픽은 연평균 20%이상 지속적으로 증가할 것이며, 2025년의 Global DataSphere(세계의 데이터양)은 175ZB에 이를 것이라 전망했다. 이는 2018년에 생성되고 있는 신규데이터의 5배에 이르는 양이다. 이와같이 매년 자연적으로 증가하는 데이터들 속에서 사회문제의 실마리를 찾기 위해 우리는 빅데이터에 주목하고 있다. 따라서 우리사회 구성원의 인식이나 관심의 변화를 추정하기 위해서는 자연적으로 생성된 많은 양의 데이터를 다루어야 한다.

(2) 데이터 유형의 다양성

빅데이터는 다양한 유형의 데이터를 포함하고 있다. 데이터는 데이터가 얼만큼 정형화 되어 있는가에 따라 정형데이터, 반정형데이터, 비정형데이터로 구분된다. 정형데이터는 고정된 필드에 저장된 데이터를 이야기하며, 관계형 데이터베이스 및 스프레드 시트 등에 저장되는 데이터이다. 반대로 비정형데이터는 고정된 필드에 저장되지 않는 데이터로 텍스트 문서나 이미지, 동영상, 음성데이터 등이 해당된다. 반정형데이터는 고정된 필드에 저장되어 있지는 않지만 메타데이터나 스키마 등에 포함된 데이터를 말한다. 다소 비약적이기는 하지만 통계분석이 가능한 형태로 정리된 데이터를 정형데이터 혹은 구조적 데이터라 할 수 있고, 온라인이나 오프라인에서 정리되어 있지 않은 자연상태에서 존재하는 모든 형태의 자료를 비정형데이터 혹은 비구조적 데이터라 한다. 비정형데이터는 데이터의 형태가 매우 다양하기 때문에 통일된 구조로 정리하기가 어렵워 분석과정 역시 정형데이터에 비해 까다롭다.

최근에는 스마트폰의 보급과 소셜네트워크의 확산으로 이미지, 영상, 음성, 위치 등 다양한 형태의 비정형데이터가 매일 같이 쏟아져 나오고 있다. HUAWEI(2021)는 IDC보다 2025년에 새로이 생성될 데이터가 180ZB로 더 많은 것이라 전망했는데, 이중 80% 이상이 비정형데이터 일 것이라고 예상하고 있다. 이처럼 인터넷의 발달과 스마트폰의 보급으로 비정형데이터가 기하급수적으로 폭증하고 있다.

(3) 데이터 속도

빅데이터가 갖추어야 할 세 번째 요건은 빠른 속도이다. 불과 1990년대 초까지만 하더라고 1MB짜리 파일을 전송하는 한두 시간을 훌쩍 넘겨야 할 정도로 인터넷 속도가 매우 느렸다. 그리고 이 당시에는 일부 지식층만이 인터넷을 자유로이 사용할 수 있었다. 반면 지금은 몇 GB의 파일도 순식간에 전송할 수 있는 인터넷 환경이 구축되었으며, 컴퓨터와 스마트폰의 보급률이 높아 누구나 데이터를 생성, 유통, 소비할 수 있게 되었다. 한국갤럽(2021)의 조사에 따르면 2021년 한국 성인의 스마트폰 사용률은 95%에 달하는 것으로 나타났다. 이에 따라 특정 정보를 실시간으로 다른 사람에게 공유하면서 데이터의 전파속도가 실시간에 가깝게 증가했다. 따라서 특정 이슈에 대한 대중의 인식이나 관심이 실시간으로 온라인에서 생성되고 유통되고 있다.

2. 소비자빅데이터 활용사례

지난 2016년 미국 대선 결과는 여론조사를 뒤집고 구글 검색량을 기초로 한 빅데이터가 정확히 예측했다는 사실은 이미 공공연히 알려졌다. 당시 여론조사에서 도널드 트럼프 공화당 후보는 힐러리 클린턴 민주당 후보에게 열세였다. 그래서 대다수는 힐러리 클린턴이 대선에서 승리할 것을 예견하였다. 그러나 구글검색량만이 유일하게 도널드 트럼프 후보의 승리를 점치고 있었다. 결과적으로 빅데이터가 승리하였다. 도널드 트럼프가 미국 제45대 대통령으로 선정되었다. 미국은 그 이유를 여론조사에서 '샤이 트럼프'때문이라 하였다. 미국 제46대 대통령 선거 때도 빅데이터가 '조 바이든' 미국 제46대 대통령을 정확히 예견하였을까? 배종찬(2020)에 따르면, 당시 두 후보에 대한 온라인상에서의 언급량으로 관심도를 추측해 보면 트럼프가 바이든보다 3배 이상 많았다. 그런데 아무리 관심이 많더라도 부정적으로 연관된 관심도는 대선 후보로서 지지를 받기 힘들기 때문에 연관어를 통해 평판도를 추측할 수 있는데, 트럼프는 '러시아 스캔들', '우크라이나 스캔들'과 같은 치명적 의혹과 폭로 기사와 연관되어 있었던 반면 바이든은 미국 정치인들의 표준 이상의 긍정적 평판도로 나타났다. 이렇게 빅데이터는 특정 이슈에 대한 대중의 인식 분석하는 자료로 활용될 수 있다. 소비자와 관련된 다양한 분야에서도 빅데이터정보분석이 활용되고 있다. 이번에는 산업분야과 공공분야에서 활용된 소비자빅데이터정보분석 사례를 살펴보도록 하겠다.

1) 산업분야

(1) 신한카드[14)]

신한금융그룹은 일찍이 빅데이터의 중요성을 인식하고 사업에 활용해오고 있다. 신한카드는 고객이 필요로 하는 카드생활을 제시하기 위하여 신한카드가 보유하고 있는 2,200만 개의 데이터를 활용하여 고객의 소비패턴을 분석하여 남성과 여성 각각 9개의 소비코드를 제시하였고, 소셜네트워크 등에서 새로운 소비트렌드를 분석하여 최신 소비 트렌드를 선제적으로 발굴하여 고객의 소비성향의 변화를 감지하면서 사업에 활용하였다. 이후 신한은행의 2016년 4월 국내 은행권에서는 최초로 빅데이터센터를 신설하였다. 2018년 8월에는 '신한 데이터 쿱(COOP)' 서비스를 선보여 고객의 가상화된 거래 데이터와 가명처리된 기업의 부가세 거래 데이터 등을 창업기업, 핀테크기업, 연구기관, 대학생 등이 상품개발, 시장분석, 연구 등에 활용할 수 있도록 하였다.

(2) SKT 상권분석 및 타켓마케팅 지원서비스

SKT는 국내 최대 이동통신 사업자로서 모바일을 통해 생성되는 데이터를 보유하고 있는 강점을 적극적으로 활용하여 SKT와 분야별 전문 파트너사가 보유하고 있는 다양한 데이터를 연합한 빅데이터 플랫폼인 지오비전(Geovision)을 오픈하였다. 이 플랫폼은 상권분석 및 타켓마케팅 솔루션을 제공한다. 지오비전은 시장정보와 지리정보를 활용하여 데이터를 분석하고 분야에 맞은 비즈니스 인사이트를 제공하고 있다.

2) 공공분야[15)]

(1) 전주 한옥마을 광광분석을 통한 경제활성화

우리나라 전통문화를 느낄 수 있는 전주 한옥마을이 대한민국의 대표 관광지로 급부상하

14) 내용출처: 신한카드블로그(https://www.shinhancardblog.com/825)에서 발췌
15) 공공분야의 빅데이터 활용사례는 행정안전부와 한국정보화진흥원(2018)이 발간한 [공공빅데이터 우수사례집] 내 삶을 바꾸는 공공 빅데이터에서 발췌하였음.

면서 1,000만 관광객 시대를 맞이하였다. 그러나 주차, 숙박, 쓰레기 등의 사회문제가 나타나기 시작했고, 관광객의 동선이 일부 지역에만 집중되면서 관광객의 불편 및 지역민의 불만이 쌓이고 있었다. 이에 전주시는 한옥마을 관광객의 패턴을 분석하여 맞춤형 관광정책을 개발하고 한옥마을 이외에 다른 관광지와 연계할 수 있는 방안을 마련하고자 하였다.

행정자치부와 전주시는 SKT 통신데이터와 현대카드 매출데이터를 활용하여 전주시와 전주한옥마을 관강객 특성과 유입인구당 매출효과를 분석했고, SNS와 블로그 등의 텍스트를 분석하였으며, 날씨와 유가 등을 분석하여 다양한 관점에서 지역관광 활성화를 위한 빅데이터 분석을 실시하였다. 그 결과 전주시는 동서남북을 연결하는 교통수단이 필요한 것으로 분석되었고, 숙박시설 확대하는 것이 필요했다. 빅데이터 분석결과를 반영하여 전주시는 관광트렌드 변화에 대비하는 방안, 관광 압력 분산방안 등 관광정책을 수립할 수 있었다. 또한 코레일과 연계하여 인근지역과 연계하는 관광상품을 개발하기도 하였다.

(2) 포항시 민원분석을 통한 공공갈등 문제해결

우리는 소비자의 개념을 생산자와 반대되는 협의의 개념으로 접근한다. 그러나 관점을 넓혀 생각해보면, 세금을 내고 국가의 서비스를 사용하는 모든 국민이 공공소비자라 할 수 있다. 이런 측면에서 민원은 공공소비자의 불만 행동 중 하나라 하겠다.

포항시는 시민들의 만족도와 삶의 질을 높이기 위하여 2017년에 최근 10년간의 인터넷 기사와 SNS 등을 통해 포항시의 민원과 관련된 글을 수집하였으며, 그간에 민원게시판에 누적된 글을 분석하였다. 포항시의 최대 민원 이슈는 주차로 나타났으며, 민원이 집중된 지역을 집중 관리지역으로 선정하여 주차관리 해결방안을 우선순위로 행정에 반영했다.

(3) 빅데이터 분석을 통한 시내버스 운영

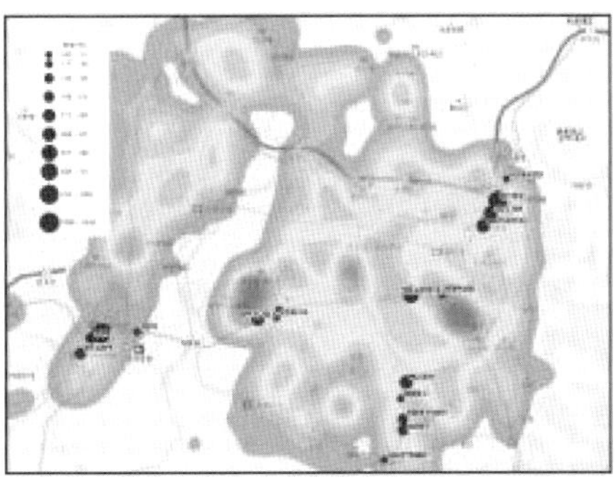

그림 4-5. 교통 취약지역 분석결과

광주시에 거주하는 많은 직장인들이 아침마다 버스탑승 쟁탈전에 시달리고 있었다. 몇몇 승객들은 몰려드는 인파에 버스를 타지 못하는 상황이 매일 발생했다. 행정안전부는 지난 2014년 광주시와 함께 '광주지역 시내버스 효율적 운영방안 마련'사업을 진행하면서 시민들의 교통카드 이력, 주거·유동인구 데이터 등을 활용해서 시민의 거주 위치와 버스, 지하철 정류장의 위치데이터를 분석하였다.

그 결과 광주시는 광주 전 지역을 나누어 버스 정류장 수가 부족한 지역 10개를 대중교통 사각지대로 선정하고 교통약자가 많이 이용하는 편의시설 위치를 분석해 16개 버스 노선을 선정했다. 또한 교통카드 데이터를 분석해 출퇴근 시간대 이용자가 많은 노선에 배차간격을 조정해 시민들의 불편을 대폭 줄였다.

3. 빅데이터분석의 목적과 방법

1) 분석목적

앞서 살펴본 빅데이터 활용사례를 살펴보면, 소셜미디어에서 수집한 텍스트데이터나 위치정보, 가상화된 거래정보 등을 활용하여 트렌드를 예측하거나 표적고객을 선정하거나 사회문제해결의 실마리를 찾는 등 다양한 목적으로 빅데이터가 활용되고 있음을 알 수 있다. 이번 장에서는 빅데이터 분석에서 널리 사용되고 있는 텍스트 분석의 목적과 방법을 간단하게 소개하고자 한다.

텍스트 분석은 기업에 대한 소비자 불만이나 건의사항에 게시된 고객의 소리(voice of consumer)를 분석하여 제품이나 서비스를 개선하거나 최신트렌드를 예측하거나 혹은 기업으로 유입되지 않고 온라인 상에서 떠도는 기업과 연관된 소비자이미지나 인식을 분석하는데 유용하다. 또한 공공분야에서는 포항시의 사례[16]처럼 지방정부는 시민 혹은 도민, 중앙정부는 국민의 특정 정책에 대한 인식이나 요구를 분석할 수 있다. 또한 데이터가 생성된 기간별로 나누어 분석하여 비교한다면, 소비자인식의 변화나 요구의 변화도 포착할 수 있다. 즉, 텍스트 분석은 텍스트를 생성한 집단의 인식이나 요구를 포착하는데 그 목적이 있다.

2) 분석과정

온라인 상에서 생성된 게시글이나 댓글과 같은 텍스트를 분석하기 위해서는 먼저 작업대상이 있어야 하고, 작업대상을 수집하고 난 후에 필요한 텍스트와 불필요한 텍스트를 구분하여 정리하고 분석목적에 따라 적합한 형식의 텍스트를 분석하게 된다. 텍스트 데이터를 분석하는 과정을 간단하게 살펴보면 다음과 같다.

---

16) 앞장의 포항시 민원 분석사례를 살펴보기 바란다.

(1) 데이터 크롤링

크롤링은 작업대상이 되는 텍스트를 온라인에서 수집하는 것을 말한다. 예를 들어, 연구자가 2023년에 1월 한 달간 한정판 스타벅스 텀블러가 판매된다고 하자. 이에 대한 소비자 반응을 분석하고 싶다면, 2023년 1월 1일에서 31일까지 소셜네트워크에 존재하는 한정판 스타벅스 텀블러에 대한 글을 수집해야 하는데, 이렇게 관련된 작업대상을 수집하여 특정한 데이터 프로그램에 입력하는 작업을 데이터 크롤링이라고 한다.

(2) 텍스트 마이닝

텍스트 마이닝은 문자로 된 데이터에서 가치 있는 정보를 얻어 내는 분석기법을 말한다. 텍스트 마이닝을 할 때 가장 먼저하는 작업이 문장을 구성하는 어절들이 어떤 품사인지를 파악하는 '형태소 분석'이다. 형태소 분석을 통해 어절들의 품사가 명사인지, 형용사인지, 동사인지를 파악하고 난 후에 의미를 지닌 단어들만 추출하여 데이터화한다.

(3) 출현단어 빈도분석

형태소 분석을 통해 데이터화한 단어들 중에서 어떤 단어가 가장 많이 등장했는지를 확인할 수 있는데 이것이 바로 출현단어빈도 분석이다. 우리가 흔히 빅데이터분석을 하면 떠올리는 단어들이 구름처럼 모여 있는 이미지가 바로 출현단어 빈도분석의 결과를 시각화한 것이다. 출현단어 빈도분석은 분석대상이 된 글들의 전반적인 경향과 이슈를 탐색하는데 용이하다. 또한 출현한 단어들 중에서 감정을 내포하고 있는 단어의 출현 비중을 살펴볼 수도 있는데, 이를 통해 특정이슈에 대한 대중의 감정반응을 짐작할 수 있다.

그림 4-6. 텍스트 마이닝 방법(좌)과 워드클라우드(우)

(4) 의미연결망분석

의미연결망분석은 수집한 텍스트를 구성하는 문장이나 문단을 구성하는 개별 단어를 특정 의미체계의 기본적인 분석단위로 사정하는 것이다. 개별적으로 각각의 의미를 내포하고 있는 여러 개의 단어가 체계적으로 조합되어 텍스트(문장, 문단, 문서)가 구성되는데, 이렇게 구성된 텍스트는 특정한 메시지를 전달하게 된다. 의미연결망분석은 수집한 텍스트 속에 출현한 단어들 간에 형성된 관계를 다양한 방법으로 분석하는 분석법이다. 의미연결망분석은 단어연결망, 텍스트연결망, 개념연결망, 단어중심연결망 등 다양한 명칭으로 표현되기도 하지만(Drieger, 2013; 정원준 외, 2020, 재인용) 최근에는 의미연결망분석이라는 용어가 주로 사용되고 있다.

의미연결망 내에서 특정 단어가 갖는 영향력을 분석할 수 있는 중심성분석과 연결망 내의 단어들이 얼마나 유사한 관계 패턴을 보이고 있는지를 살펴보는 구조적 등위성 분석이 의미연결망의 주요 지표가 된다. 구조적 등위성 분석의 주요 분석방법에는 클러스터 분석, CONCOR분석, 다차원 척도 분석이 있다.

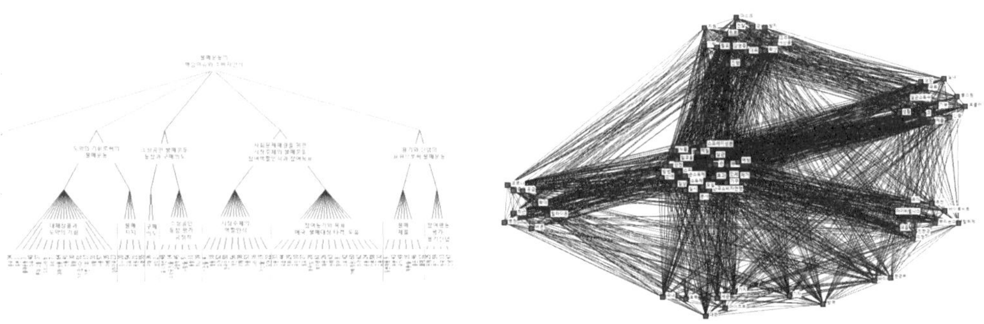

그림 4-7. CONCOR 분석으로 도출된 덴드로그램(좌)[17]과 의미연결망(우)[18]

지금까지 텍스트분석에 대해 간단히 소개하였다. 그러나 실제 분석을 위해서는 분석프로그램 활용능력과 결과해석능력을 갖추어야 한다. 빅데이터 분석은 향후 마케터나 사회조사분야, 창업분야로 진출하고자 하는 학생들이 알아두면 사회진출에 있어서 좋은 도구가 될 것이다.

17) 그림출처: 송유진(2020), 텍스트 마이닝과 언어네트워크분석을 이용한 일본제품 불매운동의 특징과 의의 탐색, 소비문화연구, 23(1), pp.82.

18) 그림출처: Song, E., Yoo, H. J. (2021), Exploring consumer issues about disinfectants, The 15th ICCEM conference.

4. 빅데이터정보분석과 창업

여러분이 기업에 입사하여 상품개발팀에 배정되거나 마케팅팀의 일원으로 근무하게 되거나 혹은 컨설팅업체에서 근무를 하게 된다면 빅데이터분석을 쉽게 접할 수 있을 것이다. 그만큼 빅데이터는 현대 시장에서 다양하게 활용되고 있다. 앞서 살펴본 빅데이터 활용사례에서도 보았듯이 타겟마케팅을 지원하거나 소비트렌드를 예측하거나 소비자의 요구를 분석하는데 활용되는 분석법이다. 따라서 예비창업자나 창업자가 그 시대의 트렌드를 이해하고 미래의 트렌드를 예측하고, 기존 제품의 제한점을 파악하여 상품을 개발하는데 활용될 수 있다. 또한 시대의 변화에 따라 생애주기에서 한번은 창업을 고려해 봐야 하는 현대사회에서 빅데이터분석은 예비창업주에게도 창업아이템 아이디어를 개발하거나 창업의 방향을 잡는데 빅데이터 분석은 중요한 자료가 된다. 물론 빅데이터분석이 창업아이템을 개발하는 유일한 방법은 아니며, 많은 방법 중에 하나이지만 최근 소셜미디어의 확대와 발전으로 주목받고 있는 것이 사실이다. 창업아이템이나 신상품을 개발하기 위해서는 [그림 4-8]의 프로세스를 거치게 되는데, 이번 장에서는 창업아이템 개발과정에서 빅데이터 정보분석을 활용할 수 있는 방법에 대해 간단히 소개한다.

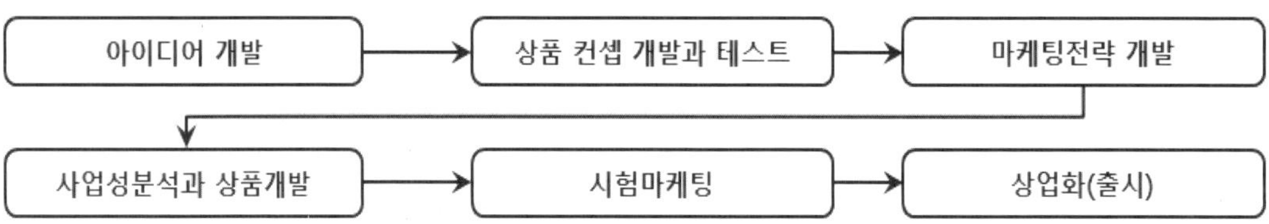

그림 4-8. 창업아이템 및 신상품 개발 프로세스

(1) 아이디어 개발

상품아이디어를 개발하기 위해서는 먼저 현재 시장소비자들의 욕구를 파악하고 경쟁상품을 분석하는 등 시장에서 소비자의 선택을 받을 수 있는 상품의 아이디어를 창출해야 한다. 상품아이디어 창출과정에서는 수많은 아이디어들이 도출되는데 이 중에서 어떤 아이디어가 우리 기업과 가장 잘 매칭되는지 평가하는 아이디어 선별과정을 거쳐 최종 상품아이디어를 도출하게 된다.

빅데이터분석은 소비자들의 욕구나 트렌드를 읽는데 용이하다. 구글트렌드는 전세계의 경제관련 키워드를 분석하면서 2022년에는 블루 이코노미(Blue Economy)가 눈에 띄기 시작했다고 밝혔다(국민일보, 2022). 블루 이코노미는 기업이 자연에서 배운 새로운 친환경 기술로 생산과 소비의 체계를 혁신하고 신규 일자리를 창출하는 경제를 말하는데, 구글 트렌드에서 주요 키워드를 분석하여 미래의 트렌드를 제안하기도 한다. BIZWORLD(2022)에 따르면, 위메프는 10년간 쌓아온 휴먼 큐레이션 노하우에 AI 기술을 더한 '메타쇼핑'으로 이용자들에게 양질의 쇼핑콘텐츠를 제공하는 것을 차세대 목표로 두고 있다. 이를 위해서 위메프는 수년간 빅데이터 분석 인재를 영입하고 연구개발하여 23만개의 쇼핑몰에서 총 7억 여개의 상품데이터를 모으고 검색AI가 이 데이터를 취합·분석하였다. 검색AI는 어떤 상품이 요즘 유행하는지, 어떤 상품을 고르는 것이 좋을 지를 고민하는 이용자들에게 실질적인 도움이 되는 쇼핑 콘텐츠를 제공하는 등 쇼핑 과정을 편리하게 만들어 준다. 이와같이 위메프는 빅데이터를 통해 소비자들이 편의욕구를 충족시킨다는 목표를 정하고, 빅데이터 시스템을 활용한다.

(2) 상품컨셉 및 마케팅 전략 개발

상품컨셉은 상품아이디어를 소비자들이 이해할 수 있는 의미있는 용어로 표현하는 것으로 '칼로리 부담없이 짜릿하게 CASS Light라든지', '이슬같이 깨끗한 다음 날 참이슬'이 그 대표적인 예이다. 상품의 컨셉은 그 상품을 사용할 소비자가 누구인지, 그 상품이 제공하는 본질적인 편익은 무엇인지, 그 상품이 어떤 상황에 사용되는지에 대한 물음의 답을 찾는 과정에서 개발된다. 그리고 상품컨셉이 만들어지면 표적고객들을 대상으로 상품컨셉을 제시하고 평가를 구하게 된다. 다음으로는 마케팅 전략을 개발하고 사업성을 분석하는 것이다. 표적시장과 상품포지셔닝, 매출액, 시장점유율, 목표이익 등을 대해 기술하고, 마케팅믹스에 따른 마케팅 전략을 개발한다.

빅데이터는 소비자들의 욕구를 파악하여 상품컨셉이나 마케팅전략을 개발하는데 활용될 수 있다. ThePR(2014)의 기사에 따르면, CJ제일제당은 2014년 4월 '쁘띠첼 스윗푸딩 온라인 데이 마케팅'을 진행했는데, '피곤한 월요일 2시 16분, 푸딩하자!'는 메시지를 소셜미디어의 댓글을 남긴 참가자들에게 제품을 증정하는 이벤트를 진행했다. 이 이벤트는 '월요일 2시 16분'이라는 시간을 제시하였는데, 이는 개인정보 취득 없이 수집이 가능한 블로그, 트위터 등 온라인상의 버즈정보 6억 5000만여 건을 토대로 요일별 피로도를 분석하고, 부정적 버즈량이 월요일에 압도적으로 많았다는 것에 착안한 것이다. 즉 빅데이터분석을 통해 소비자욕구를 파악하고 이를 마케팅에 활용한 것이다.

(4) 상품개발 및 상업화(출시)

이 단계에서는 상품의 물리적 원형(prototype)을 생산하고, 계획된 생산원가에 맞는지, 제품이 핵심속성을 충족하는지, 정상적인 사용환경에서 완전한 기능을 수행하는지를 테스트한다. 그리고 소비자테스트와 Home usage test를 진행한다. 마지막으로 상업화, 즉 시장에 출시한다.

제품이 출시되고나면 출시한 제품에 대한 소비자의 반응을 분석하여 마케팅방향이나 상품포지셔닝을 수정할 수 있다. 이때 빅데이터를 활용할 수 있는데, 제품에 대해 소비자들이 소셜미디어에 언급하는 언어를 분석하여 제품이 갖는 긍정적 측면과 부정적 측면을 분석할 수 있다. 또한 미디어에 따라 분석결과가 다르다면, 그 미디어를 사용하는 주요 계층을 추정하여 소비계층별 반응의 차이 또한 추정할 수 있다.

빅데이터와 위해제품 조기관찰 　읽을거리

국가기술표준원 2022년 1월 12일 보도자료에 의하면, 국가기술표준원은 2022년 1월 제품의 유통 및 판매 이력 등의 빅데이터를 기반으로 위해 제품 조기 관찰과 집중조사를 강화할 것이라 밝혔다. 국표원은 위해제품을 효과적으로 적발하기 위하여 일일 평균 30만 회에 달하는 제품안전정보센터 공개 접속응용프로그램(API) 활용기록을 분석하여 검색 급증 품목 등 시장변화를 신속히 포착한다. API란 특정목적의 데이터를 활용하기 쉽도록 공개한 개발자 인터페이스로 제품안전정보센터는 KC인증, 국내리콜정보, 국외리콜정보 데이터를 활용할 수 있도록 API를 오픈하고 있다.

최근 5년간 약 2만5000건 제품 안전성조사 결과와 온라인 쇼핑몰 제공 유통·판매정보를 기반으로 위해제품 유통이 예견되는 부분을 집중 조사한다. 위해제품에 대한 수시조사 비중을 지난해 8.4%에서 올해 20% 내외로 확대한다. 정기조사는 신학기용품, 여름용품, 겨울용품 및 중점관리품목 등을 대상으로 연 4회 실시한다.

이상훈 국표원장은 "올해 제품 안전성 조사에 정기·수시 조사 시 제품안전 데이터를 활용한 조사대상 선정은 물론 설·추석 명절 용품, 신학기 용품, 여름·겨울용품 등 소비자 생활과 계절적 수요 상황을 반영하겠다"고 말했다.

토론학습

1. 빅데이터를 활용하여 성공 혹은 실패한 사례를 찾아보자.
2. 빅데이터 시대가 도래하면서 개인정보 보호문제와 데이터 활용의 자유라는 문제가 대립되고 있다. 이에 대해 토론하고 해결책을 모색해 보자.

참고문헌

국민일보(2022), 구글트렌드로 본 경제 키워드...'블루 이코노미'에 주목하라, (available access on: http://news.kmib.co.kr/article/view.asp?arcid=0016632958&code=61141111&cp=nv).

더피알(2014), CM송부터 빅데이터까지...시간잡는 각양각색 마케팅(available access on: https://www.the-pr.co.kr/news/articleView.html?idxno=12322).

배종찬(2020), 배종찬의 빅데이터-바이든vs트럼프, 한국이라면 누가 이길까, 데일리 임팩트 사외 칼럼(available access on: https://www.dailyimpact.co.kr/news/articleView.html?idxno=63465)

BIZWORLD(2022), [HOT 마켓 트렌드] "테크 유통기업으로 발돋움"...위메프, 新성장 동력에 가속 패달(available access on: http://www.bizwnews.cm/news/articleView.html?idxno=31629).

정원준, 김대욱, 윤호영, 이형민, 박진우, 김동성, 손영곤, 전홍식, 천용석, 정유미, 박종구 (2020), 빅데이터의 분석방법과 활용, 서울: 학지사.

행정안전부, 한국정보화진흥원 (2018), 내 삶을 바꾸는 공공 빅데이터, 공공빅데이터 우수사례집.

한국갤럽(202), 2012-2021 스마트폰 사용률 & 브랜드, 스마트워치, 무선이어폰에 대한 조사, 갤럽리포트(available access on: https://www.gallup.co.kr/gallupdb/reportContent.asp?seqNo=1217).

Drieger, P. (2013) Semantic network analysis as a method for visual text analytics. Procedia-Social and Behavioral Sciences, 79, 4-17.

HAUWEI(2021), Driving carbon emissions down with all-flash center(access on: January 8 2022, available access on: https://e.huawei.com/jp/products/storage/topic/2021/all-flash-data-center-green-energy)

제5장 미래사회의 시장과 소비자학 전공자의 진로

- 사회구조의 변화는 시장 및 산업의 구조를 변화시키고, 이러한 변화는 시장에 진출하는 인재들이 갖추어야 하는 역량에도 필연적인 변화를 요구한다. 5부에서는 미래사회의 변화 요인과 그로 인한 미래 소비사회의 변화상에 대해 살펴보고, 이러한 사회에 변화에 대응하기 위한 소비자학 전공자들의 진로설계 방향에 대해 논의해 본다. 먼저 사회·경제·환경의 측면과 기술의 발달 측면에서 소비생활의 변화상과 이에 따른 미래 소비 트렌드를 알아보고, 미래소비자에게 필요한 핵심 역량에 대해 학습한다. 다음으로 산업구조의 변화에 따른 미래 인재상의 요건을 알아보고, 소비자학 전공자의 진로 현황과 미래 인재상에 부합하고 변화하는 산업구조에 적합한 인재로 성장하기 위한 소비자학 전공자의 진로설계 방향에 대해 논의한다.

제 1 절 미래사회와 소비자[19)]

- 본 장에서는 미래사회의 변화에 따라 우리의 소비환경 및 소비생활이 어떻게 달라지고, 이에 따라 합리적인 소비생활을 영위하기 위해 미래소비자가 갖추어야 하는 역량에 대해 알아본다. 먼저 미래소비환경의 변화 요인을 사회·경제·환경의 측면과 기술의 발달 측면으로 나누어 살펴보고, 이에 따른 소비환경의 변화에 대해 생각해 본다. 또한 소비환경의 변화에 따른 미래소비 트렌드를 개인 맞춤형 소비의 진화, 스마트 소비생활의 일상화, 지속가능한 소비생활 확산, 신속하게 변화하는 소비자주도적 소비트렌드의 4가지 이슈로 나누어 설명하였다. 마지막으로 미래소비환경의 변화에 따라 소비자에게 요구되는 미래소비자의 역량에 대해 논의하였다.

1. 미래사회의 시장

1) 미래 소비환경의 변화

(1) 사회·경제·환경의 변화

① 인구구조의 변화

저출산으로 인한 고령화는 전 세계적으로 가속화되고 있다. UN에 따르면, 전 세계 60세 이상 인구 비중이 2015년 12.3%에서 2050년에는 21.5%로 증가하여 5명 중 1명이 60세 이상 고령자에 해당된다. 고령자의 비중이 높아지면 이들을 대상으로 하는 상품 및 서비스 시장이 성장할 것으로 예상된다. 고령자 돌봄서비스, 원격의료 등 고령자 대상 헬스케어(health care), 스마트 홈, 교통관제 서비스 등 소비자 안전과 관련된 시장이 확대될 전망이다.

인구구조의 변화로 도시화도 빠르게 진행되고 있다. 세계의 도시화율은 2007년 이미 50%를 상회하고 있으며, 2050년경 70%를 돌파할 전망이다. 일자리와 편의시설이 집중

19) 본 내용은 미래창조과학부(2017)에서 발간한 4차 산업혁명 시대의 생산과 소비, 정주원(2017)의 제4차 산업혁명 시대의 소비생활 변화와 소비자교육 내용을 바탕으로 작성한 것임

되어 있는 도시로 인구가 몰리게 되고, 이렇게 모인 인구를 중심으로 생산과 소비 시장이 형성된다. 이렇게 형성된 도시는 정보 인프라를 기반으로 한 스마트한 소비가 이루어지는 스마트 시티(smart city)로 발전되며, 인구밀도가 높은 도시에는 소비자들 사이에 유행이 빠르게 변화하고, 나만의 맞춤형 상품에 대한 소비자들의 니즈가 증가할 것으로 예상된다.

② 경제 저성장

글로벌 금융위기 이후 세계 경제의 저성장이 지속되는 이른바 '뉴노멀(New Normal)' 시대가 이어지고 있다. OECD에서는 인구 고령화에 따른 노동력 감소로 인해 대다수 국가의 잠재성장률이 2060년까지 둔화될 것으로 전망하고 있다. 경제 저성장의 지속은 소비문화에도 영향을 미친다. 일찍이 고령화와 저성장을 겪은 유럽이나 일본의 사례를 살펴보면, 지속적인 저성장은 최소의 비용으로 최대의 만족을 얻으려는 합리적 소비문화 확산에 기여할 것으로 예상된다. 이러한 가성비를 추구하는 소비문화의 확대는 자신에게 필요한 기능으로 조합된 상품 및 서비스를 선호하는 경향으로 발현될 것이다.

③ 기후변화

세계적으로 기후변화가 가속화되고 있다. 2013년 기후변화에 관한 정부 간 패널(Intergovernmental Panel on Climate Change, IPCC)[20] 보고자료에 의하면, 지구의 평균 기온은 1880년 이후 0.85℃ 상승했으며, 21세기 말에는 1986~2005년에 비해 3.7℃ 상승할 것으로 전망된다. 기후변화에 체계적으로 대응하지 못할 경우 21세기 발생할 자연재해로 인한 경제적 손실이 적어도 25조 달러에 이를 것으로 UN에서 추산하였을 만큼 심각한 상황이다. 이에 대한 대응으로 2015년 9월 유엔총회에서는 2030년까지 추진할 환경·사회·경제적 측면의 지속가능발전목표(Sustainable Development Goals, SDGs)에 대한 논의가 진행되었으며, 2015년 12월 파리협정(Paris Agreement)체결로 기후변화에 대응하기 위한 전 세계적인 노력에 합의를 이루었다. '책임 있는 소비와 생산'은 17개 목표 중 하나로 제시되었다. 이와 같이 기후변화로 인한 지속가능한 소비문화에 대한 사회적 요구에 발 맞추어 에너지 절감 및 환경보존에 대한 사회적 책임의식이

20) 기후변화에 관한 정부간 패널(IPCC)은 기후변화 관련 과학을 연구하여 정책 입안자들에게 제공하기 위한 국제기구로서 세계기상기구(World Meteorological Organization,WMO)와 유엔환경계획(United Nations Environment Programme, UNEP)에 의해 1988년 설립

고조되고 있으며, 이러한 사회적 분위기는 지속가능한 친환경소비로 지속적으로 확산될 전망이다.

(2) 기술의 발달

기술의 발달은 산업의 구조와 소비생활에 많은 변화를 야기시킨다. 기술의 발달은 우리 사회의 생산과 소비의 방식에 혁신을 야기시키고 이러한 과정에서 시장 및 소비자 측면에서 급격한 변화가 수반된다. 최근 기술의 진보를 견인하는 4차 산업혁명은 경제 사회뿐만 아니라 문화 인류의 환경에 지대한 영향을 미치며, 2025년까지 급진적인 변화가 가속화될 것이라는 전문가들의 예측이 지속되고 있다(Schwab, 2016). 미래 기술을 대표하는 4차 산업혁명의 특징과 그로 인한 소비환경의 변화에 대해 살펴본다.

① 4차 산업혁명의 이해

제4차 산업혁명'은 '디지털 혁명(제3차 산업혁명)에 기반하여 물리적 공간, 디지털 공간 및 생물학적 공간의 경계가 희석되는 기술융합의 시대'를 의미한다(2016.1 다보스 포럼). 실제로, 사물인터넷(IoT), 빅데이터(Big Data), 클라우드 컴퓨팅(Cloud Computing), 모바일(Mobile), 인공지능(AI) 등 지능정보기술이 다른 분야와 융합 및 혁신을 반복하면서 변화의 속도가 더욱 빨라지고 있다. 또한, 인터넷의 등장과 함께 구축된 가상공간이 실제 공간과 결합하며, 사람-사물-공간이 고도로 연결되고 단순한 정보 축적을 넘어선 지능화가 이루어지기 시작했다. 기존에는 분리되어 있던 물리적·가상적·생물학적 영역 등 다양한 영역들이 융합되면서 새로운 변화의 물결이 시작되고 있는 것이다.

4차 산업혁명의 핵심적 동인은 '초연결성(Hyper-Connected)'과 '초지능화(Hyper-Intelligent)'이며, 이를 토대로 모든 것이 상호연결되고 보다 지능화된 사회로 변화될 것으로 전망된다(조문제, 2019). 모든 사물이 연결되어 사물에 관한 데이터가 수집되고 축적됨으로써 빅데이터가 형성되고, 이를 인공지능이 가공하여 새로운 부가가치를 창출하게 될 것이다. 뿐만 아니라, 이러한 빅데이터와 인공지능을 포함한 사물들의 네트워크를 통해 사물의 변화를 실시간으로 조정 및 관리할 수 있게 된다. 즉, 관련되는 모든 사물을 관리·운영하는 초연결 플랫폼이 형성되는 것이다. 이러한 초연결 플랫폼이 사회 전반에 확산되면서 산업계의 생산과 소비의 전 과정이 지능화되고, 긴밀하게 상호작용하게 되는 패러다임의 변화를 야기시킨다.

② 소비 패러다임의 변화

4차 산업혁명으로 야기되는 주요 소비패러다임의 변화는 다음과 같다.

첫째, 소비와 생산의 융합이다. 기존의 생산과 소비는 양분화된 체계로 인식되어 왔다. 즉, 기업은 기획, R&D, 제조, 마케팅이라는 순차적인 과정을 거치며 최종 판매를 통해 상품 및 서비스를 소비자에게 제공하고, 판매 후 소비자의 피드백을 반영하는 과정을 거쳐 왔다. 이러한 과정 때문에 소비자의 요구가 생산에 반영되기까지 상당한 시간이 소요되었다. 반면에, 제4차 산업혁명의 시대에서는 소비자의 요구와 정보가 초연결 플랫폼을 통해 실시간으로 공유되면서 소비자의 의견이 상품이나 서비스가 생산되는 전반적인 과정에 신속하게 반영되는 것이 가능하다(미래창조과학부, 2017). 즉, 모바일, 인터넷, IoT 등으로 모든 것을 연결하여 정보를 공유하고 상호작용할 수 있게 되어 소비자가 기업의 경영활동과 관련된 의사를 표현할 수 있으며, 자신의 니즈를 반영한 제품 및 서비스 개발과정에 적극적으로 참여할 기회가 확대되는 것이다. 아울러, 기업은 AI, 나노기술, 로봇공학 등을 활용하여 사람과 사물에 지능을 부여하고 소비자에게 맞춤형 상품 및 서비스를 제공할 수 있다. 결과적으로, 기업과 소비자 간 관계가 일방적 소통에서 양방향 소통으로, 수직적 관계에서 수평적 관계로, 배타적 관계에서 포용적 관계로 변화함으로써 시장에서 소비자의 영향력이 높아진다(조문제, 2019).

둘째, 소비가치의 변화이다. 4차 산업혁명을 통해 소비자의 정신적 소비가 정체성을 결정하는 이른바 '경험소비'의 시대가 가속화되고 있다. 기술의 진전으로 기업들은 고객의 니즈 기반의 신시장을 개척하고 있다. AR(증강현실)과 VR(가상현실) 기술이 상용화되면서 소비자의 참여를 유도하는 다양한 경험소비가 진행되고 있다. 소비자의 시각, 청각 등 감각을 현실화하는 서비스를 통해 실제 소비환경과 비슷한 소비경험을 제공하고 있으며(미래창조과학부, 2017), 메타버스와 같은 가상공간이 활성화되고 있는 최근 상황을 감안하면 이러한 추세는 심화될 것으로 예상된다. 예를 들어, 소비자는 구매 결정을 하기 전 직접 매장에 방문하지 않고도 본인의 치수 및 체형에 맞는 옷을 골라 입어보고 구입할 수 있으며, 공연이나 전시회 장소에 직접 방문하지 않고도 가상공간을 통해 다양한 문화활동에 참여할 수 있다. 이러한 소비환경의 변화로 인해 기존 물질적 소유 중심에서 정신적 경험소비로의 전환이 가속화될 전망이다.

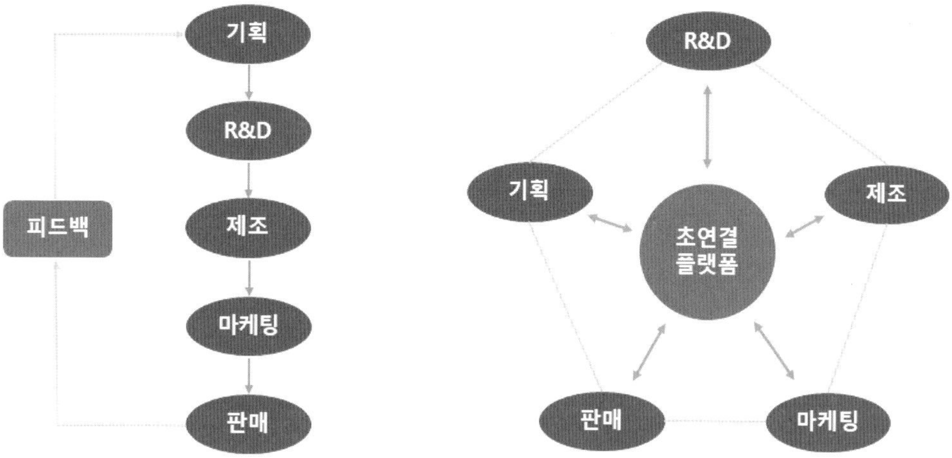

그림 5-1. 소비와 생산의 융합

출처: 미래창조과학부(2017), 4차 산업혁명 시대의 생산과 소비

한편, 경험소비로의 이행은 최근 공유경제 및 협력적 소비 방식을 통해 확산되고 있다. 상품 및 서비스를 대여하거나 공유하는 방식으로 경험소비를 할 경우 비용이 절감되며, 다양한 상품을 사용하는 경험을 할 수 있다. 기술의 발달은 사람들을 연결시켜주는 플랫폼을 통해 사람들 간 공유가 편리하게 이루어질 수 있도록 하였다. 협력적 소비는 온라인 플랫폼을 통해 공유하며 사용하거나, 빌리거나 빌려주는 소비활동을 의미하고(Belk, 2007), 단순히 제품을 공유한다는 의미를 넘어서, 시간, 정보, 물건, 음식, 공간, 재능, 재화와 같은 유·무형적 자원을 교환하는 방식이며, 다른 소비자와 공유함으로써 그 자원을 가치 있게 만들어준다(Botsman & Rogers, 2010). 따라서 협력적 소비는 소유가치에서 사용가치로의 전환을 가능하게 하고 지속가능한 사회를 실현하는 기반이 된다(박남기, 2017). 이처럼 기술이 발달함에 따라 소비가치는 물질소비에서 정신적 경험소비로, 소유에서 사용과 공유로 그 중심이 이동되고 있다(정주원, 2017).

2. 미래소비와 소비자역량

1) 미래소비 트렌드

앞에서 살펴본 사회·경제·환경의 변화와 기술의 발달로 인한 미래소비 핵심적 특성은 다양화와 융합이다. 다양화와 융합은 미래소비생활 전반에 걸쳐 다양한 모습으로 발현될 것으로 전망된다. 미래에는 개인의 니즈가 다양화되고 이에 따라 소비자가 시장의 트렌드를 주도하게 될 것이며, 소비 트렌드의 변화 속도가 더 빨라질 것으로 예상된다. 또한, 지속가능한 소비에 대한 사회적 요구에 대응하여 기업의 생산과 소비가 지속가능성을 추구하는 추세가 지속될 것이다. 한편 산업 영역 간, 제품 및 서비스 간에 융합이 활발해지면서 융합 제품 및 서비스 기반의 스마트 소비가 일상 속에 자리잡을 것으로 예상된다.

(1) 개인 맞춤형 소비의 진화

기술의 발전과 함께 개인별 니즈에 부합하는 제품 및 서비스의 제공이 확대될 것이다. 빅데이터, 사물인터넷, AI 기술 등의 발달은 다양한 경로를 통해 집적된 데이터를 활용하여 맞춤형 상품 및 서비스 제공을 가능하게 해주었다. 기업에서 수집한 소비자의 구매이력, 생활 패턴, 주변인의 선호, 새로운 소비트렌드 등 다양한 정보가 자동으로 분석되어, 소비자에게 가장 적합한 상품을 큐레이션(curation)[21]해 줄 수 있다. 예를 들어, 소비자의 건강정보(건강검진 정보, 건강관리 활동 정보 등)와 의료정보(진료정보, 질병진단 정보, 치료정보, 투약정보 등)가 통합된 정보를 통해 개별 소비자에게 적합한 맞춤형 건강관리 정보(건강기능식 추천 및 투약정보, 건강식단 정보, 운동정보, 건강검진 등)와 같은 개인 맞춤형 관리 서비스를 통합적으로 제공할 수 있다. 또한, 실시간으로 수집된 정보를 활용하여 여행을 위해 공항에 도착한 소비자에게 필요한 여행자 보험을 제안하는 등 적시에 필요한 서비스를 제공하는 온디맨드(on-demand) 서비스를 제공할 수도 있다. 이와 같이 상품 및 서비스 제공자와 소비자가 실시간으로 연결되어 소비자의 니즈를 맞춤형으로 충족시킬 수 있는 온디맨드 경제(on-demand economy)가 확대될 것이다. 이러한 실시간으로 통합된 정보기반의 산업 확대는 초세분화된 수요도 충족시킬 수 있는 산업구조로의 전환을 촉진시키고 소비자들의 맞춤형 소비는 더욱 세분화된 영역으로 분화될 것이다.

(2) 스마트 소비생활의 일상화

스마트 시대의 소비자들은 '언제, 어디서나, 어떤 방식을 통해서든' 제품과 서비스를 이용·구매하고 기업과 원활하게 소통할 수 있을 것이다. 미래의 스마트 소비자는 디지털 및 모바일, 나아가 가상현실 및 증강현실 기술 등을 통해 자신에게 적합한 제품 및 서비스를 탐색하고 소셜 미디어나 소비자리뷰 커뮤니티 등을 통해 실시간으로 정보를 공유하

---

21) 여러 가지 정보를 수집해서 선별한 후 이에 새로운 가치를 부여하여 전파하는 것을 의미함

며 자신이 추구하는 소비성향에 가장 적합한 소비를 할 것으로 예상된다. 예를 들어, 윤리적 소비를 지향하는 소비자의 경우 제품 및 서비스에 대한 품질, 가격, 사후 관리 등 기본적 정보뿐만 아니라 환경 및 노동 윤리의 준수 여부 등 윤리적 소비와 관련된 사항들도 확인하고 자신의 소비 가치에 맞는 상품으로 선택할 것으로 예상된다. 미래의 소비자들은 '똑똑한 소비자'를 의미하는 '스마트슈머(smartsumer)'를 넘어서, 전문 엔지니어 못지않은 지식을 갖춘 '컨슈니어(consuneer)'[22]로까지 진화할 것으로 전문가들은 예상하고 있다(미래창조과학부, 2017).

스마트한 소비생활은 '스마트 홈', '스마트 모빌리티' 등 우리가 생활하는 공간들을 중심으로 확산될 것으로 예견되고 있다. 그 중에서도 스마트 모빌리티의 변화는 우리 생활에 다방면으로 변화를 가져올 것으로 예측된다. 1인 가구와 노인 운전자가 증가하면서 자율주행차는 단순한 이동 수단을 넘어 여러 가지 목적으로 활용될 수 있다. 4인 가구를 중심으로 한 기존 가족용 차량 대신 1-2인 탑승에 최적화된 퍼스널 모빌리티(personal mobility)가 상용화될 것이고, 주행시간은 운전하는 시간이 아닌 다양한 콘텐츠를 즐길 수 있는 새로운 문화 소비시간으로 재탄생하게 될 것이다(Hod & Melba, 2017). 또한, 운전역량이 떨어진 노인들도 자율주행 기술을 통해 안전이 담보된 자유로운 이동이 가능해짐으로써 스마트 기술을 기반으로 한 노인 케어서비스도 확대될 것으로 예상된다. 뿐만 아니라, 스마트 모빌리티는 여러 가지 센서, 네트워크, 전자장치 등을 통해 다른 차량 및 인프라와 긴밀하게 연결되어 자율적 정비, 기능 업그레이드, 사고처리, 사고 발생 시 병원 이송 등 기능도 차량 내 탑재되어 차량의 이용과 관련된 전반적인 서비스가 통합적으로 제공될 것으로 예견된다.

(3) 지속가능한 소비생활 확산

산업계에서는 제4차 산업혁명을 통해 생산과정에 자원을 효율적으로 활용하여 자원 활용을 최적화하려는 시도가 이루어지고 있다. 소비자들도 지구온난화, 이상적 자연재해 등 다양한 환경문제에 직면하면서 환경 보존적이고 지속가능한 소비에 대한 관심이 확대되고 있다. 또한 사회적으로 지속가능성에 대한 요구가 증가하면서 기업의 생산과정에 대한 정보가 투명하게 공개됨에 따라 윤리적 기업에 대한 소비자의 영향력이 증대되면서

22) 스마트슈머는 똑똑한(smart)과 소비자(consumer)의 합성어로서 똑똑한 소비자를 의미하고, 컨슈니어는 소비자(consumer)와 기술자(engineer)를 결합한 신조어로서 전문가 못지않은 지식을 가지고 제품의 성분과 기술력 등을 꼼꼼히 따지는 소비자를 일컫는 말이다.

지속가능한 환경친화적 소비생활은 더욱 확대될 전망이다.

지속가능한 소비생활은 기술의 발달에 따라 더욱 가속화될 것이다. 대표적인 예로 사물인터넷을 활용한 지능형 서비스인 홈오토메이션을 들 수 있다. 홈오토메이션은 사용자의 선호 온도, 행동패턴, 외출상태 등의 정보를 분석해 최적값을 도출한 후 이를 자동으로 실행 유지하는 온도조절기를 이용해 소비자들의 데이터를 축적하여 사용자의 생활패턴과 외부 날씨에 대한 데이터를 분석한다. 이렇게 도출된 분석자료를 토대로 인공지능에 의한 온도 설정 시점을 자동으로 스케줄링하여 가장 최적화된 시스템을 맞추어 에너지를 절약할 수 있다(이민화, 2017). 미래에는 이와 같이 소비자의 일상생활에 에너지 절약을 위한 에너지 시스템이 도입될 것으로 예상된다.

한편, 소비자들의 생활에 공유경제를 통한 협력적 소비가 더 깊숙이 자리잡을 것으로 예상된다. 소비자는 ICT의 발전을 기반으로 형성된 공유경제를 통해 유휴자원을 타인과 공유함으로써 협력적 소비를 하고 있다. 나에게 필요하지 않는 소유 제품들을 타인에게 대여, 판매, 기부하는 등의 협력적 소비는 단순히 제품을 공유한다는 의미를 넘어서 사용에 가치를 두고 사회전체의 지속가능한 발전에 근거를 둔 소비행태이다(최경숙·박명숙, 2016). 이러한 협력적 소비는 디지털 기술의 발달로 플랫폼 기반의 서비스가 확대되면서 다양한 영역으로 더욱 확산될 것으로 예상된다.

(4) 신속하게 변화하는 소비자주도적 소비트렌드

일반적으로 기술 혁신의 속도가 빨라지면 숙명적으로 제품 및 서비스의 수명도 단축된다. 실제로, 미국 전체 인구의 25%가 전기를 사용하는 데는 40년, 전화기를 사용하는 데에는 30년 이상이 걸렸다. 이에 비해 인터넷이나 스마트폰은 10년 이내에 인구의 25%가 활용하게 되었다(미래창조과학부, 2017). 이러한 추세는 최근 더욱 급속도로 가속화되고 있다. 신제품 출시 주기가 빨라지면서 스마트폰을 2년 이내에 교체하는 소비자들을 주변에서 쉽게 찾아볼 수 있는 것이 우리의 현실이다.

제4차 산업혁명으로 인한 다양한 기술력의 발전은 기하급수적인 속도로 전개될 것으로 전망된다. 이에 따라 소비 트렌드 또한 그 변화 속도가 가속화될 것으로 예상된다. 초연결 기술 기반의 사회에서 소비자들의 다양한 니즈는 기업에게 신속하고 정확하게 전달되고 보다 정확한 수요예측이 가능해진다. 여기에 기술혁신이 더해져 새로운 상품 및 서비스가 빠르게 개발되고 유통망 간을 연결하는 기술이 빠르게 발달하면서 소비자주도적으로 생성된 최신 소비트렌드가 빠르게 전파되고 소비되는 과정을 반복하면서 지속적으로 새로운 소비트렌드로 변화될 것이다(정주원, 2017).

2) 미래소비자 역량

앞에서 언급한 미래 소비환경의 변화와 이로 인한 소비트렌드를 토대로 미래소비자에게 필요한 역량에 대해 논의해 보고자 한다.

첫째, 미래소비자에게는 디지털 기술역량 개발이 필수적이다. 4차 산업혁명 기반의 사회에서는 디지털 기술을 제외하고는 소비생활에 대해 언급할 수 없을 정도로 우리의 생활 속에 기술이 깊이 자리잡게 되어 새로운 기술에 대한 이해 없이는 소비생활을 영위하기 어려워진다. 그러므로, 미래소비자에게는 새로운 기술을 습득하고 활용할 수 있는 디지털 역량이 필수적으로 요구된다. 일상생활에 필요한 디지털 역량을 확보하지 못한 경우 비자발적으로 소비시장에서 소외될 수도 있으므로, 미래 소비자교육에는 디지털 기술 활용에 대한 교육이 필수적으로 포함되어야 한다. 아울러, 디지털 소외계층에 대한 정책적 배려도 사회적인 차원에서 마련되어야 할 것이다.

둘째, 미래소비자는 미래 소비시장의 트렌드를 이끄는 주도적인 존재로서 올바른 소비가치를 확립하고 스스로 바람직한 소비가치에 기반한 소비생활을 영위하기 위해서는 소비가치에 대한 주체성을 확립할 필요가 있다. 본인의 신념에 부합하고 사회적인 요구에 부응하는 소비가치관을 확립하고 이에 따른 소비생활을 영위할 때 진정한 의미의 소비자주권이 실현될 수 있을 것이다.

셋째, 미래 소비사회에서는 윤리적 소비역량에 대한 사회적 요구 수준이 제고될 것이다. 앞에서 언급한 바와 같이 미래 소비사회는 협력적 소비, 친환경 소비와 같은 지속가능소비에 대한 사회적 기준에 높아질 것이고 이러한 사회적 변화에 대응하고 소비자 중심의 소비트렌드를 지속하기 위해서는 소비자의 윤리적 소비에 대한 의식 및 참여 수준이 높아질 것으로 전망된다.

넷째, 미래 소비문화의 창조의 주체로서 소비자 시민성 역량에 대한 요구도가 높아질 것으로 기대된다. 소비자의 권리뿐만 아니라 소비문화의 주체로서 소비자의 사회적 책임에 대한 사회적 요구가 높아지면서 소비자 시민성 역량 개발이 필요할 것으로 예상된다. 이에 따라 소비자 중심의 산업 및 소비문화를 주도하는 주체로서 책임의식을 강조하는 방향으로 소비자 교육의 중심이 확대될 것이다.

윤리적 소비와 ESG 비지니스 트렌드 읽을거리

ESG(환경·사회·지배구조)가 경영의 새로운 패러다임으로 자리잡고 있다. ESG 경영 트렌드가 확산되면서 소비자들의 소비생활에도 다양한 변화가 일어나고 있다. 이와 관련하여 삼정KPMG 경제연구원에서 발표한 '2021년 KPMG 글로벌 소비 트렌드 조사' 결과를 중심으로 살펴보자.

유통·소비재산업의 ESG 비즈니스 트렌드로 업사이클(Upcycle), 비건(Vegan), 사회적 책임이 제시됐다. 보고서에서 제시한 ESG 비즈니스 트렌드 사례는 다음과 같다. 브랜드와 제품의 친환경성이나 윤리성을 고려하여 구매를 결정하는 소비자가 늘면서, ESG 중 환경 부문에 대한 활동의 일환으로 업사이클(Upcycle) 트렌드가 주목받고 있다. 식품 기업들은 식품을 제조하는 과정에서 나온 부산물이나, 판매가 어려운 식재료를 재가공해 완전히 다른 식품으로 재창조해내는 '푸드 업사이클'로 ESG 경영을 실천하고 있다. 콩비지로 만든 글루텐 프리 밀가루나 맥주 부산물을 활용해 만든 비건 쿠키 반죽 등이 푸드 업사이클로 만든 제품의 대표적인 사례다. 패션업계에서는 전 세계적으로 환경 문제를 야기하고 있는 폐플라스틱으로 친환경 섬유나 패션 제품을 개발하는 '패션 업사이클'에 적극적이다.

MZ세대를 중심으로 한 젊은 소비자 사이에서 '크루얼티 프리(Cruelty-free)' 제품을 선호 경향이 짙어지며 비건(Vegan) 트렌드가 확산하고 있다. 식품 시장에서는 식물성 원료를 기반으로 한 대체식품에 대한 관심이 높다. 네슬레, 타이슨푸드 등은 기술력을 보유한 대체식품 관련 업체를 발굴하고 투자 및 M&A를 추진하며 시장 선점에 나서고 있다.

또한, 90%의 소비자는 사회에 공헌하는 윤리적 기업의 제품 구입에 더 높은 지불 의사를 보이는 등 최근 소비자들은 기업의 사회적 책임과 더불어 투명성과 정직성 등에 높은 가치를 두고 있는 것으로 조사되었다.

(자료원: 2022년 1월 6일자 매일경제)

토론학습

1. 미래 소비생활의 변화된 모습에 대해 구체적인 사례를 들어 생각해 봅시다.
2. 미래에 새롭게 발생되는 소비자 문제에는 어떤 것들이 있을지 생각해 봅시다.
3. 미래 소비생활 변화로 인해 발생되는 소비자문제를 해결하기 위해 어떤 방안들이 필요할지 각자의 의견을 이야기해 봅시다.

참고문헌

미래창조과학부 (2017). 4차 산업혁명 시대의 생산과 소비.

박남기 (2017). 제4차 산업혁명기의 교육개혁 새패러다임 탐색. 교육학연구, 55(1), 211-240.

이민화 (2017). 제4차 산업혁명의 선진국 사례와 한국의 대응전략. 선진화 정책시리즈, 14-107.

정주원 (2017). 제4차 산업혁명 시대의 소비생활 변화와 소비자교육. 한국가정과교육학회지, 29(3), 89-104.

조문제 (2019). 제4차 산업혁명 시대, Philip Kotler 가 보는 마케팅에 대한 訴求點. POSRI 이슈리포트, 2019(11), 1-9.

최경숙·박명숙 (2016). 협력적 소비에 대한 대학생 소비자교육의 효과 분석: 지식-태도-의도, 참여 동기, 소비가치를 중심으로. 소비문화연구, 19(3), 175-196.

Belk, R. (2007). Why not share rather than own?. The ANNALS of the American Academy of Political and Social Science, 611, 126-140.

Bostman, R., & Rogers, R. (2010). What's mine is yours: The rise of collaborative consumption. Editorial Collins.

Hod, L., & Melba, K. (2017). Driverless: Intelligent cars and the road ahead. The Quest.

Schwab, K. (2017). The fourth industrial revolution. Currency.

제2절 소비자학 전공자의 진로

- 4차 산업혁명으로 대변되는 미래사회는 산업구조의 변화를 유도할 것이고 이에 따라 산업 현장에서 필요한 인재상의 모습도 달라질 것으로 예상된다. 본 장에서는 미래사회의 인재에게 요구되는 역량에는 어떤 것들이 있는지, 향후 미래 인재들이 집중해서 개발해야 할 역량들은 무엇인지에 대해 알아본다. 이어서 관련 과목 및 자격증, 취업분야 및 취업 전략 중심으로 소비자학 전공자의 진로 현황에 대해 세부 전공 영역별로 나누어 살펴본다. 마지막으로 미래사회 변화와 인재상의 변화에 따라 소비자학 전공자의 진로 방향이 어떻게 달라질 것인지 예측해 보고, 변화된 미래사회에 대응하기 위한 소비자학 전공자의 진로설계 방향과 진로탐색을 하기 위한 실천적인 방안에 대해 논의해 본다.

1. 미래사회가 필요로 하는 인재

1) 미래사회의 인재상

4차 산업혁명은 사회와 산업 구조, 구성원 등 다양한 측면에서 많은 변화를 가져올 것으로 예상된다. 산업의 변화는 사회에서 필요로 하는 인재상에 대한 변화를 필연적으로 수반하게 된다. 2020년 세계경제포럼(WEF)에서는 전 세계 저명한 기업인, 경제학자, 정치인 등이 참여한 가운데 4차 산업혁명의 주축이 될 미래 인재에게 요구되는 핵심 역량에 대해 논의하였다. 세계경제포럼에서 발표한 미래 인재상의 핵심 역량은 다음과 같다.

표 5-1. 미래인재의 핵심 역량

순위	2025년	2020년
1	분석적 사고능력과 혁신	복합 문제 해결
2	능동적 학습	비판적 사고
3	복합 문제 해결	창의력
4	비판적 사고	인적 자원 관리
5	창의력	협업
6	리더십 및 사회적 영향력	감성 지능

순위	2025년	2020년
7	기술 사용/모니터링/통제	의사 결정
8	기술 설계 및 프로그래밍	서비스 지향성
9	탄력성, 스트레스 내성, 유연성	협상
10	추론, 문제해결, Ideation	인지적 유연성
11	감성 지능	
12	사용자 경험	
13	서비스 지향성	
14	시스템 분석 및 평가	
15	설득 및 협상 능력	

출처: World Economic Forum(2020), Future of Jobs Report

위의 표는 세계경제포럼에서는 2020년과 2025년 미래인재가 갖추어야 할 역량을 제시한 것을 표로 정리한 것이다. 상세 내용을 살펴보면, 비판적 사고 능력, 문제해결능력, 창의력 등은 지속적으로 인재에게 필요한 역량으로 자리잡고 있다. 즉, 4차 산업혁명 시대에는 주어지는 문제를 메뉴얼에 따라 다루는 것이 아니라 새롭고 불분명한 문제를 스스로 해결할 수 있는 능력이 필요하며, 정답이 없는 문제를 다양한 관점에서 접근하여 창의적인 방법으로 해결해 나가는 역량이 요구되는 것이다. 즉, 미래시대에는 예측할 수 없는 방향으로 사회 환경이 빠르게 변화하기 때문에 변화하는 환경에 빠르게 대응할 수 있는 역량이 필요한 것이다.

2025년에 새롭게 부각된 필요 역량은 능동적 학습, 탄력성, 스트레스 내성 및 유연성과 같은 자기 관리(self-management) 영역과 기술사용 및 기술설계 등 기술관련 영역, 사용자 경험과 서비스 지향성과 같은 소비자 접점 관리 영역이다. 이러한 결과는 향후 미래사회가 요구하는 인재의 방향성을 파악하는 데 중요한 단서를 제공한다. 미래사회가 필요로 하는 인재는 스스로 필요한 역량을 학습해 나가며 스트레스 관리를 포함한 자기 관리능력이 뛰어나고, 소비자 지향적 사고가 가능하며 새로운 기술에 대한 이해를 갖추고 있어야 한다는 것을 의미한다.

마지막으로, 인적 자원 관리, 협업, 협상, 감성 지능 역량은 모두 개인이 가진 사회 정서적 소통 기술과 관련된 영역이다. 따라서 미래사회가 요구하는 인재상은 감성역량을 바탕으로 타인 및 사회와 원활하게 소통하고 조율할 수 있는 역량을 요구한다고 볼 수 있다.

위에서 살펴본 바와 같이 미래사회에서 요구하는 인재상은 기존 사회에서 필요로 하는 인재상과는 차별점이 있다. 기술의 변화에 따른 산업 및 사회구조의 변화로 인해 사회에서 요구하는 인재들의 이상형이 달라지는 것이다. 그러므로, 변화하는 미래인재상에 적절히 대응하기 위해 미래사회에서 요구하는 인재상에 대해 올바르게 이해하고 이에 대응할 필요가 있다. 미래인재상에서 현재 본인이 갖추고 있는 역량에 비해 부족한 부분은 무엇인지 생각해 보고 부족한 역량을 개발하기 위한 계획을 세워 꾸준하게 역량개발을 해야 한다. 이러한 과정을 통해 미래사회가 요구하는 바람직한 인재로 성장할 수 있으며, 미래사회의 주역으로 사회발전에 기여할 수 있을 것이다.

2. 소비자학 전공자의 진로

1) 소비자학 전공자의 진로 현황[23)]

기존 소비자학 전공자들의 진출 분야는 세부 전공 영역별로 나누어 살펴볼 수 있다. 소비자만족과 고객상담, 소비자행동과 트렌드 및 소비자조사, 금융소비자와 재무설계, 소비자정책 4개의 분야로 나누어 소비자학 전공자의 진로 현황에 대해 살펴보고자 한다.

(1) 소비자만족과 고객상담

소비자만족 및 고객상담 분야는 기업의 소비자상담 뿐만 아니라 고객정보의 수집과 관리, 소비자교육, 소비자조사 및 분석 업무를 수행하기 위한 역량을 배양하고, 소비자학 전공자로서 전문성을 발휘하기 위해 다양한 이론과 실무 교육을 실시하는 전공 영역이다.

최근 기업은 소비자불만 및 피해구제 등 고객의 소리에 대한 체계적인 관리를 통해 고객만족을 실현하고 나아가 소비자중심경영을 실현하기 위해 고객관리 전담부서를 만들어 소비자문제의 사전적 예방을 위한 임직원 교육을 실시하고, 적절하고 신속한 사후적 구제를 위한 시스템을 구축하여 운영하고 있다. 뿐만 아니라, 고객관리 전담부서에서는 고객정보를 체계적으로 관리하여 기존고객을 유지하는 동시에 신규고객을 유치하고자 하는 전략을 기획하고 시행하기도 한다. 소비자중심 경영에 반드시 필요한 인재를 양성하기 위해 소비자학과에서는 관련 과목을 개설하여 운영하고 있으며, 관련 자격증 제도를 두고 있다.

23) 본 내용은 소비자업무협회(2012)의 소비자학 전공자 진로 길라잡이의 내용을 토대로 작성한 것임

① 관련 교과목

소비자학, 소비자와 시장, 소비자학의 이해, 소비자의사결정, 소비자상담, 소비자상담 및 피해구제, 기업고객상담, 소비자의사결정, 구매론, 소비자법과 정책, 소비자정책론, 소비자보호론, 상품학, 소비자정보론, 소비자와 유통 등

② 관련 자격증

소비자만족 및 고객상담 전공 관련 자격증에는 국가자격증인 한국산업인력공단에서 시행하는 소비자전문상담사(1급/2급)와 소비자업무협회에서 인증하는 소비자업무전문가, CCM업무전문가 자격증이 있다.

③ 취업분야

고객만족경영팀, 소비자정책팀, 고객상담팀, 소비자보호팀 등 기업의 고객지원관련 분야와 콜센터 운영 및 관리 분야, 소비자단체 및 소비자관련 행정기관의 소비자상담 분야 등으로 진출이 가능하다.

④ 취업전략

관련 과목을 수강하면서 다양한 실무경험을 쌓는 것이 취업에 도움이 된다. 현장 실습을 포함한 수업을 수강하거나 기업 및 소비자단체의 인턴십 프로그램, 자원봉사 활동 등 적극 활용하여 관련 업무를 경험하고 실무를 익히는 것이 중요하다. 또한 앞에서 소개한 관련 자격증을 취득하면 소비자학 전공자로서 전공지식과 더불어 관련 업무에 대한 관심과 기본적인 소양을 갖추었다는 것을 입증하는 데 도움이 된다.

마지막으로 실제 취업과정에서 자기소개서와 면접을 통해 소비자학 전공자로서 관련 수업을 들으면서 쌓은 업무에 대한 기본적인 지식과 실무 경험, 자격증 취득과정에서 해당 업무에 지원하게 된 계기 등 자신만의 경험을 토대로한 전공자로서의 차별점을 부각시킬 필요가 있다. 아울러, 면접 과정에서도 해당업무에 적합한 준비된 인재임을 어필하는 전략이 필요하며, 정서적인 역량 및 커뮤니케이션 역량 등을 바탕으로 조직 내에서 혹은 고객과의 접점에서 원활하게 상호작용 할 수 있다는 것을 강조하는 것이 도움이 된다.

(2) 소비자행동과 트렌드 및 소비자조사

소비자행동과 트렌드 및 소비자조사 분야는 소비자의 심리와 행동에 대한 이해를 바탕으로 소비트렌드를 예측하여 소비시장구조와 변화의 흐름을 파악하는 영역이다. 소비자의 심리와 행동을 이해하기 위해서는 소비자조사방법에 대한 기본적인 기술을 습득해야 할 필요가 있다. 기업의 상품과 서비스 기획을 위한 마케팅 관련 부서, 리서회사, 광고회사 등에서 소비자조사를 전문적으로 수행하고 소비자의 심리 및 행동을 분석하고 예측할 수 있는 전문가를 필요로 한다.

① 관련 교과목

소비자학, 소비자행동, 소비자와 시장환경분석, 소비자의사결정, 소비트렌드분석, 연구방법론, 통계학, 소비자정량분석, 소비자정성분석, 소비자와 트렌드전략, 소비자와 상품개발, 소비자와 광고(미디어), 소비문화론, 소비자심리, 소비자와 유통, 마케팅, 고객만족과 기업경영, 고객만족과 서비스, 디지털 상거래와 소비자, 고객만족분석, 소비자만족, 소비자정보론 등

② 관련 자격증

소비자업무협회에서 인증하는 소비트렌드전문가와 한국산업인력공단에서 시행하는 국가자격인증인 사회조사분석사가 있다.

③ 취업분야

기업의 마케팅팀, CRM팀, 고객전략팀 등 대고객 전략 분야, 상품 및 서비스 기획 분야, 홍보마케팅 분야, 리서치 회사나 광고회사, 컨설팅 회사의 미래수요예측 연구 분야 등으로 진출할 수 있다.

④ 취업전략

관련 전공과목을 수강하여 기본적인 지식을 습득하고 공모전이나 인턴십 등 관련 대외활동을 통해 실전 경험을 획득할 필요가 있다. 또한 소비자의 심리나 행동을 이해하기 위해 다양한 소비자조사 방법에 대해 익히고 적용할 수 있는 역량을 길러 소비자학 전공자로서 강점을 강조하는 전략이 도움이 된다. 관련 자격증을 취득하여 자기소개서나 면접에서 기본적인 역량을 갖추고 있다는 것을 어필하는 것이 도움이 될 수 있다.

(3) 금융소비자와 재무설계

금융소비자와 재무설계 분야는 금융기관에서 고객을 응대하고 상담하는 데 필요한 종합적인 전문성을 필요로 하기 때문에 해당 분야에 진출하기 위해서는 소비자교육, 소비자상담, 소비자법과정책 등 과목을 함께 수강하여 금융전문가로서의 역량을 개발할 필요가 있다. 즉, 금융소비자와 재무설계 분야는 금융소비자의 심리와 행동을 이해하고 금융소비자의 역량 강화를 위한 교육 및 상담, 금융소비자보호를 위한 금융소비자법과 정책 등 금융소비자를 둘러싼 모든 소비환경과 금융소비자를 다루는 영역이라고 볼 수 있다.

또한, 최근에는 금융서비스도 업권 간 경계가 모호해지고 종합적인 재무설계 서비스에 대한 소비자들의 니즈가 증가하고 있어 금융서비스를 제공하는 기업에서도 소비자재무설계 전문가가 필요한 상황이다. 최근에는 빅테크 등을 중심으로 디지털 기반의 종합 금융서비스 제공이 확대되는 추세이기 때문에 금융소비자에게 필요한 다양한 금융영역의 서비스를 설계하여 맞춤형 서비스를 제공할 수 있는 전문인력에 대한 수요는 증가할 전망이다.

① 관련 교과목

소비자금융, 소비자재무설계, 가계의 투자와 보험, 한국가계복지론, 위험관리와 보험, 보험과 은퇴설계, 세금과 상속설계, 소비자포트폴리오, 가계저축과 투자, 은퇴 및 상속설계, 종합재무설계실습, 금융소비자교육실습, 재무상담과 재무코칭, 행동경제학 등

② 관련 자격증

관련 자격증으로는 소비자업무협회에서 인증하는 소비자재무설계사와 한국FPSB의 AFPK와 CFP, 한국금융연수원의 자산관리사, 생명/손해보험협회 종합자산관리사, 금융투자협회의 투자상담사 등이 있다.

③ 취업분야

은행, 보험회사, 증권회사, 카드회사 등 금융회사의 금융소비자 및 재무설계 관련 분야, 금융권 공기업, 독립계 재무설계회사, 금융서비스를 제공하는 디지털 기업, 금융교육전문가, 금융소비자 정책수립 및 시행 기관(소비자원, 금융감독원 등) 등으로 진출이 가능하다.

④ 취업전략

전공과목 수강을 통해 관련 분야의 기초 지식을 습득하고, 자신의 적성에 맞는 취업

분야를 선정하고 분야에 적합한 준비를 하는 전략이 필요하다. 금융기관 중에서도 어떤 업계를 선택할 것인지, 같은 업권 중에서도 어떤 업무를 희망하는가에 따라 취업준비도 달라질 수 있기 때문이다. 그러므로 목표로 하는 분야가 정해지면 관련분야 전공과목을 중심으로 기초역량을 갖춘 후 자격증이 도움이 되는 분야의 경우 자격증을 취득하면 자기소개서 및 면접을 진행할 때 자신의 전공영역과 해당 업무에 대한 관심과 기초역량을 갖추고 있다는 것을 어필할 수 있는 근거가 된다. 또한, 실습, 인턴십, 공모전, 봉사활동 등 다양한 대외활동을 통해 실전을 경험해 볼 필요가 있다. 이러한 기회를 통해 실무를 간접적으로나마 체험함으로써 본인의 적성을 확인할 수 있으며, 해당분야 진출을 위해 자신에게 부족한 역량이 무엇인지 생각해 볼 수 있다.

(4) 소비자정책

소비자정책 분야는 정보의 비대칭, 힘의 불균형 등에 의해 발생하는 소비자문제와 소비자정책, 정부의 시장개입의 정당성 및 효과에 대해 학습한다. 즉, 소비자정책 분야는 소비자정책의 기초이론과 우리나라 소비자정책의 현안을 분석하고 개선방안을 모색하는 영역이다.

① 관련 교과목

소비자학, 소비자주의론, 소비자정책론, 소비자교육, 소비자 시장환경 분석론, 소비자상담론, 소비자상담과 피해구제, 소비자보호관련법, 소비자조사법

② 관련 자격증

관련 자격증에는 국가자격증인 소비자전문상담사가 있으며, 사회조사분석사 자격증이 있으면 취업에 유리하다.

③ 취업분야

기업의 고객상담부서, 콜센터, 고객지원센터 등 소비자상담 분야, 소비자단체에 진출하여 소비자상담 및 교육, 상품검사, 소비생활환경실태조사, 정책연구 및 제안 관련 업무분야, 한국소비자원, 기획재정부, 공정거래위원회 등에서 소비자정책 수립 및 소비자에 관한 법률 운용 등 소비자정책 총괄 분야 등으로 진로를 선택할 수 있다.

④ 취업전략

언론에 나오는 소비자 이슈에 관심을 가지고 소비자학적 관점에서 소비자 문제를 분석해 보는 습관을 길러 소비자문제를 분석하고 대안을 제시하는 역량을 기르는 것이 실질적으로 중요하다. 또한 소비자전문상담사나 사회조사분석사 등 관련자격증을 취득하는 것은 기본역량을 배양하는 데 도움이 된다.

- 한국소비자업무협회의 민간등록자격증

01. [등록번호: 2013-1513]
소비자업무전문가

검정과목
소비자상담

응시자격
필수 및 선택과목 이수 + 현장 실습

취득방법
검정 시험 60점 이상 득점

수행업무
소비자와 관련된 제반 업무를 기업과 소비자 보호 관련 기관에서 수행

진로 및 전망
소비자업무부서, 소비자단체, 한국소비자원, 행정기관의 소비자업무부서 등에 진출하여 조사, 관리, 교육, 상담 업무 담당

02. [등록번호: 2013-1515]
소비자재무설계사

검정과목
소비자재무설계

응시자격
필수 및 선택과목 이수

취득방법
검정 시험 60점 이상 득점

수행업무
소비자의 장단기 재무목표에 따른 현금관리, 위험관리, 금융 및 부동산 투자 관리, 신용관리, 노후설계 등 개인 재무 전반에 걸친 업무 수행

진로 및 전망
금융관련 공기업과 은행, 보험사, 카드사, 농협 등에 진출하여 소비자의 재무설계, 창구사무, 금융소비자 상담 업무 담당

03. [등록번호: 2013-1514]
소비트렌드전문가

응시자격
필수 및 선택과목 이수 + 현장 실습

취득방법
최소 40시간 이상 소비자 관련 현장실습 이수

수행업무
소비자의 심리 및 행동에 대한 이해와 소비자행동에 영향을 미치는 시장환경과의 상호작용 매커니즘을 이해, 측정, 분석함으로써 잠재된 소비자니즈를 찾아내어 이에 가장 적합한 상품 개발

진로 및 전망
기업내 소비자상담실 또는 상품기획실, 리서치기관 등에 취업해 소비자조사 및 상품기획, 서비스 개선 및 개발, 트렌드 예측 등의 업무를 담당

04. [등록번호: 2021-002101]
CCM업무전문가

검정과목
소비자만족

응시자격
필수 및 선택과목 이수 + 현장 실습

취득방법
검정 시험 60점 이상 득점

수행업무
소비자를 이해하고 소비자만족도를 높이는 전략을 수립·실행하는 업무 수행

진로 및 전망
기업과 소비자 관련 기관 등에 진출하여 소비자중심경영과 소비자지향적 관점에서의 고객서비스, 고객관리, CCM 업무 총괄 담당

출처: 소비자업무협회 민간등록자격증 소개자료

2) 소비자학 전공자의 진로설계 방향

앞에서 살펴본 바와 같이 4차 산업혁명 기반의 미래사회는 다양한 분야가 융합되면서 새로운 변화를 맞이하게 된다. 소비자학 전공자가 진출할 미래 산업 분야도 보다 다양한 형태로 변화될 것으로 예상된다. 산업 간 경계가 모호해지면서 기업은 기존의 산업 영역만을 고수하면서 생존하기 어려워질 수 있으며, 기존에는 없던 새로운 형태의 산업이 지속적으로 생겨날 것이다. 예를 들어, 자동차 산업의 경우 기존에는 차량을 만드는 제조업으로 인식되었으나, 미래사회에 스마트 모빌리티가 상용화되면 자동차 산업은 다양한 컨텐츠를 제공하는 엔터테인먼트 산업, 사고처리나 사용자의 안전과 관련된 보험 및 헬스케어 서비스, 차량관리 서비스, 물류 및 유통 산업 분야로 사업영역을 확장시킬 수 있다. 이 경우 소비자학 전공자는 자동차 산업 분야로 취업한다고 하더라고 컨텐츠를 기획하는 기존 엔터테인먼트 업무를 담당하게 될 수도 있고, 고객의 차량구매 및 운행 데이터를 기반으로 차량관리 서비스를 기획하고 운영하는 업무를 수행할 수도 있는 것이다. 또한, 보험상품은 기존에 보험사를 통해서만 상품이 개발되고 소비자에게 제공되어 왔으나 최근에는 빅테크를 비롯한 여러 플랫폼 기업들이 보유하고 있는 고객들에게 보험상품을 판매하고 있으며, 이러한 추세는 기술의 발달과 함께 확대될 것으로 예상된다. 따라서, 보험업에 진출을 희망한다고 하더라도 보험회사뿐만 아니라 다양한 기업으로 진출 방향을 고민해 볼 수 있는 것이다. 그러므로, 진로를 설계할 때 특정 산업 분야보다는 어떤 일을 할 것인지 하고자 하는 업무의 범위를 구체적으로 설정하고 이를 전공 영역과 연계하는 것이 중요하다. 같은 고객관리 업무를 하더라도 금융회사에 취업할 수도 있고, 유통회사에 할 수도 있고, 화장품이나 가전제품 등 제조회사에 취업할 수도 있기 때문이다.

미래사회의 인재상에서 지속적으로 강조하고 있는 비판적 사고 능력, 문제해결능력, 창의력 등 문제를 분석하고 해결하는 데 필요한 역량은 불확실한 문제 상황에서 스스로 판단하고 해결하는 데 기본적으로 요구되는 역량이므로 소비자학 전공자들도 기본적으로 함양해야 하는 역량이다. 또한, 빠르게 변화하는 미래사회에 유연하게 대처하기 위해 유연하고 융합적인 사고능력을 개발해야 하며, 스스로 역량을 개발할 수 있는 자기주도적 학습능력, 협업에 필수적인 정서적 커뮤니케이션 역량 등 새롭게 강조되고 있는 역량을 개발하는 노력도 필요하다.

소비자학 전공자가 산업구조의 변화에 기민하게 대응하고 미래사회의 인재상에 부합하는 인재로 성장하기 위한 실질적인 준비방법에는 어떤 것들이 있을까? 첫째, 전공수업시간을 통해 다양한 진로분야를 이해하고 본인의 적성에 맞는 분야를 탐색하는 과정이 필요하다. 이러한 과정을 통해 본인의 관심분야가 좁혀지면 실습, 대외활동 등을 통해 관련 분야의 다양한 경험을 쌓아 본인의 적성을 확인하는 과정이 필요하다. 이때 관심 분야로 진출한 멘토를 통해 어떤 역량이 필요한지, 본인에게 부족한 역량은 무엇인지, 부족한 역량을 개발하기 위해 어떤 방법이 효과적인지 등에 대해 자문을 구하는 방식으로 적극적인 진로탐색이 필요하다. 둘째, 평소에 사회변화에 대한 관심을 가지고 변화를 분석하고 예측하는 능력 기르는 것이 필요하다. 소비자학은 소비자와 소비자를 둘러싼 환경을 연구하는 실천적 학문이므로 기본적으로 사회의 변화에 따라 민첩하게 그 역할이 달라질 수 있기 때문이며, 이러한 과정을 통해 분석 및 사고능력 및 문제해결능력 등 기본적 역량을 배양할 수 있다. 셋째, 전공수업시간에 포함된 실습, 팀활동 등 실전역량을 기르기 위한 학습과정에 적극적으로 참여하여 미래사회에서 필요로 하는 인재로 성장할 수 있는 기회로 적극 활용할 필요가 있다. 실전 경험을 통해 실무역량을 기를 수 있으며, 팀활동을 통해 자연스럽게 협업을 경험해 봄으로써 사고능력과 문제해결능력, 소통능력 등을 기를 수 있다. 넷째, 융합형 인재로 성장하기 위해 다른 배경을 가진 사람들과 협업하는 경험을 많이 해보는 것이 좋다. 예를 들어, 타 전공자들과 함께 취업희망 분야와 관련된 동아리 활동을 통해 커뮤니케이션을 하고 공동의 결과물을 만들어가는 과정을 경험해 보거나 전공과목 이외에 관련 분야 타 학과의 수업을 듣는 과정을 통해 소비자학과 융합할 수 있는 다른 분야에 대한 이해를 넓히는 경험이 도움이 될 것이다. 마지막으로 미래사회는 새로운 기술을 기반으로 산업의 구조가 변화되므로 새로운 기술에 대한 활용 및 적응 능력을 길러 빠른 변화에 신속하게 대응할 수 있는 기초체력을 길러야 할 것이다.

제도의 변화와 소비자학 전공자의 진로 탐색 읽을거리

사회환경의 변화 그 중에서도 제도의 변화는 새로운 인재에 대한 사회적 요구를 유도하고, 이로 인해 새로운 일자리가 생길 가능성이 높다. 최근 금융소비자보호법(금소법)이 시행되면서 금융소비자보호 업무를 기획하고 실행할 전문인력에 대한 수요가 새롭게 생기고 있는 상황이다. 다음의 내용은 언론을 통해 보도된 관련 내용의 일부를 발췌한 것이다.

불완전판매 규제 강화가 골자인 금융소비자보호법(금소법)이 전면 시행된 가운데 증권 업계가 전담 인력 채용에 나서는 등 소비자 보호 조직을 재정비하고 있다. 금소법을 위반한 '첫 타자'가 되지 않기 위한 자구책으로 해석된다. 금융회사 준법감시부서 출신 전문 인력들은 물론 신입 직원까지 채용하고 있다. (중략)

이에 증권사들은 위법사례를 만들지 않기 위한 일환으로 금융소비자보호 부문 채용을 활발히 진행하고 있다. 1일 업계에 따르면 유안타증권은 지난 8월 금융소비자보호팀 경력직원을 모집한다고 공고한 데 이어 최근 해당 팀의 신입직원 모집 공고도 게시했다. 그간 금융소비자 보호 업무와 관련해 증권사들이 경력직 위주로만 채용을 진행해온 점을 감안하면 드문 채용사례로 평가된다. 입사자는 금융상품 제조와 판매 관련 금융소비자 보호를 주된 업무로 담당하게 된다. 하나금융투자도 지난달 초 자사 소비자보호팀에서 근무할 경력직 채용 공고를 냈다. 채용 인원은 수십명 규모로 이들은 금융투자상품 기획·개발 심사, 사모펀드·신탁상품 사전심사와 점검, 고난도금융투자상품 사전심사와 점검, 금융소비자보호 관련 사전 검토, 소비자리스크 관리체계 구축 등 업무를 맡게 된다.

빅테크 증권사들도 발등에 불이 떨어지기는 마찬가지다. 카카오페이증권은 지난달 30일까지 금융소비자보호 담당자를 모집했다. 지원자격은 금융회사 준법감시부서나 소비자보호부서에서 3년 이상 근무한 자다. 영입된 인력은 고객민원 예방과 금융소비자보호·전기통신금융사기 관련 정책, 계획을 만들게 된다. 토스증권도 금융회사의 금융소비자보호업무나 내부통제 업무 경력이 5년 이상인 자를 대상으로 금융소비자보호책임자를 채용 중이다. (후략)

(자료원: 2021년 10월 4일자 한국경제)

토론학습

1. 미래 인재상에 부합하기 위해 향후 어떤 역량개발이 필요할지 생각해 봅시다.
2. 미래 소비환경의 변화를 감안할 때 소비자학 전공자가 진출할 수 있는 새로운 분야에는 어떤 것들이 있을지 생각해 봅시다.
3. 소비자학 전공자가 사회진출을 위해 어떤 교육이나 경험이 더 필요한지에 대해 이야기해 봅시다.

참고문헌

소비자업무협회 (2012). 소비자학 전공자 진로 길라잡이.

World Economic Forum (2020). The Future of Jobs Report 2020. Geneva: World Economic Forum.

소비자학개론

저　　자　유현정, 김민정, 전상민, 송유진, 장연주
발 행 처　충북대학교 출판부
발 행 인　김 수 갑
주　　소　28644 충북 청주시 서원구 충대로 1
전　　화　(043) 261-2952, 3014
팩　　스　(043) 274-1256
이 메 일　presscbu@chungbuk.ac.kr
등　　록　제1983-2001-7호
초판 1쇄　2022.02.28
인 쇄 처　삼성디자인기획 042)221-3111

ISBN 978-89-7295-537-5 93330

값 20,000원

* 이 저서는 2021학년도 충북대학교 국립대학 육성사업에 의하여 지원 발간되었음.